영유아 언어교육

김정원 • 이문정 • 이연규

창지사

머리말

"여러분은 언어, 즉 말하기, 듣기, 읽기, 쓰기를 언제, 누구에게, 어떤 방법으로 배웠나요?"

"그냥, 엄마가 하시는 말이나 주변에서 들리는 소리를 따라 하면서 배운 것 같아요."

"그럼, 음성언어인 말하기, 듣기와 문자언어인 읽기, 쓰기 모두 같은 방법으로 배웠나요?"

"아뇨, 읽기, 쓰기는 좀 다른 방법으로 배운 것 같아요. 벽에 글자를 붙여놓고 계속 보게 하거나 학습지 같은 것을 하면서요."

"요즘 아이들은 어떤 방식으로 언어를 배우는 것 같아요?"

"대부분 학습지를 하는 것 같아요."

"그럼, 유치원에서 교사는 어떤 방법으로 유아의 언어발달을 도울까요?"

"유치원에서는 놀이 중심으로 할 것 같아요. 그래도 여러 가지 읽기·쓰기 활동을 할 것 같아요."

위의 내용은 필자가 유아 언어교육 강의를 시작할 때 학생들과 나누는 문답의 사례이다. 예비유아교사인 학생들 스스로가 자신이 어렸을 때 어떤 방법으로 언어를 배웠는지를 아는 것은 유아언어교육을 가르치기에 앞서 생각해 봐야 할 매우 중요한 일이다. 사람은 무엇이든 자신이 학습하거나 가르쳐진 방법 그대로 다른 사람을 가르치게 마련이기 때문이다.

이 책의 집필진들이 『영유아를 위한 언어교육』이라는 제목으로 도합 세 번째의 저서 작업을 시작할 무렵, 15주 강의 기준 주차별 목차를 구성하면서 이미 출판된 교재들을 훑어본 적이 있었다. 솔직히 언어학적 이론이나 실제 활동의 현장성을 놓고 볼 때, 굳이 새로운 언어교육 교재가 필요한가 생각이 들 만큼 질 좋은 교재들이 다수 눈에 띄었던 것이 사실이다. 그러나 십수 년간 유아언어교육을 강의하면서, 깊이 있는 이론이나 흥미로운 활동 못지않게 유아에게 언어를 가르칠 미래의 교사들이 알았으면 하는 중요한 한 가지가 떠올랐고, 그 사실을 전달하기 위해 다시 컴퓨터 앞에 앉았다.

언어는 지식(knowledge)이 아니라 실제(practice)라는 사실이다. 유아교육의 속성이 그러하듯, 더욱이 새로 개정된 누리과정의 목표가 그렇듯이, 언어란 놀이하는 가운데에서 자연스럽게 학습되고 발달되어야 한다는 생각이었다. 어떻게 하면 가르치는(teach) 것이 아니라 사용(use)하게 하면서 유아의 언어발달을 도울 수 있을지, 그 자연스러운 과정을 학생들이 이해하도록 하려면 어떻게 접근해야 할지에 대해 수없이 고민했다. 언어학이란 방대한 학문적 깊이를 뒤로하고, 언어의 소통적 측면을 교육 내용의 핵심으로 삼고자 작업하였다.

교재를 저술하면서 가장 염두에 둔 점은 이 책에 서술된 이론과 실제가 확연히 연결되도록 구성한 부분이다. 많은 언어교육 교재들이 책의 전반부는 이론편, 후반부는 실제편으로 분리하여 이론과 실제의 결합 작업을 학생들에게 맡겼던 측면이 없지 않다. 이 교재는 이론이 전개되는 사이사이에 실제 활동을 넣어 편집함으로써 읽는 이의 이해를 돕고자 하였으며, 부호중심 접근법과 총체적 언어 접근법의 관계, 그리고 그 사이에서 균형을 꾀하는 균형적 접근법의 실제를 저자들의 경험적 기준으로 유목화하여 제시하였다.

본 저서는 제1부를 통해 언어의 의미에 대해 폭넓게 이해하도록 하였고, 제2부에서는 언어교육의 관점과 접근법, 교수방법에 대해 다루었으며, 제3부를 통해 유아교육기관에서 적용할 수 있는 다양한 언어활동의 실제를 제안하였다. 말하기, 듣기, 읽기, 쓰기를 유아교육기관의 하루 일과 속에서 자연스럽게 사용하도록 하는 활동, 질 좋은 문학작품을 읽고 책 속의 언어를 활용하는 다양한 책 놀이와 확장 활동, 음운 인식 및 단어학습을 돕는 놀이 활동을 통해 균형적 접근법이 추구하는 교수방법의 실제를 골고루 싣고자 노력하였다. 전체적으로 놀이를 중심으로 진행되어야 한다는 「2019 개정 누리과정」과 2020년 개정된 「제4차 표준보육과정」의 개정의 취지를 최대한 살려 활동의 배경과 진행 과정을 자연스럽게 서술함으로써 예비유아교사들이 놀이를 하면서 영유아의 의사소통능력을 지원하는 과정을 익힐 수 있도록 서술하였다.

2020년의 시작과 함께 코로나바이러스가 가져온 대학교육의 혼란, 이상 기후로 인한 자연재해는 앞으로 인류가 걸어가야 할 방향마저 혼란스럽게 만들고 있다. 그러나 언택트 시대가 앞당겨질수록 문해력의 중요성은 점점 더 증가할 것이다. 우리는 영유아가 좀 더 효과적인 언어 사용자가 될 수 있도록 다양하고 창의적인 방법을 끊임없이 모색하여, 이른 시기부터 적용하도록 노력해야 할 것이다.

끝으로 다양한 언어활동을 통해 보석 같은 활동 결과물을 창작해 낸 한국성서대학교 어린이집의 영유아들, 그리고 이들을 가르치느라 애쓴 안미희 원장님과 선생님들에게 마음으로부터의 감사를 전한다. 보면 볼수록 예쁜 글씨들, 그 예쁜 글씨 속에 들어 있는 유아만의 생각을 고스란히 담아 보내 준 대전과학기술대학교 부속유치원 유아들과 교사들께도 감사의 인사를 전하고 싶다. 선생과 제자로 만나 오랜 시간을 함께하며 이제는 엄마가 된 제자 강선미 원장과 귀한 딸 혜선이, 최은실 원장과 인형 같은 나엘이와 하엘이에게도 말로 다할 수 없는 감사함을 전하고 싶다. 촉박한 일정에 거친 원고들을 편집하고 교정하고 출판하느라 애써주신 창지사 편집부 선생님들께도 무한 감사를 전한다. 언제나 탈고 전에 느끼는 아쉬움은 피할 수 없기에, 열심히 부지런히 읽고 가르치고 보완하여 더 완성된 개정판으로 재탄생시킬 것을 기약하며 부족한 책의 머리말을 대신하고자 한다.

가르치고 배우는 일상의 소중함을 그리며

2020년 여름에

김정원 · 이문정 · 이연규

차례

PART 02 영유아 언어교육의 방법

PART 03 영유아 언어교육의 실제

PART 1

영유아언어의 기초

CHAPTER 1.

언어의 이해

"엄마, 내가 엄마 사랑한다고 썼어요. 내 마음에 사랑이 있어요."
아이는 세상에 태어난 지 3년 정도 즈음에 엄마를 향한 사랑을 글로 표현하기 시작합니다.

교·육·목·표

1. 언어의 의미를 안다.
2. 언어의 특성을 안다.
3. 언어의 기능을 이해한다.
4. 언어와 사고와의 관계를 이해한다.

1. 언어의 의미

1) 언어의 정의

언어란 무엇인가를 정의하기란 인간이 무엇인가를 정의해야 하는 경우처럼 쉽지 않다. 언어가 가진 속성이 너무 다양하기 때문이다.

『유아교육사전』에 의하면 언어란 "인간이 의사소통의 목적으로 사용하는 음성이나 문자로 나타낸 기호체계"(유아교육사전, 1997)이며, 브리태니커 사전에는 언어란 "문화를 공유하고 있는 사람들이, 서로 의사소통하기 위해 사용하는, 구어적 · 문어적 상징체계"라고 정의되어 있다. Chomsky(1986)는 언어란 "인간이 선천적으로 가지고 태어난 생득적 언어능력이 환경을 통해 성숙된 것"이라고 정의하며, 언어의 생득적 측면을 강조하여 설명하고 있다.

2) 인간과 언어

지구상에 존재하는 수많은 동물 중에서 언어를 사용하는 동물이 얼마나 될까? 이에 대한 해답은 언어를 정의하는 기준에 따라 사뭇 다른 결론이 나올 수도 있다. 언어를 넓은 의미에서 상호 간의 소통(communication)이라 규정한다면, 다양한 방식으로 소통하며 살아가는 동물들은 쉽게 찾아볼 수 있다. 벌은 꿀을 찾아 비행하다가 꽃이 만개한 장소를 찾으면, 동료들이 있는 벌집 앞으로 돌아와 공중에서 벌 춤(Bee dancing)을 춘다. 숫자 8을 옆으로 누인 모양의 이 춤에는 꿀이 있는 방향(direction), 거리(distance), 꿀의 상태(quality of food)에 대한 정보가 들어 있다고 한다. 종족 보존을 위한 본능적 짝짓기의 소통 방식은 종에 따라 더 다양하다. 곤충은 날개를 비벼 소리를 내며 짝짓기 상대를 부르고 새는 짝을 부르는 울음소리로 자신의 존재를 알린다. 침팬지는 위험한 상황에서 동료들에게 대피하도록 알리는 동작과 소리가 정해져 있다. 초음파를 사용해서 소통하는 돌고래, 개미도 먹잇감을 발견했을 때 사용하는 냄새길 페로몬, 적이 나타났을 때 사용하는 경보 페로몬 등 다양한 페로몬(pheroment)을 사용해서 의사소통하기도 한다. 그 외로 인간의 발성기관과 유사한 구조를 가진 앵무새나 구관조는 인간의 말소리를 흉내낼 수 있으며, 비교적 지능이 높은 침팬지나 고릴라는 어느 정도 어휘 학습까지 가능한 것으로 밝혀졌다.

그러나 어떤 동물의 소통체계도 인간의 언어체계와 비교할 수는 없다. 동물의 언어는 단순하고 고정적이며, 전혀 창조적이지 않기 때문이다. 다시 말해, 벌의 춤 동작은 항상 일정한 형태로 사용되며 벌 자신의 창의적인 변형이 불가능하다. 앵무새나 구관조는 마치 녹음기처럼 들은 소리를 그대로 재생할 수 있을 뿐, 스스로 자의적인 표현을 할 수는 없다. 침팬지의 경우도 늘 동일한 행동과 소리 패턴만으로 소통할 뿐이다. 이에 비해 인간의 언어는 체계적이고 다양하며, 무엇보다도 창의적이다. 우리는 이 장을 통해 인간에게 언어가 어떤 의미를 갖는지, 언어를 통해 인류의 문명이 어떻게 발전되어 왔는지, 그리고 그 언어가 인간을 어떻게 변화시켜 왔는가를 살펴볼 것이다. 언어는 인간을 다른 동물들과 구별 짓는 종 특유(species-specific) 행동의 가장 대표적인 예이다.

3) 언어의 기원

언어는 어디에서 왔는가? 언어의 기원에 관하여 의문을 가졌던 연구자들은 최초의 언어가 무엇이었는가를 찾아내는 데 관심을 기울였다. 이집트의 파라오 삼티크 1세(기원전 664~610년)가 실시한 최초의 실험은 프리지아(Phrygian)의 말이 최초의 언어라고 밝혔다. 이 실험에서는 새로 태어난 두 아이를 철저하게 외부와 통제시켜 놓고 젖과 음식을 가져다주는 양치기 외에 다른 사람이나 언어에 노출되지 않게 하고 그 아이들이 처음 뱉은 말이 무엇인가를 알아보는 방법으로 진행되었다. 실험 결과, 두 아이가 스스로 발화한 첫 단어는 'bekos'란 말이었는데, 이는 Phrygian어로 '빵(bread)'을 가리키는 말로 드러났다. 실험의 방법은 과학적이지 않았으나 매우 창의적인 발상이었다. 수십 세기 후, 비슷한 실험을 한 스코틀랜드의 제임스 4세는 히브리어가 최초의 언어라는 결과를 얻기도 했다. 문자언어의 경우도 마찬가지이지만, 음성언어의 기원을 찾는 노력은 더더욱 성과를 보기 어려울 것으로 판단된다.

다음은 언어의 기원을 생각해 보게 하는 이론들이다.

(1) 신이 주신 선물이라는 가설(gift theory)

인간은 태곳적부터 자연을 상대로 하는 삶 속에서 절대적인 존재에 대한 두려움과 복종, 기원의 마음으로 삶을 영위해 온 것으로 보인다. 역사적인 흔적 속에서 인간은 이러한 절대적인 존재를 신으로 숭배하고 종교를 체계화시킨 것을 찾아볼 수 있다(김형엽 외, 2002). 이처럼 인간 언어의 기원을 신으로부터 찾는 이 이론은 어떤 종교보다도 기독교에 아주 잘 나타나 있다. 성경에 수록된 창세기를 보면 태초에 하나님이 말씀으로 세상을 창조하는 과정이 묘사되어 있고 바벨탑의 신화를 통해 세상에 수많은 언어가 존재하게 된 과정을 보여 준다. 절대자인 신의 존재를 확인하고 하나님의 세계에 다다르고자 했던 인간의 욕망은 거대한 탑을 건설하려는 계획을 세우게 되었다. 그러나 이에 분노한 신은 탑을 붕괴하는 직접적인 방법이 아닌 인간들의 언어를 분리시키는 방법으로 인간을 응징했다는 것이다. 서로 다른 언어를 갖게 된 인간들은 의사소통이 불가능해짐에 따라 결국에는 바벨탑 건설을 포기하게 되었다는 일화이며, 지금까지 세상에 알려진 어떤 신화보다 인간 언어의 다양성을 적절하게 설명하고 있다는 평가를 받는 가설이다.

(2) 인간 스스로가 창조했다는 가설

인간을 우주의 중심으로 생각하는 그리스 철학에서는 언어를 인간 스스로가 창조한 고안물로 생각하게 되었다. 그리스 철학의 대표적인 인물인 플라톤은 인간이 자기가 살고 있는 공동체 속에서 원활한 의사소통의 필요를 느끼게 됨에 따라 언어와 관련된 약속이 생기게 되었다고 여겼으며, 이러한 과정에서 언어적 관습이 통용되기 시작하였다고 보았다.

(3) 진화론과 관련된 가설

진화론과 관련된 이 입장은 18세기경에 왕성하게 발전된 것인데, 이들에 따르면 언어는 어느 날 갑자기 주어진 것이 아니라 사람들이 사회적 구조를 만들면서 고안해 낸 결과물이라고 생각한다. 이들의 주장에는 세 가지의 주된 입장이 있다.

가설	배경
멍멍설(bow-wow theory)	동물의 소리를 모방한 의성어에서 시작
쯧쯧설(pooh-pooh theory)	감정을 나타내는 소리 묘사에서 시작
딩동이론(ding-dong theory)	인간이 자연에서 접하는 다양한 소리 묘사에서 시작

이와 같이 언어는 다양한 이론에 의해 그 생성 근거를 추정해 볼 수 있다. 그러나 그 어느 이론도 물리적 흔적이 남아 있지 않기 때문에 음성언어의 기원을 정확히 검증해 낼 수 없다. 다만, 현시점에서 추정할 수 있는 사실은 언어가 의도적으로 발명되었다기보다는 오랜 단계를 거쳐 서서히 무의식적으로 발달해 왔으리라는 것이다.

4) 인류의 발달과 음성언어

인류학자들의 연구에 의하면 인류의 발달과정은 크게 두뇌의 크기와 턱의 구조 변화로 볼 수 있다. 인간 뇌의 주요 기능 중 가장 비중이 높은 일은 바로 언어를 사용하는 일이며(노명완 외, 1997), 이는 뇌의 발달이 인간의 언어 사용과 깊은 상관관계가 있다는 것을 보여 준다. 다음의 그림은 인간의 발성기관과 침팬지의 발성기관을 비교해 놓은 것이다.

인간과 침팬지의 발성기관을 비교한 연구에 따르면, 인간의 후두는 침팬지의 후두에 비해 목 척추의 더 아래 부분에 위치하고 있으며, 인간의 성대에는 연골근육이 성대의 중간영역까지 뻗어 나와 있어 인간이 정밀한 조음을 할 수 있도록 해 준다고 한다. 또한, 혀의 모양이나 턱의 구조 역시 발성과 직접적인 관련이 되는 것으로 알려져 있는데, 인간이 직립보행을 하게 된 이래로 인간의 턱뼈가 짧아지고 안면도 평평하게 변화해 왔으며, 턱 구조를 비롯한 발성기관은 인간의 언어 발달에 용이하도록 진화하여 왔다는 것을 알 수 있다(김진우, 1992: 165, 재인용).

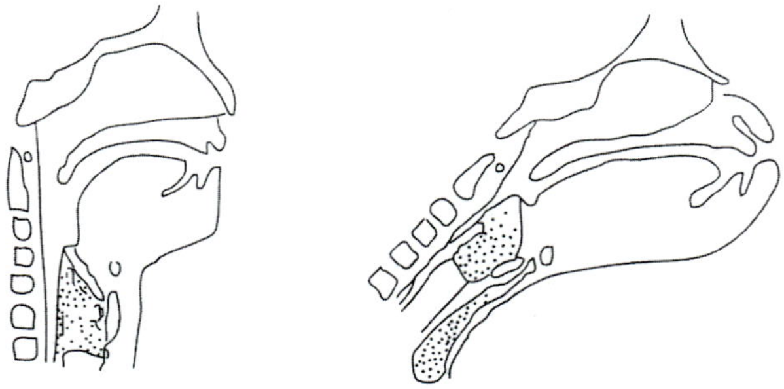

[그림 1-1] 인간과 침팬지의 발성기관

5) 문명의 발달과 문자언어

> 문자는 인류의 가장 중요한 문화적 업적 가운데 하나이다.

인류가 지구상에 출현한 이래로 언제부터 문자를 사용하기 시작했을까? 현재까지도 음성언어인 말만 존재하고 글이 존재하지 않는 언어가 있는 것을 생각해 본다면, 언어의 출현 과정에서 음성언어와 문자언어가 동시에 출현했다고 보기는 어렵다. 현존하는 가장 오래된 최초의 문자는 기원전 3,300년경 메소포타미아 문명의 발상지에서 수메르인이 사용했던 쐐기문자로 알려져 있다. 수메르인은 기원전 8,000년부터 기원전 4,000년 사이 물표라고 불리는 작은 진흙 조각에 표시를 하여 물건의 숫자를 표시하기 시작했다.

이와 같은 물표는 수메르인이 개, 양, 노예, 기름 등의 수를 세어 보존하기 위한 목적으로 사용되었는데, 차츰 넓은 점토판에 뾰족한 기구를 이용하여 쐐기 모양 표시를 하는 형태로 발전하면서 현존하는 최초의 문자 기록으로 평가되고 있다.

개 양 여자 카펫

[그림 1-2] 물표의 예

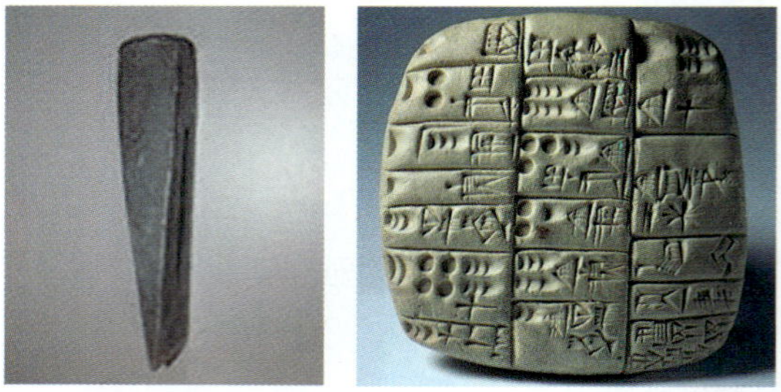

[그림 1-3] 쐐기와 쐐기문자 점토판

수메르인은 왜 기록을 하기 시작했을까? 설형문자를 시작으로 중국과 이집트에서 상형문자가 만들어졌고, 그림으로 표현하는 데 한계를 느낀 인류는 알파벳의 기원이 되는 문자를 탄생시키게 되었다. 말을 글로 표기할 수 있느냐 없느냐의 문제는 인간이 가진 정보가 보존될 수 있는가의 문제로 연결된다. 인간은 문자의 사용을 통해 자신의 생각과 감정을 기록으로 남길 수 있게 되었고, 이 기록은 시간과 공간을 초월하여 정보를 공유할 수 있게 하였다. 부모 세대에 발견한 정보가 문자 기록을 통해 다음 세대로 계승되면서 인류가 가진 정보의 양은 누적적으로 발전하게 되었다. 결과적으로 문자언어를 통한 기록의 역사는 누적된 정보를 지속적으로 발전시켜 현대 문명을 이루어 낸 원동력이라 볼 수 있다. 그러나 현대에 와서 세상의 다양한 문자를 아우르는 그래픽이 다시 통용되고 있다. 수메르인이 그림문자를 쓴 지 6,000년 만에 그림문자가 되살아난 것일까? 컴퓨터는 아이콘이란 그림글자를 사용하고, 카카오톡에서는 다양한 이모티콘으로 생각과 감정을 표현한다. 연규동(2016)은 문자언어의 지평이 타이포그래픽, 광고, 디자인, 영상, 출판을 아우를 정도로 넓어졌다고 하였다. 미래의 문맹자는 글을 읽지 못하는 사람이 아니라, 이미지를 이해하지 못하는 사람이 될 것이라며, 새로운 문자 문화의 탄생을 예고하고 있다.

2. 언어의 성격

1) 언어의 특성

(1) 이원성

동물의 소리 신호는 소리와 의미가 구별되지 않고 일원화되어 있다. 예를 들어, 동물의 의사소통 수단인 울음소리는 항상 일정하기에, 울음소리만 듣고도 어떤 동물인가를 명확하게 알 수 있다. 예를 들어, '위험하다'라는 한 가지 신호가 있다면, 이 신호는 다른 신호들과 명백하게 구별되어 있어 언제나 동일한 소리와 동작을 포함한다. 따라서 동물의 언어에서 같은 소리가 다른 뜻을 갖거나 다른 소리가 같은 뜻을 갖게 되는 경우는 없다. 그러나 인간의 언어는 소리의 체계와 의미의 체계가 분리 · 독립되어 있다. 같은 소리가 같은 의미를 갖지 않는다는 뜻이다. 따라서 동일한 소리가 전혀 다른 의미를 가질 수 있고, 전혀 다른 소리가 동일한 의미를 가질 수도 있다. 예를 들어, '단감'이라는 단어는 '달다(sweet)'라는 의미를 가진 '단[dan]'이라는 소리와 가을 과일의 한 종류인 감(persimmon)의 소리 '감'[gam]이 합쳐져 만들어진 것이다. '감귤'과 '감나무'의 '감'은 '단감'의 '감'과 마찬가지로 과일 감(persimmon)을 의미한다. 그러나 '감자'의 경우는 어떠한가? '감기', '감사', '감사', '감초'의 '감'은 '단감'의 '감'과 전혀 다른 의미를 갖는다. 이와는 반대로 같은 소리가 다른 의미를 갖는 동음이의어의 예를 들어 보자. '눈(snow)이 눈(eye)에 들어간다'라는 표현은 이런 경우 흔히 인용되는 문구이다. 과일 '배(pear)'와 우리 몸의 일부인 '배(stomach)', 타는 '배(boat)'를 살펴보더라도 우리는 인간의 언어가 같은 소리에 다른 의미를 다양하게 부여하고 있음을 알 수 있다. 반대로 다른 소리가 같은 의미를 가지는 경우도 있다. '먹다(eat)'와 '드시다(eat)'의 경우처럼 전혀 다른 소리가 유사한 의미를 갖는 경우도 있다. 이처럼 인간의 언어는 소리와 의미가 동일하지 않은 이원적 특성을 갖는다.

(2) 생산성

한 언어의 음소 수는 한정되어 있지만, 인간은 이러한 음소를 다양하게 조합하여 거의 무한한 어휘를 만들어 낼 수 있다. '도, 레, 미, 파, 솔, 라, 시' 일곱 개의 음에서 이 세상에 존재하는 무수한 음악이 탄생하는 것과 마찬가지이다. 그뿐 아니라 인간은 제한된 의미의 어휘들을 조합하고 시대적 상황을 반영하여 무수히 많은 합성어나 신조어를 만들어 사용한다. 과거에 사용되지 않았던 '네티즌(넷+시티즌)'이나 '컴맹(컴퓨터+맹인)'과 같은 단어는 컴퓨터와 관련된 통신문화가 만들어 낸 신조어이다. '별 · 다 · 줄(별걸 다 줄이는)' 세대로 대변되는 밀레니엄 세대는 기존의 용어들을 줄여 그들만의 언어로 활용하기도 한다. 생물학적 성에 대한 사회적 개념이 바뀌면서 '트랜스젠더'라는 용어가 탄생하기도 하였고, 유전자 복제를 의미하는 '클론' 역시 생명공학의 발달로 인해 새롭게 탄생한 용어이다. 이와 같이 언어는 사회의 변화, 삶의 패턴, 언어 사용자의 의도에 따라 무한하게 생산되며, 사회 구성원의 합의에 의해 수용되는 특성을 갖는다.

(3) 임의성

언어는 동일한 사회의 구성원들이 의사소통을 위하여 임의로 합의한 상징이다. 우리말에서의 '말(馬)'은 영어에서 '호스(horse)'가 되고, 불어로는 '셔발(cheval)'이며, 스페인어로는 '까바요(caballo)'이다. 각 용어가 가리키는 내용은 특정 소리와 특정 대상 사이에 아무런 내적 연관성이 없음을 보여 준다. Peter Bichsel의 『책상은 책상이다(*Kindergeschichten*)』라는 책을 읽어 보면 인간 언어의 임의적 특성이 잘 묘사되어 있다.

> 매일매일의 일상이 너무나 똑같아서 뭔가 변화가 필요했던 한 남자가 어느 날 '침대'를 '사진'이라 부르기 시작했다. 그는 "피곤하니 사진 속으로 들어가야겠어."라고 말하며 아침마다 사진 속에 누워 다음에는 '의자'를 '시계'라고 부르기로 한다. '책상'은 '양탄자'로, '신문'은 '침대'로, '거울'은 '의자'로, '시계'는 '사진첩', '옷장'은 '신문'이라고 불렀다. '양탄자'는 '옷장'이 되었고, '사진'은 '책상'이 되었다. 그리고 '사진첩'은 '거울'이라고 불렀다. 아침에 이 나이 많은 남자는 오랫동안 사진 속에 누워 아홉 시에 사진첩이 울리자 발이 시리지 않도록 옷장 위에 올라서서 신문에서 옷을 꺼내 입고 벽에 걸린 의자를 들여다보고 시계 위에 앉아 자기 어머니의 책상이 나올 때까지 거울을 뒤적였다. 이 일에 재미를 붙인 남자는 온종일 연습해서 새 단어들을 암기했다. 시간이 흐른 뒤에 이 남자한테는 무슨 일이 생겼을까? 새롭게 규정한 단어에 익숙해진 이 남자는 원래의 명칭을 차츰 잃어버리게 되었고 결과적으로 사람들이 하는 말을 더이상 이해할 수 없게 되었다. 또한, 다른 사람들이 그를 더이상 이해할 수 없게 되면서 그는 오로지 자기 자신하고만 이야기하게 되었고, 침묵하게 되면서 더이상 인사조차 하지 않게 된다(Peter Bichsel, 2005).

이 이야기는 한 가지 사물에 임의적으로 소리를 규정할 수 있는 언어의 속성이 잘 드러난다. 누군가 '장미'를 말하면 장미의 아름다운 모양과 향기를 떠올리고, 점심 메뉴로 '자장면'을 말하면 발길은 중국집으로 향하게 된다. '장미'를 '장미'라고 부르지 않으면 안 되는 것은 아니었을 것이다. '자장면'에게 다른 이름이 있을 가능성도 있었을 것이다. Peter Bichsel의 『책상은 책상이다(*Kindergeschichten*)』에 나오는 주인공의 일화는 언어적 소통을 위하여 같은 언어문화권 내 사회 구성원들 간의 임의적 합의가 무엇보다도 중요함을 보여 준다. 유아가 세상과 소통하기 위해서는 자신이 태어나기 이전부터 사회 구성원들의 임의적 합의에 의해 존재하고 있는 언어를 학습해야 한다. 간혹 유아가 "왜 이걸 그렇게 불러야 해요?", "왜 강아지는 이름이 강아지예요?", "누가 그런 이름을 지어 줬어요?"라는 식의 근원적인 질문을 던지기도 한다. 우리는 누가 언제, 세상의 모든 사물에 이름을 지어 줬는지 알 수 없다. 단지, 세대를 걸쳐 전승되어 온 언어적 약속을 지키지 않으면 소통할 수 없다는 사실을 알 뿐이다. 이처럼 언어의 임의적 특성은 유아로 하여금 성인과의 부단한 상호작용과 언어적 탐색을 통해 언어를 학습하게 만든다.

(4) 체계성

언어는 일정한 규칙에 의해 이루어져 있다. 어떤 언어도 자음과 모음이 있고, 그 자음과 모음이 만나서 의미를 가진 단어가 되고, 단어들의 집합은 문장을 형성한다. 또한, 이렇게 형성된 문장에는 일정한 문법이 작용한다. 어린 유아의 문장을 살펴보면 비록 미숙하나마 스스로 터득한 문장의 규칙에 따라 그들만의 독특한 표현을 산출하는 것을 볼 수 있는데, 이는 이미 어린 나이에 언어의 체계성을 인식하고 있음을 보여 준다. 다음은 자음과 모음이 만난 단어들이 일정한 어순에 의해 문장을 구성한 예이다.

ㅅ + ㅏ = 사
ㄱ + ㅘ = 과
ㅈ + ㅏ + ㅇ = 장
ㅅ + ㅜ = 수
ㄱ + ㅏ = 가

ㅅ + ㅏ = 사
ㄱ + ㅘ = 과
ㄹ + ㅡ + ㄹ = 를

ㅍ + ㅏ + ㄴ = 판
ㄷ + ㅏ = 다

"사과 장수가 사과를 판다."

(주어) + (목적어) + (서술어)

(5) 추상성

언어는 사회 구성원들에 의해 임의적으로 규정되는 것이므로 언어와 실제 표상하는 사물이나 의미 간에는 아무 관련성이 없다. 즉, '나무'라는 말이나 글자는 실제 나무와는 외형적으로 조금도 유사성이 없다. '구름'이라는 단어가 실제 구름의 형상이나 특성을 갖고 있지 않으며, '5'라는 숫자가 '1'이라는 숫자보다 다섯 배 큰 수라는 사실이 표현된 숫자에 드러나 있지 않다는 것이다. 언어는 하나의 상징체계이며, 이러한 상징을 통해 인간은 자신의 생각을 다양하게 표현할 수 있다. 이러한 언어의 상징적 특징은 자극이 구체적일 때 더 잘 학습하는 유아의 발달 특징과 부합하지 않기 때문에 유아기 언어습득을 어렵게 하는 요인이 된다.

(6) 가변성

언어는 어떤 면에서 유기체처럼 살아 있는 존재이다. 언어는 태어나서 시간과 더불어 변화하고 사멸한다. 언어는 본질적으로 사회의 용인에 의해 활용되므로 사회가 변화하면 언어도 따라 변화한다. 사회가 새로운 개념을 필요로 하게 되면 그 개념을 표현하기 위한 언어가 새롭게 태어난다. 이러한 예는 이미 생산성의 특징에서 설명한 바와 같다. 반면에 어떤 언어는 아름다운 표현임에도 불구하고 사용하지 않게 되어 사라지기도 한다. '시나브로'와 같은 어휘가 그 예이다. 이러한 언어는 우리가 애써 기억하고 지키려 노력하지 않으면 안 된다. '강'의 뜻을 가진 '가람', '천'의 뜻을 가진 '즈믄'과 같은 용어는 더이상 사용되지 않으면서 사라진 용어의 예이다.

2) 언어의 구조

(1) 음소

음소(phoneme)는 음운론상의 가장 작은 소리의 단위이며, 하나 이상의 음소가 모여 음절을 이룬다. 우리말의 경우 홑낱자 닿소리 14개(ㄱ, ㄴ, ㄷ, ㄹ, ㅁ, ㅂ, ㅅ, ㅇ, ㅈ, ㅊ, ㅋ, ㅌ, ㅍ, ㅎ)와 홀소리 10개(ㅏ, ㅑ, ㅓ, ㅕ, ㅗ, ㅛ, ㅜ, ㅠ, ㅡ, ㅣ), 겹낱자 닿소리 16개(ㄲ, ㄳ, ㄵ, ㄶ, ㄸ, ㄺ, ㄻ, ㄼ, ㄽ, ㄾ, ㄿ, ㅀ, ㅃ, ㅄ, ㅆ, ㅉ)와 홑소리 11개(ㅐ, ㅒ, ㅔ, ㅖ, ㅘ, ㅙ, ㅚ, ㅝ, ㅞ, ㅟ, ㅢ)를 갖는다. 예를 들어, '사자'란 낱말은 /ㅅ/, /ㅏ/, /ㅈ/, /ㅏ/의 네 개 음소로 이루어져 있다. 출생 2개월에 시작하여 생후 1년이 되기까지 활발하게 나타나는 영아의 옹알이는 이러한 모국어의 음소를 획득 · 연습하는 과정을 보여 준다. 학자들은 이러한 음소확장기의 과정을 통해 어떻게 영아가 모국어의 음소를 학습하는가를 행동주의 이론에 근거해 설명하고 있다. 즉, 영아는 옹알이의 시작과 더불어 인간의 발성기관으로 만들어 낼 수 있는 모든 음소를 연습하고 소리 내게 되지만, 양육자인 엄마와의 상호작용을 통해 자주 듣거나 강화받은 소리는 남고 강화받지 않은 소리는 사라지게 됨으로써 결과적으로 모국어의 음소를 획득하게 된다.

(2) 형태소

형태소는 의미를 갖는 최소 단위로 어휘적 형태소(lexical morpheme)와 문법적 형태소(grammatic morpheme)로 구분된다. 어휘적 형태소란 명사, 동사, 형용사, 부사와 같이 독립적으로 뚜렷한 의미를 갖는 형태소로서 자유 형태소라고도 한다. 문법적 형태소는 조사나 전치사와 같이 자체로서는 의미를 갖지 못하며, 독립적으로 사용되기보다는 형태소 간의 문법적 관계와 의미를 명확하게 해 주는 역할로서 의존 형태소라고도 한다. 이러한 문법적 형태소가 나타나면서 유아의 말은 성인의 말에 가까워지며, 보다 정교한 의미를 표현하게 된다. 예를 들어, '나는 인형을 샀다'라는 문장을 살펴보면 '나', '인형', '사다'는 어휘적 형태소이고, '는', '을', 'ㅆ'는 문법적 형태소로 총 6개의 형태소로 이루어진 문장임을 알 수 있다.

(3) 단어와 문장

문법상의 뜻과 기능을 가진 단위로 어휘적 형태소가 단독으로 또는 다른 형태소와 합쳐져서 단어(word)가 되며, 이러한 단어가 문법이라 불리는 일정한 규칙에 따라 연결되고 조직된 모임이 문장(sentence)이다.

3) 언어의 형태

언어는 그 속성이 말소리를 통한 것인가 글을 통한 것인가에 따라 음성언어(spoken language)와 문자언어(written language)로 구분할 수 있다. 음성언어는 말하기와 듣기, 문자언어는 읽기와 쓰기로 나눌 수 있다. 이와는 다른 측면에서 언어의 과정이 받아들이는 입장인지 아니면 표현하는 입장인지에 따라 수용언어(receptive language)와 표현언어(expressive language)로 구분할 수 있다. 즉, 듣기와 읽기는 수용언어로, 말하기와 쓰기는 표현언어로 분류할 수 있다. 이를 그림으로 표현하면 다음 [그림 1-4]와 같다.

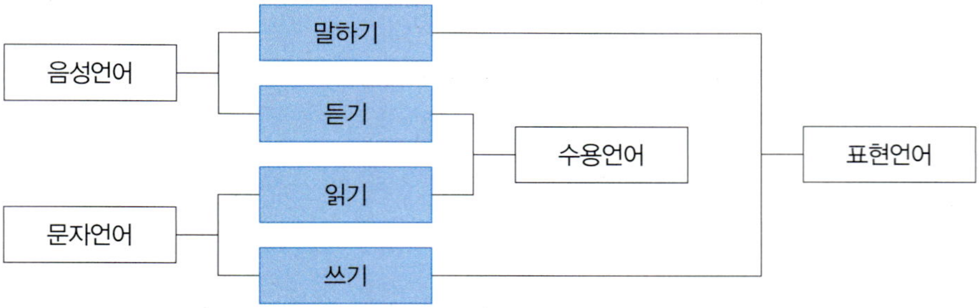

[그림 1-4] 언어형태의 분류

수용언어는 이해언어로, 표현언어는 산출언어로 분류되기도 하는데, 일반적으로 문자언어보다는 음성언어가, 표현언어보다는 수용언어가 받아들이기 수월하기 때문에 언어의 형태에 따라 듣기-말하기-읽기-쓰기의 순으로 언어가 출현하는지도 모른다. 그러나 언어발달이 출현한 순서대로 이루어지는 것은 아니며, 사고의 발달과 함께 듣기 · 말하기 · 읽기 · 쓰기가 통합적으로 발달하게 된다.

4) 언어의 기능

(1) 문화전달의 도구로서의 기능

인간은 언어를 통해 사고하고 인간의 사고는 언어를 통해 표출되며 기록된다. 이러한 과정을 통해 인간 사회의 문화는 축적 · 발전 · 계승된다. 결국, 이전 세대의 문화는 언어의 이러한 기능을 통해 다음 세대로 전이되는 것이다. 또한, 언어는 그 언어가 속한 집단의 문화를 반영한다. 에스키모인의 어휘 속에는 하늘에서 내리는 '눈'을 표현하는 어휘가 많다. 우리말에서 눈을 나타내는 어휘는 함박눈, 싸리눈, 진눈깨비 정도인데 이는 우리의 문화가 눈의 종류를 굳이 구별해야 할 필요가 없기 때문이 아닐까 한다. 반면, 에스키모인은 환경적으로 눈과 친숙하기 때문에, 예를 들어 어떤 종류의 눈이 올 때 사냥을 나가면 위험하다거나 하는 정도로 일상생활에 눈을 이용하는 정도가 높기 때문에 당연히 눈의 크기나 뭉쳐지는 정도에 따라 다양한 명칭이 생겨났으리라 짐작할 수 있다. 또한, 아시아 문화권의 언어들이 가족관계나 혈연관계를 의미하는 어휘가 많은 것을 우리는 눈여겨볼 필요가 있다. 대표적인 예로 영어에는 우리말에서처럼 '이모'와 '고모'를 구별 짓지 않는다. 단지 'aunt'라는 어휘를 사용할 뿐 그 사람이 부계인지 모계인지는 그리 중요하게 생각하지 않는다. 그러나 우리나라의 경우에는 어린아이에게 이 사람이 고모인지 이모인지 뚜렷하게 구별하도록 가르친다. 왜냐하면, 한국의 문화 속에서 부계와 모계를 구별하는 것은 큰 의미가 있기 때문이다. 이는 문화 속에 내재해 있는 혈연관계의 의미를 언어가 얼마나 잘 반영하고 있는가를 반증하고 있다. 또 다른 예로 '형', '동생', '언니', '누나'의 개념과 영어권의 'brother', 'sister'를 비교해 볼 수 있다. 'A'라는 사람이 'B'라는 사람에게 '형'이라고 불렀다고 가정해 보자. 우리는 그 사람들을 보지 않고도 'A'라는 사람과 'B'라는 사람이 둘 다 남성이며, A가 B보다 어린 사람이란 것을 자연스럽게 알 수 있다. '언니'나 '오빠', '누나'의 경우도 마찬가지이다. 이들 용어는 한국인의 성별에 대한 의식과 서열 관계를 중시하는 문화를 내포하고 있는 좋은 예이다. 이와 같이 언어는 각 문화권이 가진 문화를 간접적으로 전달하는 기능을 갖고 있다.

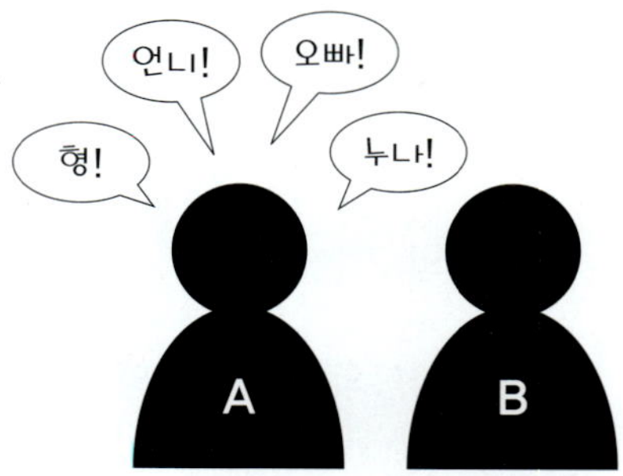

[그림 1-5] 언어 속에 내포된 문화

Tip

우리 문화를 담고 있는 언어표현 사례를 한 가지씩 찾아보세요.

(2) 의사소통의 수단으로서의 기능

언어는 자신이 가지고 있는 정보를 전달하거나 새로운 정보를 받아들이는 통로 역할을 한다. 언어의 음성적 · 문자적 특징을 통해 인간은 개개인이 가지고 있는 욕구, 감정, 생각을 타인이 이해할 수 있는 방식으로 교환하는 것이다. 어린아이가 언어를 습득하게 되는 가장 큰 동기도 바로 의사소통을 하기 위한 것이다. 예를 들어, 기저귀가 젖어서 불쾌함을 느낀 영아는 처음에는 울음으로, 다음에는 몸짓으로, 그리고 언어의 의미를 이해하기 시작한 다음부터는 초보적인 유형이나마 적극적으로 언어를 사용하고자 한다. 이는 자신의 느낌과 생각을 효과적으로 전달시키고자 하는 필요성에서 비롯된다.

(3) 대인관계 형성의 도구로서의 기능

인간은 태어날 때부터 이미 사회적 존재로 태어난다. 갓 태어난 신생아 시기부터 아기는 주 양육자와의 상호작용을 통해 기본적인 신뢰를 바탕으로 관계를 형성해 간다. 이러한 과정에서 사용되는 언어는 단순한 쿠잉이나 옹알이의 형식을 띠지만 이렇게 형성된 신뢰감은 추후 아기의 대인관계를 위한 밑바탕이 된다. 성인의 경우에도 자신의 생각과 느낌을 얼마나 효율적으로 표현하는가와 타인의 언어를 어떻게 받아들이는가의 여부는 인간 사이의 상호관계를 돈독히 하는 데 중요한 기반이 된다.

(4) 심미적 기능

느낌이 좋은 말을 함으로써, 또 그러한 말을 들음으로써, 아름다운 글을 글로 적음으로써, 잘 표현된 글을 읽음으로써 인간은 심미적으로 아름다운 경험을 하게 된다. 이는 시나 소설과 같은 문학작품을 통한 언어경험에서 찾아볼 수 있으며, 이와 같은 문학적 경험을 통해 인간은 자신의 사고를 확장시키며, 상상력과 창의력을 신장시킬 수 있다. 여기 입가에 미소를 짓게 하는 시 하나를 소개한다.

일상적으로 사용하는 어휘들이 모여 어떠한 아름다운 심상을 갖게 하는지 여유를 가지고 읽어 보도록 하자.

누가 가르쳐 주었을까?

하청호(아동문학가)

비 오는 날
연잎에
빗물이 고이면

가질 수 없을 만큼
빗물이 고이면

고개 살짝 숙여
또르르 또르르
빗물을 흘려보내는 것을
누가 가르쳐 주었을까

가질 만큼 담는 것을

3. 언어와 사고의 관계

언어와 사고가 밀접하게 관련된다는 사실은 이미 여러 학자들에 의해 입증되었다. 잠시 하던 일을 멈추고 머릿속으로 한 가지 생각을 떠올려 보자. 어제 있었던 일을 회상해도 좋고, 아침에 눈을 떴을 때 하루를 계획했던 경험을 떠올려도 좋다. 수업이 끝난 후 점심으로 무얼 먹을 것인지를 생각해 봐도 좋다. 이제 생각을 떠올렸으면 자신의 생각을 친구들에게 말로 표현해 보자. 여기에서 우리가 머릿속으로 생각하는 일과 그 생각을 말로 표현하는 일을 해 보았다. 이제는 생각과 언어, 사고와 언어가 따로따로 존재할 수 있는지, 다시 말하면 언어 없이 생각하는 게 가능한지, 생각 없이 말하는 게 가능한지를 곰곰이 따져 보자. 이제 여러분은 언어와 사고가 어떻게 밀접하게 연관되는가를 확인할 수 있을 것이다.

인간의 발달은 사고(인지)가 언어에 영향을 주기도 하고 언어가 다시 사고(인지)를 확장시키면서 이루어진다. 사고와 언어, 언어와 사고 중 어느 것이 우선하는가의 문제를 떠나 이제 여러분은 적어도 이 두 개념이 밀접하게 얽혀 있다는 사실을 부인하지 못할 것이다. Vygotsky는 사고와 말의 단위가 정확하게 일치하지 않는다고 하였다. 다음의 사례를 살펴보자.

[유아의 경험]
흰 눈이 펑펑 내려 온 세상이 하얗게 변한 시골 마을에 가서 처마에 뾰족뾰족 매달린 크고 작은 고드름을 따며 놀았다.

유아에게 이 경험은 하나의 생각이고 이 생각은 유아의 머릿속에 전체로 존재한다. 그러나 모든 유아가 이 생각을 언어로 표현할 수 있는 것은 아니다. 이 생각을 언어로 표현하기 위해서는 적당한 단어를 선별한 후 일정한 어순에 의해 표현해야 한다. 생각은 머릿속에 존재해도 그것을 표현하는 과정은 수월하지 않을 수도 있다. 자기 생각을 정확한 언어로 표현하기 위해 어떤 유아는 몇 분 이상의 긴 시간이 필요하기도 하고, 경우에 따라서는 아예 언어표현이 불가능할 수도 있다. 이처럼 사고와 말의 단위는 분명히 일치하지 않는다(Vygotsky, 1986). 이렇게 사고와 말의 불일치에도 불구하고 언어와 사고는 동전의 앞면과 뒷면처럼 밀접한 관계가 있으며, 따로 분리하여 생각할 수 없다. 그러나 인간의 발달과정에서 언어와 사고 중 어느 쪽을 더 강조하느냐에 따라 두 가지 입장으로 대별될 수 있다.

첫째는 언어우선론이다. Whorf는 언어에 의해 사고가 결정된다는 언어결정론(linguistic determinism)을 주장하였다. 이는 개념 혹은 사고가 발달하기 전에 언어습득이 먼저 이루어지고 이렇게 습득된 언어에 의해 사고가 따라 발달한다고 보는 관점이다. Vygotsky는 언어와 사고는 만 2세까지 각각 다른 뿌리에 근원을 두고 있으나 2세를 전후로 언어와 사고는 서로 교차하면서 영향을 미치게 되고 그다음부터는 언어가 사고의 발달과정에 중요한 역할을 하게 된다는 언어우선론을 주장한다. 예를 들어, 영아가 목욕을 하면서 물을 탐색하고 있다고 생각해 보자. 엄마가 "그래, 이거 물이야 물. 물 해 봐! 물..."이라 말하는 소리를 수 차례 반복하여 듣게 된 영아는 '물'이란 언어를 학습하게 된다. 손바닥 위로 흐르는 물의 느낌, 손가락 사이로 빠져나가는 물의 느낌, 일정한 모양과 색깔이 없는 물의 특성...마술같은 물과의 경험 과정에서 영아는 물이란 어휘가 갖는 물리적 지식을 갖게 된다. 이러한 과정을 통해, 영아는 식탁 위에 엎질러진 물을 손가락으로 튕겨도 보고, 만져도 보고, 손바닥으로 두드려도 보면서 자신이 이미 알고 있던 '물'과 관련된 경험을 더욱더 다양화하게 된다. 유아의 경우도 마찬가지이다. 유아가 곤충을 한 마리 관찰하면서 '더듬이'라는 명칭에 대해 알게 되었다고 가정해 보자. 새롭게 알게 된 더듬이에 대한 정보는 유아의 사고를 확장시키면서 더듬이의 생김새, 기능, 명칭에 관한 새로운 인지적 도식을 형성하게 될 것이다. 이는 날마다 이루어지는 새로운 언어경험이 유아의 인지발달을 이끌어 갈 수 있음을 보여 주는 좋은 예이다.

둘째는 인지우선론이다. Piaget는 인지결정론(cognitive determinism) 또는 인지우선론의 입장을 취하는데, 이는 사고가 기초가 되어야 언어로 표현될 수 있기 때문에 언어발달이 인지발달을 앞지를 수 없다는 입장이다. 결국, Piaget에 따르면, 유아는 사물이나 사물 간의 관계를 먼저 인식하고 나서 그 후에 언어로 그 지식을 표현한다고 하였다. 따라서 물과 관련된 위의 사례를 동일하게 적용하여 설명하자면, Piaget는 영아가 물과 관련하여 충분하고 다양하게 경험을 하고 나서 영아의 인지적 개념 발달이 이루어지면 그 후에 '물'이라는 어휘를 학습할 수 있다고 본다. 이는 이미 알고 있는 지식이나 정보가 언어로 표현된다는 관점이기 때문에 언어발달보다는 다양한 경험과 상호작용을 통한 인지발달이 선행되어야 한다는 주장이다.

CHAPTER 2.

영유아기 언어발달

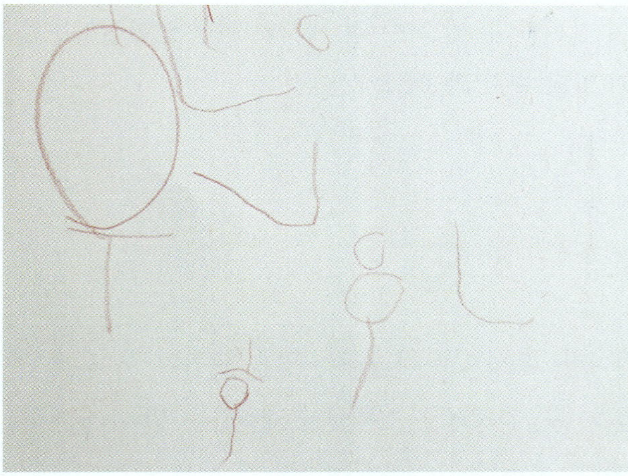

"김... 하... 엘... 내 이름..."
자신에 대해서 인식하기 시작하는 2살 아이는
이름을 쓰면서 자신의 존재를 드러내려 합니다.

교·육·목·표

1. 영유아 음성언어 발달의 과정과 특징을 이해한다.
2. 영유아 문자언어발달에 대한 관점을 이해한다.
3. 영유아 읽기 행동의 특징을 이해한다.
4. 영유아 쓰기 행동의 특징을 이해한다.

출생 후 4~5년 사이 영유아의 언어는 놀라울 정도로 발달한다. 대부분의 영유아가 빠르고 쉽게 언어를 습득하는 것처럼 보이지만 언어습득은 맥락의 이해와 생각의 구성(사고), 학습, 청력 및 목소리 발달 등 다양한 신체 기능이 필요한 통합적인 능력이다. 영유아는 언어가 발달함에 따라 주변 사람들과 왕성하게 의사소통을 하고 사회적 관계도 확대되며, 생각과 행동, 생활에 이르기까지 질적으로 커다란 변화를 겪게 된다. 교사는 영유아의 학습과 활동을 지원하고 상호작용을 하기 위해서 영유아가 연령별로 어떠한 언어적 발달 특징을 가지는지를 이해하는 것이 매우 중요하다. 영유아 시기의 언어발달은 크게 음성언어발달과 문자언어발달로 나누어 살펴볼 수 있으며, 전 세계의 어떤 언어권이든지 모든 영유아는 보편적인 특징과 발달 순서 과정을 거친다.

1. 음성언어발달

음성언어란, 음성으로 나타내는 말을 뜻하며 구어, 입말이라고도 한다(표준국어대사전, 1999). 즉, 흔히 의사소통에서 사용하는 '말'이라고 하는 구두 언어를 음성언어라고 한다. 음성언어는 화자와 청자가 같은 시간과 공간에 존재하면서 목소리로 의미를 전달하므로 문장의 구조가 문어보다 비교적 자유롭고 개방적이다. 일방적으로 의미를 전달하는 것이 아니라 화자와 청자가 서로 협력적으로 의미를 재구성할 수 있으므로 감정적인 교류가 더 잘 이루어진다. 음성언어에는 듣기와 말하기가 포함되며, 영아기에 급속도로 발달한다. 음성언어의 발달은 다른 사람의 말소리를 듣고, 말하며, 다양한 표정과 몸짓으로 의사소통하는 기회를 많이 가지는 가운데 이루어진다. 영유아기의 음성언어 발달은 실제적인 언어를 말하기 이전인 전언어기와 언어기로 나뉜다.

1) 전언어기(Pre-linguistic Period): 12개월 이전

전언어기는 실제로 언어가 나타나기 이전의 발달 시기를 뜻한다. 이 시기의 영아는 주로 울음과 웃음, 몸짓을 사용하여 의사소통하며, 언어발달 과정에서 쿠잉과 옹알이가 나타난다.

(1) 소리 지각

음성언어의 발달은 듣기에서부터 시작된다. 영아는 태어나기 전, 태아 시기에 들었던 엄마의 목소리를 기억하며, 모국어의 억양에 익숙해 있다(Saxton, 2017; Minai, Gustafson, Fiorentino, Jongman, & Sereno, 2017). 영아는 본능적으로 소리 나는 곳으로 머리를 돌리고, 특히 모든 소리 중에서 인간의 목소리에 반응하며 고음의 여성 목소리에 더욱 민감하다. 영아의 소리 지각의 발달은 다음과 같다(Machado, 2010).

- 출생: 신생아는 청력이 완전히 발달되지는 않았지만, 약간 큰 소리를 들을 수 있고 음정을 구별할 수도 있다. 시끄러운 소리에 반응하여 깨거나 놀라서 울기도 한다. 리드미컬한 소리나 규칙적인 톤과 박자의 심장 소리는 영아의 정서를 안정적으로 달래 주며, 크고 시끄러운 소리는 영아를 불안하게 한다.
- 0~3개월: 부모나 익숙한 사람의 목소리를 집중해서 듣는 것처럼 고개를 돌려 반응하고, 입을 벌려 웃는 것처럼 보이기도 한다.
- 4~6개월: 라디오나 TV 소리, 강아지 짖는 소리, 청소기, 초인종 소리 등과 같이 주변 환경에서 나는 소리에 반응하며 쳐다본다. 소리 나는 장난감에 관심을 가진다. "안 돼."라고 말할 때 목소리 톤이 바뀌는 것을 안다.
- 7~12개월: 자기 이름이나 간단한 지시에 반응한다. 까꿍놀이 같은 단어 놀이를 좋아하며, 사람들의 관심을 끌기 위해 말소리를 모방한 소리를 내기도 한다.

출생 시에 영아는 전 세계의 언어에서 사용되는 대부분의 발음을 구별할 수 있다. 그러나 이후 주변에서 모국어 말소리를 반복적으로 들으면서 모국어의 음소와 소리의 강약 패턴에 귀를 기울이게 되고, 차츰 모국어의 소리에 익숙해지면서 생후 6개월경이 되면 모국어가 아닌 언어의 소리(음소)에는 더 이상 관심을 기울지 않게 되고 구별도 하지 못하게 된다(Dietrich, Swingley & Werker, 2007; Kuhl, Williams, & Lacerda, 1992; Polka & Werker, 1994).

유아 지향적 언어(CDS: child-directed speech)

성인은 영아의 언어 학습을 도와주기 위하여 성인 대화에서와는 다른 형태의 특성을 가진 언어를 사용하는데, 이를 '유아 지향적인 언어(CDS: child-directed speech)'라고 한다(Matychuk, 2005). 흔히, 애기 말(Baby-talk), 엄마 말투(Motherese), 양육자 언어(caregiver speech)라고 칭하기도 하는데, 이는 양육에 대한 성 고정적인 용어라는 비판에 의해 사용되지 않고 있으며, 최근에는 언어의 쌍방향적인 특성을 고려하여 '유아 지향적 의사소통 전략(child-directed communication strategies)'이라는 용어로 대체되는 추세이다. 유아 지향적 언어에 나타나는 특성은 다음과 같다(Foulkes, Docherty, & Watt, 2005).

① 독백과 같이 혼잣말을 한다. 1세 이전의 영아와 대화를 할 때, 성인은 영아의 지속적인 관심을 끌기 위해 혼자 말을 계속 건다.
② 음절을 또박또박 떼어서 발음을 분명하게, 천천히 말한다.
③ 목소리 톤이 높고 과장된 억양을 사용한다.
④ 짧고 간단한 문장을 사용한다.
⑤ 대화 내용은 현재 일어나고 있는 구체적인 주제이다. 예를 들어, 영아가 보고 있는 것, 하고 있는 것에 대해 이야기한다.
⑥ 영유아의 말을 반복해서 이야기한다. 약 2세 이후 문장을 배우는 유아와의 대화에서 성인은 유아가 말한 단어나 문장을 반복해서 다시 말해 주는 경향이 있다.

유아 지향적 언어는 성인이 일방적으로 유아에게 배려하여 제공하는 언어라기보다는 영아의 행동이 성인의 유아 지향적인 언어 사용을 유발하는 쌍방향적인 의사소통 전략이라고 볼 수 있다. 성인이 유아 지향적 언어를 사용하는 것은 유아에게 말을 가르치기 위한 것뿐만 아니라 유아가 성인의 언어를 보다 쉽게 이해할 수 있도록 하기 위한 의도로 이해할 수 있다.

(2) 울음

울음은 아기가 만들어 내는 최초의 발성이며, 영아기의 가장 기본적인 의사소통 수단이기도 하다. 영아기 초기의 울음은 배고픔, 신체적 고통, 공포 등과 같은 생존을 위한 생리적인 반응으로 나타나다가 점차 의사소통으로서의 기능을 하게 된다. 영아의 울음 종류는 다음과 같다.

- 미분화된 울음: 출생에서 1개월까지의 울음으로 주로 불편함을 표현하는 기능을 한다. 아직 울음이 미분화되어 울음소리로 아기의 요구를 이해하기는 힘들다.
- 분화된 울음: 생후 1개월이 지나면서 울음은 분화하기 시작하고, 울음을 의사소통 수단의 하나로 사용한다. 아플 때는 처음부터 비명을 지를 듯이 큰 소리로 울고, 배고플 때는 높낮이가 규칙적인 울음을, 불만을 표시할 때는 칭얼거리 듯한 울음 등, 울음의 형태가 점차 다양해진다.

이처럼 울음은 영아의 기본적인 건강이나 정서 상태를 알려 주는 중요한 신호의 역할을 할 뿐만 아니라 발성기관의 발달을 촉진시켜 주기도 한다. 울음의 의사소통 기능은 영아가 언어를 습득함에 따라 점차 감소한다(Ornstein & Sobel, 1987).

(3) 웃음

웃음은 영아가 자신의 감정을 전달하고 양육자의 사랑을 이끄는 의사소통 수단 중 하나이다. 영아는 출생 직후부터 미소를 짓는다. 그러나 생후 2개월 이전의 웃음은 신경생리학적인 반응에 의해 나타나는 무의식적인 행동으로, 흔히 '배냇짓'이라고 하는 반사적 미소이다. 생리적인 근육의 움직임인 반사적 미소는 주로 잠자는 동안에 나타나며 기쁨, 좋음과 같은 의미 전달과는 무관하다.

진정한 미소는 3개월 이후부터 나타난다. 이 무렵이 되어야 영아는 주 양육자(엄마)의 존재를 서서히 인식하기 시작하고 자신을 돌봐 주는 친숙한 존재에게 의미 있는 미소를 보내는데, 이를 사회적 미소라고 한다(Machado, 2010). 이러한 미소는 생존을 위해 영아가 양육자의 관심을 지속적으로 이끄는 수단이 되며, 양육자와의 애착 관계를 강화시키는 기능을 한다. 아기의 웃음에 대해 양육자가 말, 표정, 몸짓 등으로 다양하게 반응해 줄수록 영아의 웃음은 많아지고 의사소통능력도 발달한다.

(4) 쿠잉

생후 1개월 이전의 영아가 내는 소리는 울음, 흡음 소리, 딸꾹질, 재채기, 기침 등과 같이 본능적인 소리가 대부분이다. 생후 1~2개월이 지나면서 영아는 울음 이외의 발성을 하기 시작하는데, /우/, /구/와 같은 목을 울리는 모음 소리나 호흡할 때 나는 소리인 /h/ 소리가 삽입된 /쿠/ 소리를 주로 낸다. 이러한 소리는 옹알이가 시작되기 전에 나타나는데, 마치 비둘기 울음소리와 같다고 하여 쿠잉(Cooing)이라고 한다(주영희, 2001). 영아는 안락함과 만족감을 느낄 때, 특히 성인과 눈맞춤을 하고 즐겁게 상호작용을 할 때 쿠잉 소리를 낸다.

(5) 옹알이

옹알이(babbling)는 영아가 발성을 연습하는 과정이며, 일종의 음성 놀이이다. 옹알이 시기에 영아는 끊임없이 소리를 모방하면서 음성을 연습하고, 이러한 과정을 통해 언어를 습득한다. 영아의 옹알이 발달 과정은 다음과 같다.

- 3~4개월이 되면 영아는 옹알이 소리를 내기 시작한다. /바-바-바/, /마-마-마/와 같이 자음과 모음이 합쳐진, 길고 반복적인 소리를 낸다.
- 5~6개월경이 되면 옹알이 빈도가 더욱 빈번해지면서 영아는 자신의 소리를 들으며 모방한다. 즉, 자신이 우연히 만들어 낸 소리에 자극되어 같은 소리를 계속 반복해서 내는데, 이를 '자기 소리 모방(lallation)'이라고 한다.
- 7~8개월이 되면 옹알이의 절정기에 이르게 된다. 옹알이 소리는 더욱 다양해

져서 모음 /아/ 이외에 /이/ 소리에 자음을 붙인 /비–비–비/, /미–미–미/ 등의 소리를 낸다. 영아는 의미와는 상관없이 자음과 모음 소리를 구별하여 음성을 조절하는 연습을 끊임없이 한다. 이때 영아는 자신의 목소리로 내는 소리를 들으며 즐거워한다.

- 9~10개월 이후가 되면 옹알이는 더욱 세련되어진다. 영아는 같은 음절을 반복하여 내는 소리 이외에 /마–비–다–부/와 같이 여러 가지 음절을 다양한 순서로 혼합하여 낼 수 있게 된다. 점차 자기 소리와 다른 사람의 소리를 식별하게 되면서 주위 사람들의 말소리를 의도적으로 모방하는데 이를 '반향적 모방(Echolalia)'이라고 한다. 영아는 타인의 소리를 반향적으로 모방하면서 모국어를 습득하는데, 문장의 강세, 억양 등을 흉내 내면서 마치 모국어로 문장을 말하는 것처럼 옹알이를 한다.

● 음소 확장기(생후 2~8개월 경): 옹알이 절정기 이전의 시기

영아가 내는 소리의 음소 수가 지속적으로 증가하는 시기이다. 이 시기의 영아는 모국어와 상관없이 보편적인 음소 소리를 낸다. 그러므로 이 시기의 모든 영아는 인간이 낼 수 있는 모든 소리를 낼 수 있다.

● 음소 축소기(9~10개월 경 이후): 옹알이 절정기 이후 시기

영아가 발성하는 음소의 개수가 서서히 감소하는 시기이다. 모국어와 상관없이 모든 음소 소리를 내던 영아는 점차 모국어에서 사용하지 않는 소리가 소멸되는 과정을 거치게 된다. 이는 양육자의 선택적 강화에 의한 작용으로 설명할 수 있다. 즉, 양육자는 영아와 상호작용할 때, 영아가 발성하는 여러 가지 소리 중에서 자신에게 익숙한 모국어의 음소 소리에만 선택적으로 반응을 하고 강화하게 된다. 이에 따라 영아의 옹알이 소리 중 자주 강화받는 소리는 남게 되고 자주 강화받지 못하는 소리는 사라지면서 서서히 모국어의 음소를 습득하게 된다(Gopnik, Meltzoff, & Kuhl, 1999).

옹알이는 영아가 말을 하기 위해 기초 발성을 연습하는 과정이므로 모국어가 무엇이든 상관없이, 모든 영아가 거의 같은 시기에 옹알이를 한다. 청력에 결함이 있는 영아도 예외가 아니어서 5~6개월까지는 옹알이가 공통적으로 나타나다가 소리 모방이나 상호작용에 의한 강화가 어렵게 되면서 점차 사라진다(Siegler, DeLoache, & Eisenberg, 2010). 따라서 옹알이는 성인과 얼굴을 마주 보며 대화하듯이 주고받으며 반응을 해 줄 때 더 활발하게 지속된다.

(6) 몸짓

몸짓언어(gesture)는 본래 언어의 의미를 보충하거나 심화하여 전달하는 기능을 하며, 언어를 사용할 수 있는 성인에게서도 나타난다. 영아는 언어를 사용하기 이전에 언어를 대신하는 의사소통의 수단으로 몸짓언어를 사용하는데, 이를 흔히 베이비 사인(baby sign)이라고 한다. 영아는 찡그리기, 미소와 같은 다양한 얼굴 표정이나 놀라거나 팔다리를 바둥거리는 것과 같은 몸동작을 본능적으로 사용한다. 그러나 약 생후 8개월 이후부터는 근육조절능력과 사물에 대한 이해능력, 표상 능력이 발달함에 따라 상징적인 몸짓언어를 사용하기 시작한다. 영아의 몸짓언어는 2세 무렵, 언어로 의사소통을 하면서 차츰 사라지게 된다. 영아들이 하는 대표적인 몸짓언어로는 고개를 끄덕이거나 젓는 몸짓, 손가락으로 가리키기 등이 있으며 사물의 특징을 이해하고 새가 나는 몸짓이나 전화받기 등의 상징적인 몸짓언어를 사용하기도 한다.

이상에서와같이 전언어기 시기의 영아는 실제로 언어를 사용하지는 못하지만 울음, 표정, 옹알이, 몸짓언어 등을 통해 의사소통을 하며, 언어를 배우기 위해 관찰, 참여, 연습, 표현의 과정을 거치면서 끊임없이 노력한다. 이때 양육자의 반응과 역할은 매우 중요하다. 영아의 발성에 반응해 주고 눈을 맞추며 이야기를 주고받는 양육자의 행동은 영아의 언어발달을 촉진시킨다.

2) 언어기(Linguistic Period): 12개월 이후

언어가 출현하는 시기로 약 만 1~5세의 시기를 의미한다. 이 시기에는 영유아의 언어발달이 급속도로 이루어지며, 2세경에 최고조에 달한다. 음성언어 발달의 중요한 구성 요소는 어휘와 문법발달이다. 어휘가 발달할수록 다른 사람들의 이야기를 더 잘 이해하고 표현도 풍부해진다. 그리고 사용하는 어휘가 많아지면 단어를 조합하여 문장을 만드는 방법을 배워야 하므로 구문 문법을 익히게 된다. 문법을 많이 알면 알수록 영유아의 언어 해석이 더 정확해지고 표현도 세련되어진다. 영유아의 언어기 발달은 한 단어 시기, 두 단어 시기, 다단어 시기로 구분된다.

(1) 한 단어 시기(One word stage): 12~18개월

❶ 어휘발달

영아의 어휘발달은 이해어휘가 먼저 발달한 후에 표현언어가 발달한다. 영아들은 생후 9개월 경에 어휘의 의미를 이해하기 시작하다가 12개월 무렵에 첫 단어를 말한다. 12~13개월 경의 이해어휘는 15개 정도이다. 이후 표현언어가 꾸준히 발달하여 18~19개월 경에는 평균 50개의 단어를 말할 수 있으며, 이때 이해어휘는 표현어휘보다 평균 3배 이상이 된다. 18~24개월 무렵부터 어휘 습득이 급속도로 늘어나 24개월 경에는 약 300개 단어를 말할 수 있게 되는데, 이 시기를 '어휘 폭발기(word spurt period)', '명명 폭발기(naming explosion period)'라고 한다(정지은, 최영은, 2019; Hoff, 2013). 2세가 되면 표현어휘와 이해어휘 수의 차이가 점차 줄어들지만 이해어휘의 수가 여전히 많다.

어휘 습득은 사람이나 사물에 대한 명칭을 주로 습득하는 '참조(reference)' 단계에서 행위와 관련된 동사를 익히는 '서술(predication)' 단계로 이행된다. 참조단계에서 습득하는 사람이나 사물의 명칭은 반 이상이 보통명사이며, 까까, 맘마, 어부바와 같은 일상생활 용어가 포함된다. 서술 단계에 습득하는 어휘는 없다, 먹다, 자다와 같이 경험이나 행위와 관련된 동사가 대부분이다(장유경, 2004).

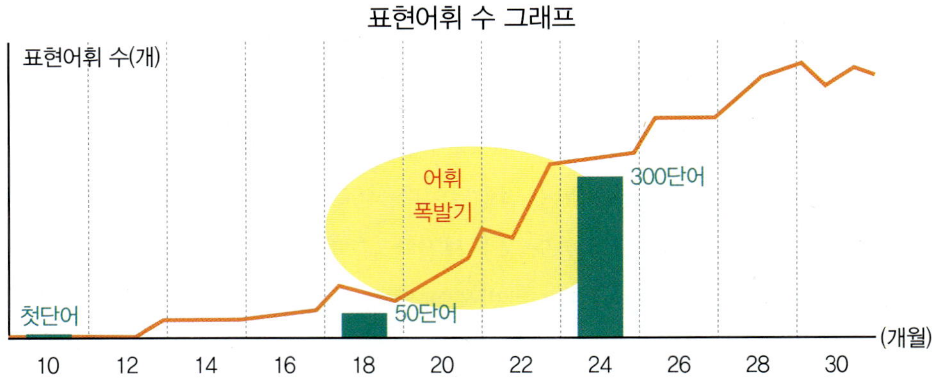

[그림 2-1] 생후 18~24개월까지의 ‘어휘 폭발기’

영유아는 어휘를 습득할 때, 몇 가지 오류의 과정을 거치면서 어휘의 뜻과 의미를 이해하게 된다. 영유아의 어휘 습득 과정을 과잉 확대와 과잉 축소 현상, 의미의 수평적 발달과 수직적 발달 현상으로 설명한다.

● **의미의 과잉 확대 현상(overextension)**

영유아가 어휘를 사용할 때, 단어가 가진 본래의 의미보다 확대해서 사용하는 현상을 말한다. 영유아는 종종 어떤 사물이나 사람을 실제와 관련이 없는 단어나 이름으로 확장하여 지칭하곤 하는데, 주로 사물의 동작, 촉감, 크기, 모양 등의 유사성에 근거하여 사용한다. 이는 영유아가 사물을 지칭하는 정확한 이름을 아직 모르거나 사물에 대한 정확한 지식이 형성되지 않아서 나타나는 현상이다. 예를 들어, 개를 지칭하는 ‘멍멍이’라는 어휘를 습득한 뒤에는 고양이, 여우 등 네발 달린 짐승을 모두 ‘멍멍이’라고 한다. 영유아가 아빠와 비슷한 연령의 남자를 ‘아빠’라고 부르는 현상은 대표적인 의미의 과잉 확대 현상이다. 이러한 현상은 영아가 알고 있는 어휘가 부족하기 때문에 나타나므로 고양이, 여우, 아저씨라는 어휘를 습득한 후에는 사라진다.

● **의미의 과잉 축소 현상(underextension)**

영유아가 어휘를 사용할 때, 어휘가 가진 본래의 의미보다 좁은 의미로 축소해서 사용하는 현상을 말한다. 이는 어휘의 의미를 관련 있는 사물이나 사건에 적용하지 못하는 것에서 비롯된다. 예를 들어, '멍멍이'는 우리 집 강아지만을 지칭하고, 다른 강아지는 '멍멍이 아냐.'라고 하거나 '까까' 달라고 할 때, 항상 먹는 특정 과자만을 '까까'라고 칭하고 다른 과자를 줘도 계속 그 특정 과자를 달라고 조르는 행동을 보이는 경우이다.

'까까(과자)' 의 본래 의미　　　영아가 의미하는 특정 과자만을 '까까' 로 지칭

이상의 '과잉 축소'와 '과잉 확대' 현상은 영유아의 어휘가 발달하고, 사물과 주변 환경에 대한 지식이 증가하면 자연스럽게 사라진다.

❷ 문법발달

한 단어를 말하는 초기 언어발달 단계에서는 문법이 발달하지 못한다. 따라서 하나의 어휘 자체가 전체 문장이 되는데, 이러한 문장을 **'일어문(holophrase)'**이라고 한다. 일어문에서 영유아는 똑같은 한 개의 단어를 사용하여 다양한 의사를 전달하는데, 같은 단어라도 영아의 몸짓이나 목소리의 고저, 말을 하는 상황적 맥락에 따라 다르게 해석된다. 예를 들어, 아기가 똑같이 "엄마"라고 불러도 아기의 표정이나 상황과 맥락에 따라 "엄마 배고파", "엄마 미워", "엄마 졸려" 등 다양한 의미로 해석할 수 있다. 이러한 일어문 형식의 문장은 영유아가 습득한 어휘의 수가 증가함에 따라 자연스럽게 사라지고 이어문, 다어문 형식의 문장으로 발달하게 된다.

(2) 두 단어 시기(Two word stage): 18~30개월

❶ 어휘발달

이 시기 영유아의 어휘 습득 속도는 급격하게 증가한다. 출생 후 18개월경 약 50개의 어휘를 구사하는 것에서 24개월에는 약 300개, 30개월경에는 약 500~800개의 어휘를 사용할 수 있게 된다. 이때 영유아가 습득하는 단어는 음식, 신체, 옷, 장난감, 놀이, 동물, 사람 등 주변 생활 속에서의 경험과 관련된 어휘이다. 이 시기 영유아의 어휘는 어휘의 수평적 발달과 수직적 발달 과정을 통해 발달한다.

● 어휘의 수평적 발달

수평적 어휘발달은 영유아가 이미 알고 있는 단어의 의미에 새로운 속성을 추가하여 의미를 확대하는 것을 말한다. 예를 들어, '강아지'를 말할 때 우리 집 털이 짧은, 하얀, 작은 강아지만을 강아지로 알고 있던 것에서 검은 강아지, 얼룩 강아지, 몸집이 큰 강아지, 털이 긴 강아지의 속성도 모두 강아지의 속성임을 추가하여 이해하게 되고, 점차 성인과 같은 수준의 개념에 도달하게 된다.

〈강아지〉	〈강아지 속성 추가〉	〈강아지 개념〉
• 4발이다.	• 4발이다.	• 4발이다.
• 꼬리가 있다.	• 꼬리가 있다.	• 꼬리가 있다.
• 털이 하얗다.	• 털이 하얗다. + 검은털 + 얼룩털	• 다양한 색 털이 있다.
• 몸이 작다	• 몸이 작다 + 크다	• 몸집이 클수도 작을 수도 있다.
• 털이 짧다.	• 털이 짧다 + 털이 길다.	• 털의 길이가 다양하다.
		⋮
영아가 알고 있는 '강아지'의 의미	수평적 발달	일반적인 '강아지' 개념 습득

● **어휘의 수직적 발달**

수직적 어휘발달은 영유아가 알고 있는 어휘의 속성을 습득한 후에, 그와 유사한 단어들을 계속 습득하여 유사성이 있는 단어들을 군집화함으로써 새로운 상위 범주의 개념을 획득하는 것을 말한다. 예를 들어, '강아지'라는 단어와 개의 속성을 알고 있는 영유아가 고양이, 늑대, 호랑이와 같이 '강아지'와 유사한 속성을 지닌 다른 동물들의 명칭과 속성을 지속적으로 습득하게 되고, 마침내 이 모두를 칭하는 의미의 '동물'이라는 단어를 알게 되는 것이다. 일단 '동물'이라는 인지적 구조가 한번 습득이 되면 그 범주에 소, 말, 염소 등 새로운 어휘를 추가하는 것은 쉬워진다(주영희, 2001)

영아가 알고 있는 '강아지' 의 의미 | 수직적 발달 | '동물' 개념 습득

❷ 문법발달

영유아의 어휘가 발달하면서 한 단어 시기가 끝나고 두 개의 단어를 사용하여 자신의 의사를 표현하는 시기가 온다. 이처럼 두 개 단어를 결합하여 만든 문장을 이어문(duos)이라고 하는데, 두 개 단어를 사용함으로 인해 언어가 더욱 정교해진다. 영유아가 두 단어를 결합하여 의미를 전달할 때, 아무렇게나 단어를 조합하는 것이 아니라 일정한 규칙을 가지고 배치한다. 즉, 유아가 두 단어를 결합하여 말하기 시작할 때에 일정한 어순에 의해 단어를 배열하는 문법발달이 이루어지는데, 초기 문장의 문법적 특징은 다음과 같다.

■ 전보식 문장

이어문의 문장은 마치 전보문과 비슷하다고 하여 전보[1]식 문장(telegraphic sentence)이라고 한다. 전보식 문장에서는 두 개의 단어로 모든 의미를 전달하여야 하므로 문장 구조가 매우 단순하며, 생략된 문장을 사용한다. 예를 들어, "나 쉬", "아가 울어", "까까 먹어"와 같이, 대부분의 조사, 전치사, 접속사, 관사 등의 기능어는 생략되고 명사, 동사, 형용사, 부사와 같이 핵심 의미가 담겨 있는 내용어만으로 구성된다. 어휘의 배열에는 일정한 규칙이 있어서 주로 '주어+서술어', '주어+목적어', '목적어+서술어' 형식의 문장을 구사한다. 영유아는 이를 통해 우리나라 한글의 주어+목적어+서술어 어순 구조를 익히게 된다.

〈표 2-1〉 전보식 문장의 구조

문장 구조	전보식 문장	의미
주어+서술어	아가 울어 나 쉬	아기가 울어요. 나는 쉬 하고 싶어요.
주어+목적어	나 까까 아가 책	나는 과자를 먹고 싶어요. 아가가 책을 읽어요.
목적어+서술어	까까 먹어 꼬까 신어 무 먹어	과자를 먹고 싶어요. 신발을 신어요. 물을 먹고 싶어요.

■ 주축 문법

영유아가 두 단어 시기에 흔히 사용하는 문법으로 **주축 문법**(pivot grammer)이 있다. 주축문법은 주축이 되는 특정 단어를 중심으로, 새로운 단어를 결합하여 다양한 문장을 구성하는 방법이다. 즉, 주축 문법은 주축어(pivot word)와 개방어(open word)로 구성되어 있는데, 주축어란 두 단어를 조합할 때 축이 되는 단어이

1) 전보(telegram, 電報): 전화가 상용화되기 이전의 통신수단으로, 전달하고자 하는 정보를 전기 통신설비를 사용하여 음성이 아닌 문자로 신속하게 수취인에게 배달하는 방법이다. 글자당 요금이 부과되기 때문에 짧은 글자로, 효과적으로 정보를 전달하는 것이 특징이다.

며, 개방어는 주축어와 결합되는 어휘를 말한다. 예를 들어, "안 가", "안 예뻐"에서 '안'은 주축어이고, '~가', '~예뻐'는 개방어이다. 주축어는 다음과 같은 특징을 가진다.

① 주축어는 두 단어의 앞이나 뒤의 고정된 위치에 놓인다.
② 주축어는 단독으로 사용되지 않는다.
③ 주축어는 다른 주축어와는 함께 사용되지 않는다.
④ 주축어는 모든 개방어와 조합될 수 있다.

〈표 2-2〉 한국어의 주축어와 개방어 조합

주축어	개방어	문장 구조
안	가 미워 예뻐 좋아	주축어 + 개방어
줘	우유 까까	개방어 + 주축어

(3) 다단어 시기(Multiple word stage): 30개월~5세

❶ 어휘발달

3세경이 되면 유아가 표현하는 어휘 수는 1,000개 정도로 증가하고 4세에는 약 1,600개, 5세는 약 2,100~2,200개, 6세까지 2,600~7,000개의 어휘를 습득한다(Reed, 2012). 이처럼 3세 이후에 유아는 지적 성장과 함께 어휘 습득도 급격하게 증가하여 매일 약 2개 이상의 단어를 습득한다(Ganger & Brent, 2004). 5세 무렵이 되면, 유아는 모국어의 대부분의 소리를 발음하고 기본적인 문법 규칙을 익혀서 활용할 수 있게 되므로 모국어 습득이 거의 완성된다고 볼 수 있다. 즉, 유아가 사용하는 활용 어휘의 수 이외에는 성인의 언어 구사와 크게 차이가 없다. 이 시기 유아가 습득하는 어휘 유형은 다음과 같다(배희숙, 2016).

- 3세: 인칭대명사(나, 너), 지시대명사 (여기, 저기)
  시간(아까, 지금, 금방, 옛날), 시제 (어제, 오늘, 내일)
  장소, 위치(위, 아래, 안)
  사물 속성(색깔, 모양 등), 사람 호칭(아저씨, 이모 등)
- 4세: 도형 이름(세모, 네모 등), 반대말(길다/짧다, 빠르다/느리다),
  비슷한 말(엄마/어머니, 아름답다/예쁘다)
- 5세: 지식 및 학습 어휘

❷ 문법발달

세 개 이상의 어휘를 조합하여 문장을 만들기 시작하면서 명사, 동사, 형용사와 같은 내용어 이외에 기능어를 사용하기 시작한다. 즉, 3세 유아는 문장의 통사 구조, 문장 구성의 기본 원칙을 알고, 주어+목적어+동사 또는 주어+부사어+동사 형태의 문장을 구사한다. 이 시기 유아가 사용하는 문장의 형태는 다음과 같다.

- 문법적 형태소: 문장의 내용을 좀 더 정교하게 전달해 주는 역할을 해 주는 어미와 조사가 발달한다.
  - 어미: "엄마야"의 호칭 어미, '내 거야'와 같은 문장 어미, 시제 어미로 '갈 거야', '줄 거야'와 같은 미래형과 '먹었어', '입었어'와 같은 과거형이 나타난다.
  - 조사: '같이', '랑', '와' 같은 공존격 조사, '~에'와 같은 처소격 조사, '가', '은(는)'과 같은 주격 조사, '을(를)'과 같은 목적격 조사, '~로'와 같은 도구격 조사가 나타난다.
- 부정문: '없다', '안 해', '싫어', '못해', '하지 마' 등의 부재, 거부, 부인, 금지, 무능의 의미를 나타내는 부정문이 나타난다. 특히, 반항과 자기주장이 강해지는 2~3세에 많이 나타나며, '나 안 이 닦을 거야'와 같이 부정 요소의 위치를 잘못 두는 오류를 범하는 모습을 볼 수 있다.
- 의문문: 지적 호기심의 증가로 의문문을 자연스럽게 사용하게 된다. '~지?',

'~까?'와 같은 의문 어미와 문장의 끝을 올리는 의문 억양을 사용한다. 의문사 중에는 무엇(what), 어디(where)의 의문사를 가장 먼저 습득한다.

- 사동문, 피동문: '토끼에게 풀을 먹이다.'와 같은 사동문과 '술래에게 잡히다.'와 같은 피동문이 나타난다. 대체로 사동문이 피동문보다 먼저 나타나며, 우리나라 유아는 영어권 유아(약 5세경)보다 더 빠른 시기(약 2.5세)에 피동문을 사용할 수 있다.
- 복합문: 한 문장에 두 개 이상의 절이 포함되는 복합문을 사용할 수 있다. "아빠가 왔는데, 아빠가 인형을 사 줬어."와 같은 접속문, "아빠가 사 준 인형이야."와 같은 내포문이 나타난다. 보통 병렬 접속사(그리고, 그러나, 또는)를 사용하는 접속문이 내포문보다 먼저 발달한다.

● 문법의 과잉 일반화(overgeneralization)

문법의 과잉 일반화는 유아가 스스로 언어의 문법 규칙을 찾아 적용해 보는 과정에서 나타나는 오류이다. 즉, 유아가 어떠한 특정 문법 규칙을 습득한 후, 그 규칙이 적용되지 않는 예외 경우가 있다는 것을 미처 알지 못하고 과잉으로 일괄 적용하는 현상을 말한다. 예를 들어, 대표적인 주격 조사인 '가'를 습득한 후, 받침이 있는 단어에도 모두 '가'를 사용하여 "선생님이가 좋아요."와 같이 말하는 경우이다. 또한, 존대어 어미 '~요'를 습득한 후에 "책이가 있다요."와 같이 말하기도 한다.

영어의 경우도 과거시제를 나타내는 'ed'를 과잉 일반화하여 'go'의 과거형을 'went'가 아닌 'goed'라고 말하거나, 복수형 's'의 경우도 'man'의 복수를 'men' 대신에 'mans'라고 말한다. 이러한 과잉 일반화는 유아가 언어 문법을 스스로 찾아내어 내면화한다는 증거이다.

어휘 획득과 문법의 숙달, 음성언어의 발달로 인해 영유아의 의사소통 또한 훨씬 효율적으로 이루어지게 된다. 유아는 대화를 할 때 눈을 맞출 수 있으며, 때와 장소에 맞게 적절한 대답을 해야 한다는 것을 알게 된다. 그리고 말을 할 때는 듣는 사람을 고려해서 말하는 기술도 익히게 된다.

〈표 2-3〉 영유아기의 음성언어발달

	0~3개월	4~6개월	7개월~	12개월~	15개월~	24개월~	30개월~
	언어전기			언어기			
어휘 발달	울음, 웃음 →	→	→	→	→		
		몸짓언어 →	→	→	→	→	
	쿠잉 →	옹알이 →	→	첫 어휘 출현	약 30~50개 어휘	약 300개 어휘	800개 어휘
				의미의 과잉축소/과잉확대			
문법 발달				일어문 →	→	이어문 →	다어문
					전보식 문장 주축 문법 →	→	문법 과잉 일반화

2. 문자언어발달

문자언어란 글자라는 매체를 통하여 의사소통하는 것을 의미한다. 즉, 글자를 통해서 필자와 독자가 상호작용하는 활동으로, 읽기와 쓰기가 포함된다. 문자언어는 음성언어(구어, 口語)와 달리 의미를 구성하는 필자와 구성해 놓은 글의 의미를 재구성하는 독자가 시간과 공간을 같이 공유하지 못한다. 그러므로 문자언어를 사용할 때는 더 완성된 형태의 문장 구조를 사용하여야 의미가 분명히 전달될 수 있다. 문자언어는 단순히 글의 해독(decoding)이나 글자 쓰기(copying)로써의 읽기, 쓰기가 아니라 읽기와 쓰기가 이루어지는 상황의 필요와 요구, 필자와 독자의 사전 지식과 태도, 사회와 문화적 맥락을 반영하여 의미를 재구성하여야 하는 정신적 과정이다. 현대사회에서는 문자 메시지, SNS, 컴퓨터 인터넷 통신 등의 발달로 문자언어를 통한 의사소통의 중요성이 한층 가중되고 있다. 유아의 문자언어 발달이 언제부터 어떠한 과정으로 발달하는지에 대한 견해는 읽기, 쓰기를 단순한 글자 깨우치기로 볼 것인지, 글자를 매개로 한 의미의 교류로 볼 것인지에 따라 매우 달라진다. 문자언어발달에 대한 관점은 문자를 준비도의 개념으로 보는 입장과 문해 출현의 개념으로 보는 입장 두 가지가 있다.

1) 읽기 준비도와 문해 출현의 관점

(1) 읽기 준비도(reading readiness)의 관점

읽기 준비도는 읽기 발달에 대한 전통적인 관점으로, 읽기를 습득하기 위해서는 실제적인 읽기 행동이 나타나기 전에 준비 과정이 필요하며, 유아기의 대부분이 읽기를 위한 준비 기간이라는 입장이다. 언어는 듣기, 말하기, 읽기, 쓰기의 순서로 발달하며, 문자언어는 음성언어가 충분히 발달된 이후에 발달되고 읽기가 쓰기보다 먼저 습득된다고 본다.

1920~1940년대에는 읽기 준비도를 신경성숙의 결과로 보았다. 이는 성숙주의 이론에 바탕을 둔 입장이며, 읽기를 위한 준비는 지적 · 신체적인 자연적 성숙에 의해 갖추어진다고 보았다. 그러므로 읽기 준비가 갖추어지는 6.5세 때까지 읽기, 쓰기의 학습을 미루어야 한다고 주장한다(Morphett & Washburne, 1931, 이지현, 마송희, 김수영, 정정희, 2009, 재인용).

1960~1980년대에는 읽기 준비도를 경험에 의해 앞당길 수 있다고 보았다. 이러한 관점은 1960년대의 행동주의 연구와 조기교육, 학문중심 교육의 영향으로 나타났다. 읽기의 하위 기술을 습득한 후에 읽기와 쓰기를 학습할 수 있으므로 유아기에 읽기, 쓰기의 기초 기술을 단계적이고 위계적으로 가르쳐야 한다고 주장하였다.

이처럼 읽기 준비도 관점에서는 유아기를 이후 형식적인 교육을 통해서 읽기를 학습하는 데 필요한 여러 가지 하위 기술을 준비하는 시기로 보았다.

(2) 문해 출현(emergent literacy)의 관점

문해 출현은 읽기 준비도의 관점과 대조되는 개념이다. 문해 출현 관점에서의 문해(literacy)는 단순한 읽기, 쓰기의 능력 이상으로, 실생활에서의 의사소통을 목적으로 글을 사용할 줄 아는 능력을 의미한다. 즉, 문해의 기능을 두 가지 수준으로 구분할 수 있는데, 문해의 기초수준 기능과 고등수준 기능이다. 기초수준 기능은 '글 깨우치기 수준'의 기능으로, 글자와 말소리의 대응 관계를 습득하고 의미의 해석보다는 글자를 소리 내어 말할 수 있거나 소리 나는 대로 글자로 옮길 수 있는 능력을 말한다. 반면, 고등 수준 기능에서의 읽기는 글의 내용을 이해하고 의미를 분석하고 비판하는 기능이며, 쓰기는 자신의 생각을 글로 표현하는 의미 생성의 기능을 의미한다(이차숙, 노명완, 2002).

따라서 문해 출현의 관점에서는 문자언어의 발달이 어느 일정 시기에 갑자기 일어나는 것이 아니라 음성언어와 마찬가지로 출생 직후부터 점진적으로 일어난다고 본다. 문자를 아는 사람과 문자를 모르는 사람, 문자 전 단계(preliteracy stage)와 문자 단계(literacy stage)를 이분법적으로 구별할 수 없으며, 문자언어발달은 연속선 상의 점진적인 현상이므로 유아 시기는 덜 성숙한 문해자에서 더 성숙한 문해자로 발달해 가는 과정이라고 보았다.

유아기에는 음성언어와 문해 발달이 동시에 일어나며, 음성언어가 발달하는 방법과 동일한 방법으로 문해가 발달한다고 보았다. 유아는 출생과 동시에 환경 속에서 자연스럽게 인쇄물에 나타난 글과 글자를 인식하고 글자의 기능, 형태, 규칙 등을 알게 되며, 말과 글의 관계를 터득하고 문자언어에 대한 초인지적 기능을 발달시킨다.

● 인쇄물에 대한 지식(print knowledge)

문해 출현의 관점에서는 문자언어발달 과정에서 글자 자모에 대한 지식과 함께, 인쇄물에 대한 지식 습득을 중요시한다. 유아는 영유아기의 전 과정을 통해 다음과 같은 인쇄물에 대한 지식을 습득하면서 더 성숙한 문해자로 성장해 간다.

① 인쇄물의 기능에 대한 지식
- 글자가 언제, 어떻게 사용되며, 왜 필요한지를 안다.
- 말과 글자가 어떻게 대응되는지를 안다.

② 인쇄물의 형태에 대한 지식
- 글자의 음가, 글자의 구조, 철자, 마침표, 띄어쓰기 등을 안다.
- 기계적인 알파벳 암송과는 다르며, 인쇄물과의 접촉이 빈번해지면서 문자의 구조적 특성을 깨닫게 된다.

③ 인쇄물의 관습에 관한 지식
- 책을 다루는 방법, 언어학적 용어에 대한 지식을 안다.

〈표 2-4〉 문자언어발달에 대한 두 관점

읽기 준비도(reading readiness)의 관점	문해 출현(emergent literacy)의 관점
읽기 쓰기의 기초수준 기능에 초점을 둔다.	읽기, 쓰기의 고등수준 기능을 강조한다.
문자언어는 음성언어가 발달한 후에 발달한다.	문자언어는 음성언어와 마찬가지로 출생 직후부터 발달한다.
문자언어는 학습의 대상이다. 체계적으로 가르쳐야 한다.	문자언어도 음성언어와 같이 유아가 자연스럽게 사회 문화적 맥락 안에서 습득한다.
문자언어 학습은 일정한 시기까지 미루어야 한다. 하위 기술을 먼저 익혀야 한다.	문자언어와 음성언어는 상호 영향을 미치며, 발달을 촉진한다.
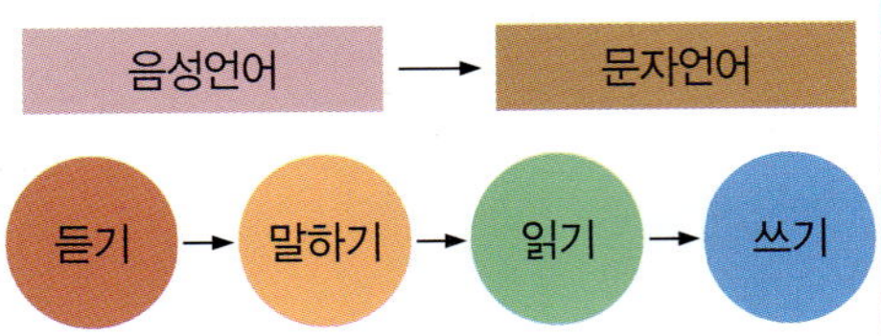 순차적 발달	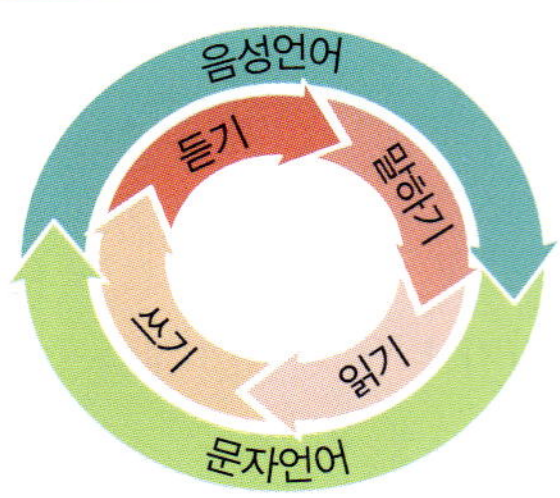 동시적 발달

2) 읽기 발달 단계

(1) 읽기에 대한 정의

읽기에 대한 정의는 일반적으로 해독과 의미의 이해 두 가지가 있다(이차숙, 2004).

첫째, 읽기를 해독(decoding)으로 정의하는 것은 글자의 음가를 깨우쳐서 읽을 수 있는 능력으로서의 읽기를 의미한다. 즉, '글 깨우치기'이다. 글 깨우치기는 읽기 발달이 낱자→낱말→문장의 순서로 이루어지며 시각적 식별력과 시각 기억, 청각적 식별력과 청각 기억, 낱말 구성 요소의 분석이 선행되어야 한다고 본다.

둘째, 읽기를 의미 이해로 정의하는 것은 문장의 의미를 이끌어 내는 과정으로서의 읽기를 말한다. 즉, 문장을 읽는다는 것은 글자가 주는 내용을 이해하고 분석하여 그로부터 자신의 경험과 지식을 반영한 의미를 이끌어 내고 이해에 이르는 과정이라고 본다. 이때 문장에 대한 이해(comprehension)뿐만 아니라 사람과 삶에 대한 통찰력(insight)이 높을수록 의미를 더 명확하게 파악할 수 있다.

이상과 같은 읽기에 대한 두 가지 정의 중 유아교육에서는 읽기란 인쇄된 문자나 글로 쓴 것으로부터 뜻을 얻어내는 인지 과정, 인쇄물에서 의미를 찾는 능력이(유아교육사전, 2000)라는 입장을 강조한다. 즉, 유아가 자 · 모음의 원리에 대해 알지 못하더라도 글자의 의미를 이해하고자 하는 행동도 진정한 읽기 행동으로 본다.

(2) 읽기 발달 단계

유아는 책이나 인쇄물을 접했을 때 보편적인 단계의 읽기 행동을 보인다. Ehri(1995)는 유아가 어떻게 점진적으로 단어 읽기 능력을 발달시키는지를 연구하여 단어 읽기 발달의 4단계를 다음과 같이 제시하였다.

① **문자 인식 전 단계(Pre-Alphabetic Phase)**: 이 시기는 유아가 아직 자모에 대한 지식이 형성되기 전의 시기이다. 환경이나 맥락적인 단서, 그림, 시각적 단서를 통해 단어의 뜻을 유추한다. 예를 들어, 유아가 자주 먹는 과자의 로고를 보고 제품의 이름을 말하면, 부모는 유아가 글자를 읽는다고 생각할 수 있다. 하지만 유아는 실제로 글자를 읽는 것이 아니라 로고를 보고 기억에 의해 단어의 이름을 말한 것이다. 실제로 로고 그림 없이 글자를 제시하면 글자를 식별하지 못한다. 이때 유아는 글자를 자모로 식별하기보다는 하나의 그림으로 인지한다. 자모 이해 전 단계는 읽기 발달의 보편적인 단계로, 유아가 음운지식을 알기 시작하면 바로 다음 단계로 발달하게 된다. 교사는 유아의 음운 인식, 자모, 소리-글자 대응 관계에 중점을 두고 지도해야 한다.

② **부분적 문자 인식 단계(Partial Alphabetic Phase)**: 소리-글자 대응 관계를 점차 이해하고, 자모 결합의 원리(alphabetic principle)를 적용시켜 읽기 시작하는 시기이다. 비록 매우 제한되기는 하지만 자모(낱자)와 소리를 대응시켜 '강'을 /ㄱ/, /ㅏ/, /ㅇ/으로 분할하여 읽기 시작한다. 그러나 아직은 자모 이해 지식이 매우 불완전하므로 익숙하지 않은 단어를 읽을 때는 주로 첫 글자나 마지막 글자를 사용하여 나머지 글자를 추측하는 전략을 사용한다. 이때 글의 앞뒤 문맥이나 상황적 맥락에 의존하여 추측한다. 이 시기에는 글자-소리 지식을 강화하고, 단어 전체의 음소를 인식하도록 지도하여야 한다.

③ **완전한 문자 인식 단계(Full Alphabetic Phase)**: 대부분의 유아가 초등학교 입학 전후가 되면 소리-글자 대응 관계에 대한 자모 결합 원리를 완전히 익히게 된다. 이제 유아는 단어를 읽을 때, 단어의 이미지나 맥락을 통해 추측하여 읽는 것은 정확하지 않다는 사실을 분명히 깨닫게 되고, 단어의 모든 낱자 하나하나를 소리-글자 대응 규칙에 따라 발음한다. 유아가 철자법을 완전히 습득하기 위해서는 단어의 낱자와 소리, 의미를 연결하는 경험을 풍부하게 해 주는 것이 좋다.

④ 통합적 문자 인식 단계(Consolidated Alphabetic Phase): 소리–글자 대응에 따른 단어 읽기가 익숙해지면, 단어를 읽을 때 낱자 하나하나에 집중하기보다는 일정 유형의 낱자들은 덩어리로 묶어서 읽게 되고, 글자를 자동으로 읽는 기술이 발달한다. 즉, 글자를 여러 번 읽다 보면 자주 보게 되는 단어들이 생기고, 이 단어들은 특별히 집중하여 읽지 않아도 한눈에 읽게 되는데 이를 '일견 단어'라고 하며, 주로 '~하였습니다'와 같은 형태소가 대표적인 예이다 (Ehri, 2014).

⑤ 유창한 읽기 단계(Automatic Phase): 일견 단어가 많아지면 낱말을 하나씩 읽지 않고 한눈에 인지해 자동적으로 읽을 수 있게 된다. 즉, 힘들이지 않고 빠르게 읽게 되며, 이제는 더 이상 해독에 집중하지 않고 글의 의미에 더 집중하게 된다. 성인 대부분이 이 시기에 해당하며, 개인차에 따라 유창성이 부족하면 읽는 속도가 느리고 힘들게 읽게 되어, 결국 읽기 이해력을 저해하는 요소가 된다.

〈표 2–5〉 단어 읽기 발달 단계

문자 인식 전 단계	부분적 문자 인식 단계	완전한 문자 인식 단계	통합적 문자 인식 단계	유창한 읽기 단계
칩스칩스 CHIP'S CHIP'S Disney 겨울왕국	강 → /강/ +  ↓ 강아지 추측	/강/+/아/+/지/ 	~하였습니다 파랗다. 하얗다.	

유아의 책 읽기 발달과정은 유아가 인쇄물에 대한 개념을 어떻게 습득해 가는지에 대해 좀 더 자세히 보여 준다. 유아의 책 읽기 발달 단계를 제시한 대표적인 학자로 Clay(1972), Sulzby(1985)가 있으며 각 단계는 다음 표와 같다.

〈표 2-6〉 Clay(1972)의 유아 책 읽기 발달 단계

발달 단계	특징
제1단계: 글자는 이야기로 전환될 수 있는 것임을 이해하는 단계	책의 그림을 보고 이야기를 내용과 관계없이 만들어 내며 읽는 흉내를 낸다.
제2단계: 구어에서는 잘 사용하지 않는 특별한 형태의 문어체 이야기를 만들어 내는 단계	'~입니다', '엄마가 ~라고 말했습니다.' 식의 문어체로 읽기 흉내를 낸다.
제3단계: 그림을 보고 적절한 문장을 생각해 내는 단계	자신이 기억한 이야기 내용과 그림의 도움을 받아서 책을 읽는다.
제4단계: 책에 쓰인 문장의 대부분을 기억하는 단계	책의 내용을 기억하여 비슷하게 읽는다.
제5단계: 단어의 시각적 단서를 사용하여 문장을 재구성하는 단계	글자를 손가락으로 짚으며 읽기도 하고 특정 단어가 어디 있는지 질문하기도 한다.

Sulzby(1985)는 유아에게 이야기책을 읽어 달라고 요청한 후의 반응을 연구하여 다음과 같이 책 읽기 발달 단계를 범주화하였다.

〈표 2-7〉 Sulzby(1985)의 책 읽기 발달 단계

범주	하위 단계	특징
범주 1: 이야기가 형성되지 않는 그림 읽기	1단계: 명명하기(labelling)와 지적하기(commenting)	• 책에 그려진 그림을 지적하면서 명칭을 말하거나 짤막하게 사물에 대한 정보를 말한다. • "강아지, 멍멍"
	2단계: 행위 따라 하기(following)	• 책에 그림이 표현하고 있는 행동을 따라 하며 가끔 음성효과(sound effect: 쓩-, 쿵-)를 첨가하기도 한다. • 현재, 현재진행형의 동사를 사용한다. (예: 가, 먹어)
범주 2: 이야기가 형성된 그림 읽기 (구어적 읽기)	3단계: 대화적인 이야기 말하기(dialogic storytelling)	• 책의 그림 내용을 구어체로 표현한다. • 아직 이야기가 연결되지는 않는다. • 현재, 현재진행형, 미래, 과거시제가 혼합되어 나타난다. • 유아가 대화체로 읽는 이야기를 이해하기 힘들다.
	4단계: 독백적인 이야기 말하기(mon-logical storytelling)	• 책을 읽을 때, 구어체의 억양으로 이야기를 말한다. • 독백의 형태나 구어체에 더 적합한 어투를 사용한다. • 이야기를 말할 때에 그림에 의존하는 경향이 감소하고 듣는 사람이 이야기를 이해할 수 있다.
범주 3: 이야기가 형성된 그림 읽기 (문어적 읽기)	5단계: 읽기와 이야기 말하기가 혼합된 읽기	• 구어체 억양이나 어법과 함께 문어체 어법이 나타난다. 구어와 문어 간의 전이시기이다. • 청중을 의식하고는 있으나 이야기의 내용이 탈상황화되지는 않은 상태이다.
	6단계: 책의 내용과 비슷하게 읽기	• 탈상황화된 언어를 사용한다. • 책 읽기와 비슷한 억양이 나타나지만 아직 구어적 읽기 형태가 많이 남아 있다.
	7단계: 원본대로 읽기	• 이야기의 단어와 구절을 암기하여 읽는다. • "여기 읽어 보세요!"와 같이 성인에게 도움을 요청해서 원본을 그대로 읽으려고 한다. • 그림을 보지 않고 유아가 읽는 것을 듣기만 해도 내용을 이해할 수 있다.
범주 4: 글자 읽기	8단계: 글자에 대한 인식에 기초하여 읽기를 거부하기	• 사람들이 읽는 것은 그림이 아니라 글자라는 것을 알면서 읽기 시도를 거부한다. • "글자를 읽을 줄 몰라요.", "못 읽어요"와 같이 읽을 수 없다고 의사를 표현한다.
	9단계: 부분적으로 읽기	• 실제 읽기가 나타난다. • 알고 있는 몇 개의 글자나 단어에 집중하여 읽기를 시도한다.
	10단계: 일관되지 않은 전략으로 읽기	• 전략적으로 읽는다. • 모르는 단어는 생략하고 알고 있는 단어로 대체시킨다.
	11단계: 독립적으로 읽기	• 단어들을 한 번에 거의 완전하게 읽는다. • 만약 잘못 읽었을 경우에는 스스로 수정한다.

이영자와 이종숙(1985)은 우리나라 유아의 읽기 발달 단계를 다음과 같이 7단계로 제시하였다.

- 1단계: 읽기 이해 전 단계
  - 하위 1단계: 말없이 그림만 쳐다보기
  - 하위 2단계: 그림을 지적하기
  - 하위 3단계: 그림의 명칭을 이해하기
  - 하위 4단계: 그림에 대해 질문하기
- 2단계: 이야기 구성 능력이 없어 "난~ 못 읽어요." 같은 의사를 표현하는 단계
- 3단계: 그림을 보고 마음대로 이야기 만들기 단계
- 4단계: 의미를 비슷하게 꾸며 말하기 단계
- 5단계: 단어나 구절을 암기하여 이야기하는 단계
  - 하위 1단계: 책에 나온 글자의 암기를 통하여 50% 이하의 단어나 구절을 사용하여 이야기하기
  - 하위 2단계: 책에 나온 글자의 암기를 통하여 50% 이상의 단어나 구절을 사용하여 이야기하기
- 6단계: 글자를 읽어야 한다는 것을 이해하지만 글자를 읽을 줄 몰라 "난 못 읽어요." 와 같은 의사를 표현하는 단계
- 7단계: 글자를 읽는 단계
  - 하위 1단계: 글자를 보고 한 문장을 기준으로 25% 이하로 똑바로 읽기
  - 하위 2단계: 글자를 보고 한 문장을 기준으로 50% 이하로 똑바로 읽기
  - 하위 3단계: 글자를 보고 한 문장을 기준으로 70% 이하로 똑바로 읽기
  - 하위 4단계: 글자를 보고 한 문장을 기준으로 75~100% 이하로 똑바로 읽기

3) 쓰기 발달

(1) 쓰기에 대한 정의

쓰기에 대한 정의는 글씨 쓰기(표기, 表記)와 글쓰기(글짓기) 두 가지가 있다(이차숙, 2005).

첫째, 글씨 쓰기로 정의하는 것은 글자의 형태를 강조하는 입장이다. 글자의 음가에 따라 말하는 것을 그대로 글로 옮겨 쓰는 능력을 의미하며, 흔히 받아쓰기(copying)라고 한다. 글씨 쓰기에서는 손가락의 소근육 발달, 눈-손 협응력과 같은 쓰기 준비도와 음운 인식에 따른 정확한 맞춤법과 필순, 띄어쓰기 등의 지식을 강조한다.

둘째, 쓰기를 글쓰기로 정의하는 것은 문해 출현의 관점에서 글을 통한 의미의 표현을 강조하는 입장이다. 즉, 글쓰기, 글짓기를 한다는 것은 전달하고 싶은 글의 내용을 생성하고 이것을 독자의 관점에서 이해할 수 있도록 문장을 만들어 내는 과정이다. 자신의 생각과 감정, 느낌 등에 대한 의미 구성의 과정이며, 알고 있는 문자 법칙을 적용해 보는 과정이다. 그러므로 글쓰기를 위해서는 어휘력 · 구문력 · 표현력 · 맞춤법에 관한 지식, 언어문화에 관한 지식 등을 고루 갖추어야 할 뿐만 아니라, 음성언어에 대한 명확한 이해와 표현 능력도 갖추어야 하는 언어의 종합 운영 능력이라고 할 수 있다.

최근 유아교육 분야에서는 쓰기를 타인과의 의사소통을 위해 인쇄물을 사용하는 능력으로 정의하고(유아교육학회, 2013) 쓰기의 의미 표현 기능을 강조하였다. 따라서 유아가 실제로 표준적인 쓰기 행동을 하기 전에, 크레파스와 연필을 쥐고 무엇인가를 열심히 그리거나 끼적거리기는 행동도 쓰기 발달의 과정에 포함되며, 일상생활에서 쓰기가 어떻게 활용되는지 그 기능을 경험하는 것도 쓰기교육에 포함되는 것으로 본다.

(2) 쓰기 발달 단계

유아의 초기 쓰기 발달은 그리기와 구별하기 힘들다. 쓰기는 유아의 끼적거리기에서부터 시작하여 시행착오를 거치면서 관습적인 쓰기의 형태로 발전한다. 유아는 생활 주변에서 자연스럽게 글을 접하고 연필을 쥐기 시작하면서 쓰기 행동을 모방한다. 따라서 유아가 일상생활에서 다양한 쓰기 환경에 노출되고, 다양한 형태의 쓰기를 실험하고, 모방하고, 검증하면서 성숙한 쓰기 형태가 나타날 수 있으며, 쓰기의 기능과 필요성에 대한 이해도 높일 수 있다.

Clay(1991)는 유아기에 나타나는 초기 끼적거리기는 유아가 다양한 쓰기 전략을 탐색하기 위한 것이라고 해석하였으며, 그림 그리기와 분명히 구별된다고 하였다. Clay가 설명한 유아의 쓰기 전략은 다음과 같이 끼적거리기, 곡선 형태의 쓰기 모방하기, 문자 모방하기의 세 가지 형태가 있다.

끼적거리기 직선 형태의 쓰기 모방 문자 모방

[그림 2-2] 쓰기 발달 단계

유아의 쓰기 발달은 보편적인 패턴을 나타내는데, Lamme(1985)은 유아의 자연발생적인 쓰기 과정을 연구한 결과, 다음과 같은 쓰기 발달 단계를 제시하였다.

❶ 전 문자적 쓰기(pre-alphabetic writing)

- 무질서한 끼적거리기: 매우 불규칙한 형태의 끼적거리기를 보이지만 분명한 선이 나타난다.
- 조절된 끼적거리기: 손가락의 소근육 통제 능력이 발달하여 동그라미와 같은 조절된 모양이 나타난다.
- 끼적거리기에 명명하기: 끼적거리기를 한 후 이름을 붙이고 의미를 부여하기 시작한다.

❷ 문자적 쓰기(alphabetic writing)

- 유사 글자 및 글자 쓰기: 자신에게 의미 있는 사람이나 사물을 그리고, 의미를 말로 설명하기 시작한다. 의도적으로 글자를 썼다고 이야기하고 글자와 비슷한 형태의 쓰기가 종종 나타난다.
- 부분적으로 관례적인 문자 쓰기: 소리–글자 대응 관계를 인식하고 단어를 철자에 맞추어 쓰고자 한다.
- 관례적 쓰기: 말과 글의 관련성에 대해 이해하기 시작하며, 상황에 따라 글 쓰는 방식이나 글자의 형태가 달라져야 함을 이해한다.

Sulzby(1985)는 유아의 쓰기를 여섯 가지의 카테고리로 정의하였다. 이는 발달적 순서를 의미하는 것이 아니며, 여러 단계의 쓰기 형태가 동시에 나타날 수도 있다고 하였다. Sulzby가 제시한 쓰기 발달의 6단계는 다음과 같다.

〈표 2–8〉 Sulzby가 제시한 쓰기 발달의 6단계

단계	내용
제1단계: 그림으로 쓰기	• 유아는 의사소통의 목적으로 그림으로 쓰기가 가능하다는 것을 안다.
제2단계: 끼적거리기로 쓰기	• 유아는 끼적거리기를 해 놓고 무엇인가 썼다고 한다. • 왼쪽에서 오른쪽으로 끼적거리기를 하기도 한다.
제3단계: 글자 비슷한 형태로 쓰기	• 얼핏 보면 유아의 쓰기 형태가 글자 모양 같기도 하다. • 글자와 비슷한 형태의 쓰기가 나타난다.
4단계: 낱글자를 연속해 늘어놓으며 쓰기	• 자신의 이름 등 익숙한 낱글자를 사용하여 쓰기를 한다. • 낱글자를 연속적으로 늘어 쓰기를 하는데, 뜻을 파악하기는 어렵다.
제5단계: 발명된 글자로 쓰기	• 표준 철자법을 모를 때, 알고 있는 자모 법칙을 활용하여 발명된 글자를 쓴다.
제6단계: 표준 철자법으로 쓰기	• 성인이 사용하는 방식의 표준화된 철자법의 쓰기를 한다.

이영자와 이종숙(1985, 1990a, 1990b)은 다음과 같은 쓰기 발달 단계를 제시하고 있다.

발달 단계

1단계: 끼적거리기 단계

하위 1단계: 글자의 형태는 나타나지 않으나 세로선이 나타나는 단계

하위 2단계: 글자의 형태는 나타나지 않으나 가로선이 나타나는 단계

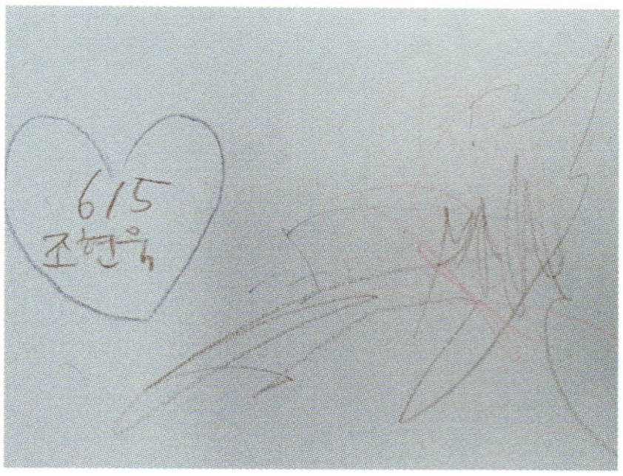

2단계: 한두 개의 자형이 우연히 나타나는 단계

발달 단계

3단계: 자형이 의도적으로 한두 개 나타나는 단계

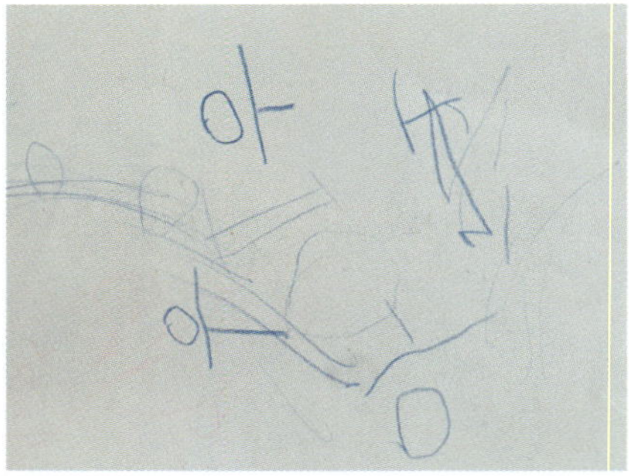

4단계: 글자의 형태가 나타나고 가끔 자 · 모음의 방향이 틀리거나 부분적으로 틀린 단계

5단계: 단어 쓰기 단계

하위 1단계: 완전한 단어 형태가 나타나고 자 · 모음 방향이 틀리거나 부분적으로 틀린 단계

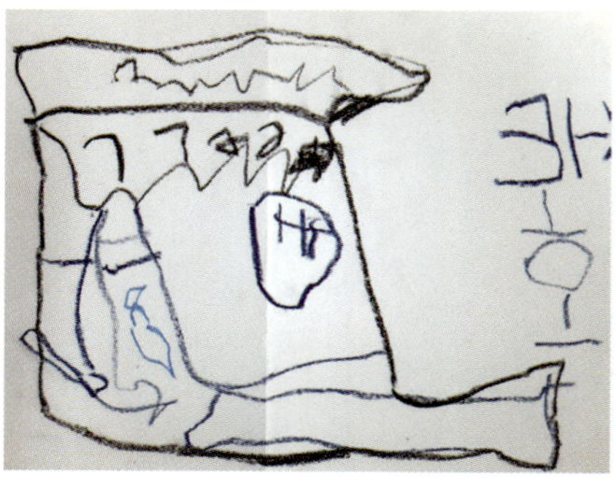

이름 쓰기: 태호

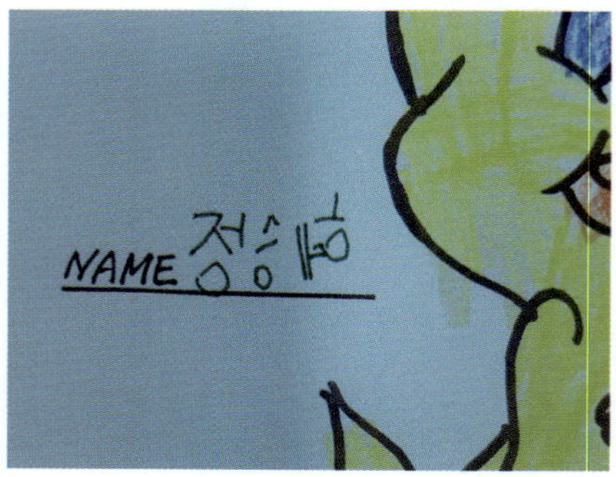

이름 쓰기: 정승혜

발달 단계

하위 2단계: 완전한 단어 형태가 나타나고 자 · 모음 방향이 정확한 단계

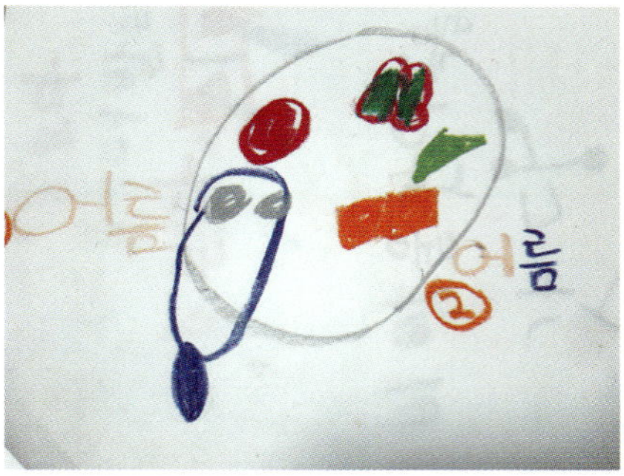

6단계: 문장 쓰기 단계

하위 1단계: 문장 형태가 나타났으나 부분적으로 틀리는 단계

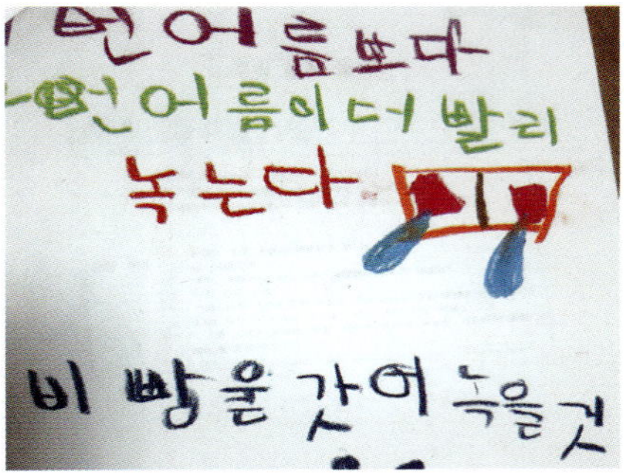

하위 2단계: 틀린 글자 없이 완전한 문장 형태가 나타나는 단계

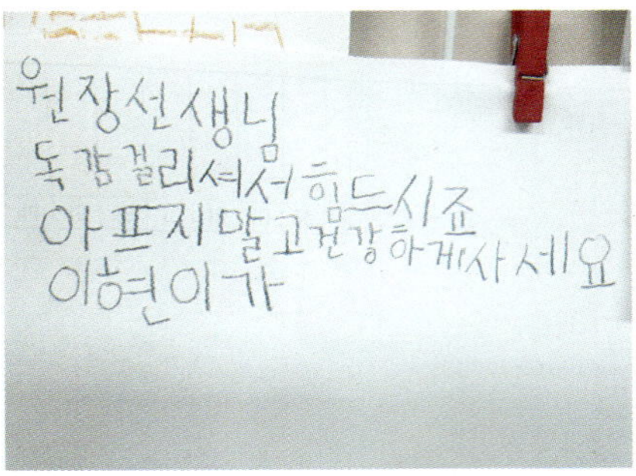

CHAPTER 3.

언어교육의 의미

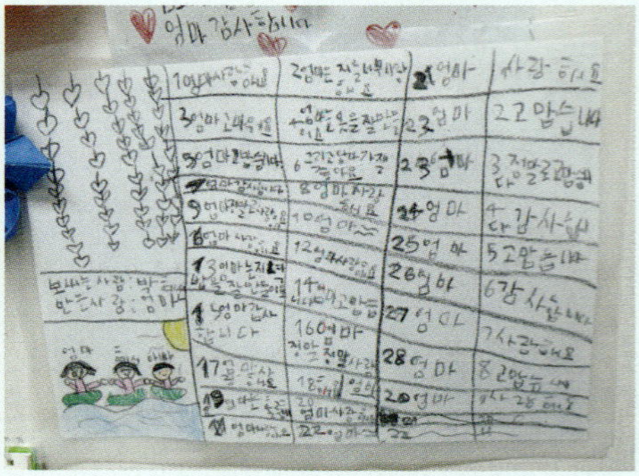

엄마에 대한 그 많은 사랑을 다섯 살 아이는 이렇게 빼곡한 글씨로 썼습니다.
종이가 모자라서 고맙고 감사한 마음을 더 나타낼 수 없는 아이의 간곡함이 묻어납니다.

교·육·목·표

1. 영유아 언어교육의 개념을 이해한다.
2. 「제4차 표준보육과정」과 「2019 개정 누리과정」의 목표와 내용을 이해한다.
3. 놀이중심 교육과정과 영유아 언어교육의 관련성을 이해한다.
4. 놀이중심 언어교육활동의 구체적인 실행과정을 이해한다.

1. 언어교육의 개념

국어교육, 영어교육, 과학교육처럼 어떤 개념에 교육이라는 단어가 붙으면 그 단어는 행동적 용어가 된다. 교육학이라는 학문이 행동적 특성을 갖는 것과 같은 이치이다. 과학이라는 순수학문은 과학 전반을 논의 대상으로 삼는 반면, 과학교육은 학생에게 과학을 가르치기 위한 내용을 연구하는 학문이다. 따라서 유아언어교육이란 언어 자체에 대한 연구보다는 어떻게 하면 유아에게 언어를 더 잘 가르칠 수 있는가를 연구하는 학문이다. 우리가 지금까지 언어 자체의 속성과 이론적인 내용을 살펴보았다면, 지금부터 살펴볼 내용은 언어를 어떻게 가르칠 것인가의 실제적인 내용이 될 것이다. 어쩌면 우리가 유아언어교육을 공부하는 가장 중요한 목적이 지금부터 전개되는 내용에서 다루어질 것이라 볼 수 있다. 우리가 지금껏 학습한 언어의 개념, 특성, 발달 양상에 대한 이론적 내용은 유아를 위한 언어교육을 제대로 실천하기 위한 기초 자료로 사용되어야 한다.

언어교육이란 "언어의 표현 및 이해 활동을 통해서 말하기, 듣기, 읽기, 쓰기의 기능을 신장시켜 주는 것"이다(노명완 외, 1997). 우리나라 국가수준 교육과정인 누리과정의 의사소통영역을 통해 언어교육을 정의해 보면 "다른 사람의 말을 주의 깊게 듣고, 자신의 생각과 느낌을 다양한 방법으로 표현하며, 소통하는 것을 즐기고, 책과 이야기에 관심을 갖도록 도와주는 교과"라고 정의할 수 있다(교육부, 2019).

언어교육은 교사나 학부모에게 있어서 다른 어떤 교과보다 민감한 부분이다. 조기교육에 열광적인 우리나라에서 유아의 언어능력이 따라주지 않으면 어떤 학습도 불가능하기 때문이다. 따라서 우리나라의 언어교육 실정은 상당히 이른 시기부터 문자 해독 능력을 갖추게 하는 데 집중되어 있다. 그러나 진정한 언어교육의 목적은 학습을 위한 수단으로써의 언어사용방법을 가르치는 것이 아니라 역량 있는 의사소통자로 성장하도록 돕는 것이다.

우리 스스로와 주변 성인들을 살펴보자. 말하기, 듣기, 읽기, 쓰기 기술을 갖고 있지 않은 사람은 거의 없다. 그러나 자신의 생각을 감성적 또는 논리적으로 상황에 맞춰 말할 수 있는 말하기 능력을 갖춘 사람은 많지 않다. 다른 사람의 말을 들을 때도 마찬가지이다. 화자의 입장에 감정을 이입하고 공감하며 듣거나 객관적 입장에서 비판적으로 들을 줄 아는 듣기 능력은 그저 말소리를 듣는 것과는 전혀 다른 능력이다. 읽기의 경우도 생각해 보자. 글자를 소리 내어 읽을 수 있는 글 깨치기 수준의 읽기가 작가의 논지를 파악하고 이해하며 읽는 읽기와 같다고 볼 수 있는가? 들리는 소리를 받아 적는 받아쓰기 수준의 쓰기와 자신의 생각을 묘사하거나 논리적으로 전개하는 글쓰기를 동일하다고 생각할 수 있는가? 유감스럽게도 이렇게 다양한 언어 사용 능력을 갖추고 성장한 성인은 그리 많지 않다. 읽고 쓸 줄은 알지만, 읽기를 즐기지 않고, 쓰기를 부담스러워하는 성인도 적지 않다.

우리의 유아가 능숙한 언어 사용자가 될 수 있도록, 언어교육은 유아교육기관의 하루 일과 속에서 자연스럽게 이루어져야 하며, 주제와 통합된 다양한 언어활동을 통해 즐겁고 의미 있게 계획되고 실시되어야 한다. 과거의 교육에서는 유아의 언어교육을 듣기, 말하기, 읽기, 쓰기의 순서에 의해 형식적으로 분리하여 가르쳐 왔다. 그러나 최근의 연구 결과들은 유아의 언어가 따로따로 발달하지 않고 통합적으로 함께 발달한다는 가정을 지지한다. 실제로 어린 유아의 언어 행위를 살펴보면 유아의 생각과 경험이 듣기, 말하기, 읽기, 쓰기를 통해 고루 나타나는 것을 발견할 수 있다. 따라서 유아의 초기 낙서와 같은 끼적거리기나 초보적 그림 읽기도 유아의 언어적 경험이 녹아 있는 명백한 언어 행위가 될 수 있는 것이다.

이러한 언어교육의 입장은 영유아기 유아를 위한 언어교육의 목표와 내용, 그리고 교수방법에 많은 영향을 미쳤다. 지금부터는 2019년에 개정된 누리과정과 2020년에 개정된 표준보육과정의 의사소통영역의 목표와 내용에 대해 자세히 살펴보도록 하겠다.

2. 언어교육의 목표와 내용

「제4차 표준보육과정」과 「2019 개정 누리과정」의 의사소통영역의 내용을 중심으로 우리나라의 국가수준 교육과정에 제시되어 있는 언어교육의 내용을 살펴보면 다음과 같다. 영유아는 국가수준 교육과정인 누리과정과 표준보육과정의 의사소통영역을 통해 주변 사람들과 소통하며, 일상에서 만나는 글자나 상징에 관심을 가지고, 책과 이야기를 즐기는 경험을 하게 된다. 영유아는 발달에 적절하도록 잘 구성되어 실행되는 유치원과 어린이집의 언어교육을 통해 듣기와 말하기, 읽기와 쓰기에 관심 가지기, 그리고 아름다운 우리말이 담긴 책과 이야기에 흥미를 가지고 언어가 주는 재미와 상상을 충분히 즐기게 된다. 「제4차 표준보육과정」과 「2019 개정 누리과정」의 의사소통영역의 목표와 내용을 구체적으로 살펴보면 다음과 같다.

1) 「제4차 표준보육과정」의 의사소통영역의 내용[1)]

❖ 0~1세 의사소통영역의 목표 및 내용

(1) 목표

- 의사소통능력의 기초를 형성한다.
  - 일상생활에서 듣고 말하기를 즐긴다.
  - 읽기와 쓰기에 관련된 관심을 가진다.
  - 책과 이야기에 관심을 가진다.

1) 본 장에서 제시하는 「제4차 어린이집 표준보육과정」의 의사소통영역의 내용은 2020년에 '보건복지부 고시 제2020-75호'로 고시된 제4차 어린이집 표준보육과정(보건복지부, 2020)의 내용을 정리한 것이다.

(2) 내용

내용범주	내용
듣기와 말하기	• 표정, 몸짓, 말과 주변의 소리에 관심을 갖고 듣는다. • 상대방의 이야기를 들으면서 말소리를 낸다. • 표정, 몸짓, 말소리로 의사를 표현한다.
읽기와 쓰기에 관심 가지기	• 주변의 그림과 상징에 관심을 가진다. • 끼적이기에 관심을 가진다.
책과 이야기 즐기기	• 책에 관심을 가진다. • 이야기에 관심을 가진다.

❖ 2세 의사소통영역의 목표 및 내용

(1) 목표

■ 의사소통능력과 상상력의 기초를 형성한다.

- 일상생활에서 듣기와 말하기를 즐긴다.
- 읽기와 쓰기에 관심을 가진다.
- 책과 이야기에 재미를 느낀다.

(2) 내용

내용범주	내용
듣기와 말하기	• 표정, 몸짓, 말에 관심을 갖고 듣는다. • 상대방의 이야기를 듣고 말한다. • 표정, 몸짓, 단어로 의사를 표현한다. • 자신의 요구와 느낌을 말한다.
읽기와 쓰기에 관심 가지기	• 주변의 그림과 상징, 글자에 관심을 가진다. • 끼적이며 표현하기를 즐긴다.
책과 이야기 즐기기	• 책에 관심을 가지고 상상한다. • 말놀이와 이야기에 재미를 느낀다.

2) 「2019 개정 누리과정」의 의사소통영역의 내용[2)]

(1) 목표

- 일상생활에서 필요한 의사소통능력과 상상력을 기른다.
  - 일상생활에서 듣고 말하기를 즐긴다.
  - 읽기와 쓰기에 관심을 가진다.
  - 책이나 이야기를 통해 상상하기를 즐긴다.

(2) 내용

내용범주	내용
듣기와 말하기	• 말이나 이야기를 관심 있게 듣는다. – 다른 사람이 하는 말과 흥미로운 주제, 익숙한 경험이 담긴 이야기에 관심을 가지며 듣는다.
	• 자신의 경험, 느낌, 생각을 말한다. – 상대방에게 자신의 경험, 느낌, 생각을 자유롭게 말한다.
	• 상황에 적절한 단어를 사용하여 말한다. – 때와 장소, 대상과 상황을 고려하여 적절한 단어와 문장을 선택하여 말한다.
	• 상대방이 하는 이야기를 듣고 관련해서 말한다. – 다른 사람의 이야기의 내용을 듣고 말하는 사람의 생각, 의도, 감정을 고려하여 말한다.
	• 바른 태도로 듣고 말한다. – 말하는 사람에게 주의를 기울이며 듣는다. – 말을 끝까지 듣고 자신의 의견을 말한다.
	• 고운 말을 사용한다. – 일상생활에서 자주 쓰는 유행어, 속어, 신조어, 상대방을 비난하는 말을 사용하지 않고 우리말을 바르게 사용한다.

2) 본 장에서 제시하는 「2019 개정 누리과정」의 의사소통영역의 내용은 2019년에 '교육부 고시 제2019-189호'로 고시된 누리과정(교육부, 2019)과 누리과정 해설서(교육부와 보건복지부, 2019)의 내용을 정리한 것이다.

내용범주	내용
읽기와 쓰기에 관심 가지기	• 말과 글의 관계에 관심을 가진다. – 유아가 일상에서 말이 글로, 글이 말로 옮겨지는 것에 관심을 갖는다.
	• 주변의 상징, 글자 등의 읽기에 관심을 가진다. – 일상에서 자주 보는 상징(표지판, 그림문자 등)이나 글자 읽기에 관심을 가진다. – 상징이나 글자에는 사람들의 생각과 감정, 정보가 담겨 있다는 것을 이해한다.
	• 자신의 생각을 글자와 비슷한 형태로 표현한다. – 자신의 생각이나 말을 끼적거리거나 글자와 비슷한 선이나 모양, 글자와 비슷한 형태로 표현한다.
책과 이야기 즐기기	• 책에 관심을 가지고 상상하기를 즐긴다. – 책에 흥미를 가지며 책 보는 것을 즐기고 상상하는 즐거움을 경험한다.
	• 동화, 동시에서 말의 재미를 느낀다. – 동화와 동시를 자주 들으며 우리말의 재미와 아름다움을 느낀다.
	• 말놀이와 이야기 짓기를 즐긴다. – 끝말잇기, 수수께끼, 스무고개 등 다양한 말놀이를 즐긴다. – 유아 자신의 경험, 생각, 상상을 기초로 새로운 이야기를 만드는 과정을 즐긴다.

3. 놀이중심 교육과정과 영유아 언어교육

1) 놀이중심 교육과정의 이해

2020년부터 유치원과 어린이집의 만 3~5세 유아를 대상으로 시행된 「2019 개정 누리과정」과 2020년 가을부터 어린이집의 영아를 대상으로 시행되는 「제4차 표준보육과정」은 놀이를 중심으로 운영하도록 되어 있다(교육부, 2019; 보건복지부, 2020). 유치원과 어린이집에서 영유아를 위한 언어교육을 실시하기 위해서도 국가수준 교육과정의 목표와 내용, 교수학습방법 등을 고려해야 하므로 놀이중심 교육과정의 특징을 알 필요가 있다. 이러한 필요성에 따라 놀이중심 교육과정의 의미를 간략히 살펴보고 놀이중심 교육과정에서 영유아 언어교육의 실제를 구체적인 활동의 적용 과정을 통해 살펴보고자 한다.

놀이중심 교육과정은 영유아의 놀이를 관찰하고 관찰한 결과를 분석한 후 영유아의 놀이에서 교육적인 의미를 찾기 위해서는 교사가 어떻게 지원해야 할지에 관한 교사의 고민을 통해 실현된다. 놀이는 유아의 삶에서 자연스럽게 나타나는 일상이고 삶 자체이다. 놀이중심 교육과정을 통해 영유아는 긍정적 정서, 주도성, 자발성, 비실제성을 경험하고, 창의성을 발휘할 수 있는 경험과 몰입의 경험을 하며, 과정 중심 교육의 의미를 알아가게 된다(정혜욱, 김은영, 윤진주, 송정아, 안정원, 정혜원, 2019).

영아와 유아는 교실에서 놀이를 하면서 자기 자신과 다른 사람들, 그리고 우리가 살아가고 있는 사회와 더 넓은 세상에 대하여 이해하며 전인적인 사람으로 성장한다. 따라서 영유아교육에서 놀이중심 교육과정을 통해 정신과 신체가 건강하고, 생각할 줄 알고, 남을 배려하며, 사회적인 아이로 발달하도록 지원하는 것은 중요하다. 이렇게 성장한 영유아는 협력적이고 창의적이며 자신감과 책임감을 갖춘 미래의 시민이 될 것이기 때문이다(임희옥, 김정원, 김유정, 2019).

놀이중심 영유아교육과정은 미리 모든 것을 계획하여 그대로 실행하는 것에 초점을 맞추는 교육과정이 아니라 교실에서 영유아와 함께 교육과정을 실행하며 그 과정을 담아가는 교육과정이다. 즉, 미리 모든 것이 계획되어 완성된 교육과정이 아니라 영유아와 교사가 함께 만들어가는 과정중심 교육과정이라고 할 수 있다. 놀이중심 교육과정은 영유아로부터 시작하여 영아와 유아의 흥미를 반영하면서 실행되고 유아의 깊이 있는 탐색을 촉진하는 교육과정이다(김정원, 김유정, 2020; Stacey, 2015).

놀이중심 교육과정은 교사에 의해 구조화되지만 유아와 교사 간에 협력하고 함께 권한을 공유하는 교육과정이다. 놀이중심 교육과정은 유아의 흥미와 관심에 반응적이며, 유아의 놀이에 대한 관찰을 통해 깊이 있는 탐색과 지식의 확장 및 구성을 가능하게 한다. 놀이중심 교육과정은 사전에 철저하게 계획을 세우고 이를 적용하는 것에 초점을 맞추기보다는 교육과정 적용 시 융통성 있게 수정 보완하며 발전시켜 나가는 것을 중요하게 여긴다. 놀이중심 교육과정에서는 다양한 형태의 기록 작업을 통해 유아의 학습과정을 구체적으로 파악할 수 있게 된다. 이러한 놀이중심 교육과정의 특성은 영유아를 위한 언어교육의 교육목표를 달성하는 데도 효과적이라고 볼 수 있다.

2) 놀이중심 교육과정과 영유아 언어교육

놀이중심으로 이루어지는 국가수준의 영유아교육과정을 실시하는 교실의 언어교육의 방향과 구체적인 실행의 예를 살펴보면 다음과 같다.

- 언어교육은 교사에 의해서 예상되고 계획되지만 교육과정에서 적용되면서 영유아의 관심과 흥미에 따라 수정되고 보완되어야 한다. 교사가 계획한 활동 그대로 실시하는 데 초점을 맞추기보다는 영유아의 흥미와 관심에 반응하여 적절히 수정 보완함으로써 융통성 있는 교육과정으로 운영할 수 있어야 한다.

- **활동의 계획**: 교사는『괴물들이 사는 나라』(모리스 샌닥) 그림책을 읽고 글이 없는 세 장면에 관심 있는 유아들이 이야기를 만들고, 이야기를 쓴 다음에 서로 읽어 보는 활동을 하려고 계획하였다.
- **관찰 및 분석**: 그러나 유아들의 놀이를 관찰하면서 유아들이 그림책을 읽고 주인공 맥스와 괴물들의 역할을 맡아서 놀이하는 것을 보았고 서로 대사를 하면서 극놀이를 하는 것을 보게 되었다.
- **환경적 · 상호작용적 지원**: 동극을 해 보고 싶어 하는 유아들의 관심과 흥미, 요구를 알게 된 교사는 극놀이를 할 수 있도록 대본을 써 보도록 종이와 쓰기 도구를 준비해 주고 격려하였다. 또한, 극놀이를 할 수 있도록 무대 장치를 구성할 공간을 어떻게 만들어야 할지에 관해서 유아들과 의논하였다.
- **평가**: 결국 교사는 처음에 계획한 이야기 만들고 쓰기 활동이 아니라 유아들의 관심과 흥미를 감안한 동극활동을 할 수 있도록 교육과정을 융통성 있게 변경하여 운영하였다. 이러한 과정을 통해 유아들은 그림책 읽기, 그림책의 스토리에 대해서 이야기나누기, 대본 쓰기와 읽기, 역할 정하기, 무대 구성을 위한 토론 등의 언어활동에 참여하게 되었고, 이러한 언어활동은 영유아들의 언어적 역량 함양에 매우 효과적이라고 볼 수 있다.

※ 이러한 교육과정의 운영은 누리과정 의사소통영역의 내용범주인 듣기와 말하기, 읽기와 쓰기에 관심 가지기, 책과 이야기 즐기기 등과 관련된 언어교육의 내용을 모두 충분히 다루고 있어 유아의 언어적 능력 향상에 효과적이다.

- 효과적인 언어교육을 위하여 영유아의 놀이에 대한 세심한 관찰을 통해 영유아가 보다 깊이 있는 탐색을 할 수 있도록 지원한다. 영유아는 언어적 역량을 향상시키기 위한 교사의 적절한 교육적 지원을 통해 기존에 가지고 있던 지식을 확장시키고 새로운 지식을 구성할 수 있게 된다.

- **활동의 계획**: 가을 즈음에 '우리나라' 주제의 교육과정을 실시하며, 한글과 태극기, 독도 등에 관한 다양한 활동을 실시하여 우리나라에 대한 자부심을 키워 주려고 교육과정을 계획하였다.
- **관찰 및 분석**: 유아들이 세종대왕에 관한 그림책을 읽으며 한글에 관심을 보이기 시작하는 모습이 관찰되었다. 세종대왕이 만든 한글에 대하여 자부심을 보이면서 한글의 자음과 모음을 소리 내어 읽어 보려는 시도도 하였고 그림책의 글을 상상을 가미해서 읽어 보며 즐거워하는 모습도 관찰되었다.
- **환경적 · 상호작용적 지원**: 자석판에 한글의 자음과 모음 자석 글자를 준비해서 붙여 주었다. 다양한 글씨체의 크고 작은 한글을 찾아볼 수 있는 잡지를 제공해서 유아들이 한글 글자를 오려 붙여서 글자나 문장을 만들어 볼 수 있도록 지원하였다. 한글의 자음과 모음의 소리를 내어 보도록 격려하였고 자음과 모음을 모아서 낱자를 만들고 읽어 보도록 격려하였다.
- **평가**: 우리나라와 독도 등으로 구성된 교육과정을 유아들의 관심과 흥미를 고려하여 '한글'에 초점을 맞추는 교육과정으로 변경하였다. 교육과정을 통해 한글의 자음과 모음의 소리, 낱자 만들고 읽기, 그림책 읽기 등의 활동을 할 수 있도록 변경하였다. 이러한 교사의 환경적 · 상호작용적 지원으로 유아들은 한글의 중요성과 의미에 대해 인식하게 되었고, 자음과 모음을 보다 깊이 있게 탐색할 수 있는 기회를 통해 한글 자모와 한글의 구조, 소리의 관계 등 한글에 관한 새로운 지식을 구성할 수 있게 되었다.

※ 이러한 교육과정의 운영은 누리과정 의사소통영역의 내용범주인 듣기와 말하기, 읽기와 쓰기에 관심 가지기, 책과 이야기 즐기기 등과 관련된 언어교육의 내용을 모두 다루고 있어 유아의 전반적인 언어 능력을 향상시킬 것으로 기대된다. 특히, 유아들이 말과 글, 그리고 주변의 상징, 글자 등을 읽는 것에 관심을 가지도록 하며, 유아들이 자신의 생각을 글자와 비슷한 형태로 표현해 보는 경험을 하는 기회가 된다. 결국, 누리과정 의사소통영역의 내용범주 중 읽기와 쓰기에 관심 가지기와 관련된 언어적 역량 향상에 효과적이라고 평가할 수 있다.

- 영유아교육과정을 통해 관찰한 영유아의 언어적 상호작용, 그림 편지와 글로 쓴 편지, 영유아들이 협동해서 완성한 그림책과 그림 등을 수집하여 영유아들의 언어발달 상태와 변화 과정을 구체적으로 파악할 수 있도록 기록하고 평가한다.

- **활동의 계획**: '우리 가족' 주제의 교육과정을 실시하며, 가족 구성원에 대한 이해, 가족 구성원의 역할, 가족과 협력하고 행복하게 지내기 등의 내용으로 다양한 활동을 계획하였다.
- **관찰 및 분석**: 유아들이 가족에 관한 이야기를 하며 엄마와 아빠, 아기 동생, 멀리 계신 할머니와 할아버지, 집에서 키우는 강아지와 고양이 등에게 편지를 쓰려는 모습이 관찰되었다. 편지를 쓸 대상에 관하여 서로 이야기를 나누며, 특히 반려동물도 가족인지, 반려동물에게도 편지를 쓸 수 있는지, 읽어 주면 들을 수 있을지 등에 관하여 활발한 언어적 상호작용이 이루어지는 것을 관찰하였다. 또 아직 한글을 익숙하게 쓰지 못하는 유아들이 자신은 편지를 쓰지 못한다고 침울해하는 모습도 관찰되었다.
- **환경적 · 상호작용적 지원**: 가족에게 편지 쓰기에 관한 유아들의 관심이 많은 것을 관찰한 교사는 다양한 편지 쓰기 자료(편지지, 다양한 필기도구, 봉투 등)를 준비해 주었다. 또한, 반려동물에 관한 관심이 나타나는 것을 관찰한 교사는 고양이와 개 등 반려동물에 관하여 알아볼 수 있는 도서류와 잡지 등도 준비해 주었다. 교실 벽에는 유아들의 가족사진과 함께 반려동물의 사진도 같이 붙여 주었다. 가족에게 편지를 쓸 때는 글과 함께 그림으로 전하고자 하는 내용을 표현할 수 있다는 것을 알려 주었다. 특히, 한글을 익숙하게 쓰지 못하는 유아들을 위해서 그림으로 편지를 쓰는 것도 마음을 전하는 좋은 방법이라고 알려 주며 그림 편지를 써 보도록 격려하였다. 그리고 유아들이 원한다면 글로 유아들의 이야기를 받아써 주기로 하였다.
- **평가**: 가족 구성원에 대한 이해, 가족 구성원의 역할 등에 관한 교육의 내용을 유아들이 관심 있어 하는 편지 쓰기에 집중할 수 있도록 변경하여 운영하였다. 이 과정에서 그림 편지 쓰기, 글로 편지 쓰기, 유아들이 만든 봉투 등을 사진을 찍거나 직접 수집하였다. 그리고 유아들이 고양이와 개 등 반려동물에 관하여 관심을 보이며 나타낸 언어적 상호작용을 기록하였다. 언어교육을 실시하는 과정에서 이루어지는 이러한 기록 작업은 유아들의 언어적 역량을 신뢰롭고 타당하게 평가하는 것을 가능하게 한다.

※ 이러한 교육과정의 운영은 누리과정 의사소통영역의 내용범주인 듣기와 말하기, 읽기와 쓰기에 관심 가지기, 책과 이야기 즐기기 등과 관련된 언어교육의 내용이 모두 포함되어 유아의 언어적 역량을 전반적으로 향상시키는 데 효과적이다. 특히, 유아들의 흥미와 관심을 고려하여 적절하고 융통성 있는 교육과정을 운영함으로써 언어 학습에 대한 자기동기화가 가능하게 되어 교육의 효과를 높일 수 있다고 생각된다. 이러한 교육활동은 유아의 정서적 상태를 고려한 교사의 보다 적극적인 격려와 지원 하에 영유아들이, 특히 쓰기의 중요성과 의미, 그리고 기능을 학습하는 데 도움이 되었을 것으로 평가된다.

3) 놀이중심 언어교육활동의 실행

「2019 개정 누리과정」과 「제4차 표준보육과정」이 적용되는 교실에서 실시할 수 있는 영유아 언어교육활동의 구체적인 실행과정을 살펴보면 다음과 같다. 언어교육활동의 실행과정은 개정 누리과정의 실행에 관한 안내 자료를 참고로 작성하였다. 기본적으로 영유아의 놀이를 관찰하고, 영유아 놀이의 교육적 의미를 찾으려는 분석의 과정을 거쳐 상호작용과 환경적 지원이 이루어진다. 이러한 과정을 통해 듣기와 말하기, 읽기와 쓰기에 관심 가지기, 책과 이야기 즐기기 등과 관련된 영유아의 언어적 능력이 향상될 것이다.

활동 1 다양한 쓰기 도구로 끼적이기

* 활동형태 자유놀이
* 활동유형 및 대상 연령 언어 / 만 1세
* 활동목표 및 표준보육과정 관련 요소

목표	표준보육과정 관련 요소
• 다양한 쓰기 도구로 끼적이기를 시도한다. • 다양한 쓰기 도구를 탐색하며 즐긴다.	– 의사소통 〉 읽기와 쓰기에 관심 가지기 〉 끼적이기에 관심을 가진다. – 자연탐구 〉 탐구 과정 즐기기 〉 사물과 자연 탐색하기를 즐긴다.

* 준 비 물 전지, 손가락 크레파스, 크림파스, 짧은 색연필
* 활동배경 영아들이 도화지 위에 손가락 크레파스로 끼적이기를 반복하였다. 영아들이 끼적이기 놀이에 관심을 가지고 있음을 파악한 교사는 영아들에게 전지와 다양한 쓰기 도구를 제공해 주어 영아들의 끼적이기 놀이가 지속되고 확장될 수 있도록 지원하였다.
* 활동방법

▸ 교사는 전지와 다양한 쓰기 도구를 제공하여 탐색하도록 지원한다.

교수학습 내용	활동방법
상호작용 (관찰/제안)	• 교사와 영아들이 함께 전지와 다양한 쓰기 도구를 탐색한다. – 여기 큰 종이가 있네. – 뚜껑이 달린 크림파스도 있구나. – 빨강, 노랑, 파란색 색연필도 있구나.

▸ 교사는 영아들이 좋아하는 쓰기 도구를 선택하여 자유롭게 끼적이도록 격려한다.

교수학습 내용	활동방법
상호작용 (질문/제안/참여)	• 교사는 영아들이 선호하는 쓰기 도구를 선택하도록 지원한다. – 어떤 거로 그려 보고 싶니? – 뚜껑을 열 수 있도록 도와줄까? • 교사는 영아들이 끼적이는 장면을 적절한 어휘를 사용해서 묘사해 준다. – 둥근 해님처럼 동그랗게 그리는구나. – 노란색 선을 그리고 있네. – ○○이는 빨간색으로 그리는구나. • 교사도 영아들과 함께 끼적이기 활동을 한다. – 선생님도 ○○이처럼 동그라미를 그려야지.
상호작용 (정서적 지원)	* 교사는 영아들과 함께 끼적이기를 한 결과물을 보며 격려하고 칭찬한다. – 친구랑 같이 그림을 그렸더니 아주 큰 그림이 되었구나. – ○○이가 열심히 그렸구나. – ○○이는 아주 길게 그렸네.

커다란 전지 위에 쓰기 도구로 끼적이기를 하는 영아들의 모습

활동 2 전화놀이

* 활동형태 자유놀이
* 활동유형 및 대상 연령 언어 / 만 2세
* 활동목표 및 표준보육과정 관련 요소

목표	표준보육과정 관련 요소
• 전화 통화하는 상황에서 자신의 생각과 느낌을 말로 표현한다. • 다른 사람의 말을 잘 듣고 대답한다.	– 의사소통 〉 듣기와 말하기 〉 표정, 몸짓, 단어로 의사를 표현한다. – 의사소통 〉 듣기와 말하기 〉 상대방의 이야기를 듣고 말한다.

* 준 비 물 전화기, 핸드폰
* 활동배경 영아들이 교실에 있는 놀잇감 중 전화기 모형의 놀잇감을 가지고 전화 통화하는 흉내를 낸다. 그러나 놀이가 혼자서 이루어지거나, 또래와 함께 놀이를 할 때도 대화가 연결되지 않아서 짧게 끝나는 것이 관찰된다. 교사는 영아들의 전화놀이가 지속되고 확장될 수 있도록 다양한 자료와 상호작용을 통해 지원하고자 한다.
* 활동방법

▸ 교사는 영아의 놀이에 참여하여 전화놀이가 유지되도록 지원한다.

교수학습 내용	활동방법
상호작용 (참여/제안/ 질문)	• 교사가 전화기 놀잇감을 가지고 놀이하는 영아가 전화하는 모습을 흉내 내며 놀이에 참여한다. – 여보세요? ○○이니? – 엄마야, 회사에서 ○○이가 보고 싶어서 전화했단다. – 어린이집에서 무슨 놀이하고 있니? – 누구랑 놀이하고 있어? • 교사는 영아에게 역할을 맡아서 놀이해 보도록 제안한다. – 이제 누구에게 전화 왔다고 하면 좋겠니? – 그래, 그럼 ○○이가 할머니 해 볼래? – 할머니, 우리 집에 언제 오실 거예요?
자료의 변화 (영아가 발견한 자료 지원)	• 전화놀이를 위해 핸드폰을 요구하는 영아들에게 교사는 장난감 핸드폰을 제공한다.

활동 3 의성어·의태어 놀이

* 활동형태 자유놀이
* 활동유형 및 대상 연령 언어 / 만 3세
* 활동목표 및 표준보육과정 관련 요소

목표	표준보육과정 관련 요소
• 주변에서 볼 수 있는 다양한 소리에 관심을 갖고 말한다. • 친구와 함께 다양한 소리를 흉내 내며 즐긴다.	– 의사소통 〉 듣기와 말하기 〉 상대방이 하는 이야기를 듣고 관련해서 말한다. – 의사소통 〉 책과 이야기 즐기기 〉 말놀이와 이야기 짓기를 즐긴다.

* 준 비 물 의성어 · 의태어 그림 카드, 주변에서 볼 수 있는 다양한 상황 그림
* 활동배경 교실 벽면에 붙여 놓은 다양한 그림책 주인공의 모습을 보고 "고양이는 '야옹' 이렇게 하고 있는 것 같아.", "무지개 물고기는 '반짝반짝'하네.", "쥐는 '찍찍찍찍'."이라고 말하며, 다양한 의태어, 의성어를 말하는 유아들의 모습이 관찰된다. 교사는 유아들의 의성어 · 의태어에 대한 관심을 지속시키고 의성어와 의태어에 관한 놀이로 확장될 수 있도록 지원하고자 한다.
* 활동방법

▸ 교사는 교실 환경에서 간단한 의성어 · 의태어를 찾아 이야기하는 유아들의 관심을 놀이로 연결시킬 수 있도록 관찰하고 지원한다.

교수학습 내용	활동방법
상호작용 (정서적 지원)	• 교사는 유아들이 창문에 붙은 그림책 주인공의 모습을 보며 의성어 · 의태어로 표현하는 것을 격려한다. – 정말 생쥐가 찍찍 소리를 내고 있는 것 같네.
상호작용 (질문/제안)	• 교사는 유아들이 주변에서 들을 수 있는 소리를 찾아볼 수 있도록 질문하며 제안한다. – 자동차 소리를 들어 본 적이 있니? – 자동차 소리를 흉내 내어 볼까? – 슬퍼서 우는 소리를 흉내 내어 볼까? – 즐거워하며 웃는 소리는 어떨까?

▸ 교사는 의성어 · 의태어 그림 카드를 제공하여 유아들의 놀이가 지속될 수 있도록 격려하며 지원한다.

교수학습 내용	활동방법
자료의 변화 (교사가 계획한 자료 제공)	• 유아들이 생각해 내어 표현할 수 있는 의성어 · 의태어가 많지 않아서 같은 소리를 반복하게 되고 이 과정에서 유아들의 흥미가 감소되는 것을 보고 교사는 의성어 · 의태어 그림 카드를 제공한다.
상호작용 (참여)	• 교사가 의성어 · 의태어 글자를 읽어 주면 유아들은 그림에서 글자와 같은 장면을 찾아 맞춰본다. – 뛰뛰빵빵은 어디서 나는 소리일까요? – 아장아장 움직이는 것은 무엇일까요?

▸ 교사는 놀이가 확장되는 것을 지원한다.

교수학습 내용	활동방법
상호작용 (정서적 지원)	• 유아들의 놀이가 게임의 형태로 확장되도록 지원한다. – 그래, 이번에는 ○○이가 먼저 헬리콥터에서 나는 소리를 찾았네.

▸ 교사는 유아들이 다양한 의성어 · 의태어를 생각해 볼 수 있도록 지원한다.

교수학습 내용	활동방법
상호작용 (제안)	• 유아들이 한 가지 소리만 내는 것이 아니라 다양한 소리를 생각해 볼 수 있도록 지원한다. – 그런데 자동차는 뛰뛰빵빵 소리만 낼까? – 그래, ○○는 자동차에서 '부르르르'라는 소리를 들었구나. – 그래, 고양이가 '야옹야옹' 소리도 내지만 '미야옹 미야옹'이라고 소리를 내기도 하는구나.
상호작용 (참여)	• 교사는 유아들의 활동에 참여하여 놀이가 확장되도록 지원한다. – 이번에는 선생님이 맞춰 볼게. – △△의 '낑낑' 소리는 강아지가 배고플 때 내는 소리일 것 같은데?

의성어 · 의태어 퍼즐

의성어 · 의태어 카드 맞추기 놀이를 하는 유아

활동 4 『개구쟁이 ㄱㄴㄷ』 그림책 감상하기

* 활동형태 자유놀이
* 활동유형 및 대상 연령 언어 / 만 3세
* 활동목표 및 표준보육과정 관련 요소

목표	표준보육과정 관련 요소
• 그림책의 그림을 보고 이야기를 상상하며 감상한다. • 그림책 속의 글자에 관심을 갖고 재미있게 감상한다.	– 의사소통 〉 책과 이야기 즐기기 〉 책에 관심을 가지고 상상하기를 즐긴다. – 의사소통 〉 책과 이야기 즐기기 〉 동화, 동시에서 말의 재미를 느낀다.

* 준 비 물 『개구쟁이ㄱㄴㄷ』그림책
* 활동배경 "선생님, 내 이름에 있는 동그라미랑 영인이 글자에 있는 동그라미랑 똑같아요.", "내 이름에는 이렇게 생긴 네모 모양이 있어요!"라고 이야기하며, 'ㅇ'이나 'ㅁ' 등의 글자 모양에 관심을 보이는 유아들이 관찰되었다. 교사는 이런 유아들에게 교실 환경에 제시되어 있는 글자 모양을 찾아보는 놀이를 해 보도록 격려하였다.
* 활동방법

▸ 교사는 글자 모양에 대한 유아들의 관심이 놀이로 연결될 수 있도록 교실 환경에서 글자 모양을 찾아볼 수 있도록 격려한다.

교수학습 내용	활동방법
상호작용 (질문하기/제안하기)	• 교사는 질문을 통해 유아들의 놀이가 지속되고 확장될 수 있도록 지원한다. – ○○야, ○○의 이름에 있는 네모 글자 모양이랑 같은 모양을 교실에서 찾아볼까? • 유아들은 교실 환경에 제공되어 있는 친구들의 이름, 사물함, 그림책 등에서 글자 모양을 찾아본다.

▸ 유아들은 다양한 글자 모양이 『개구쟁이 ㄱㄴㄷ』 그림책에도 있다며 그림책에 흥미를 보이기 시작한다. 그림책에서 글자 모양을 찾는 유아들의 놀이가 지속되고 확장될 수 있도록 교사가 직접 놀이에 참여하여 지원한다.

교수학습 내용	활동방법
상호작용 (관찰하기/질문하기/놀이에 참여하기)	• 유아들은 『개구쟁이 ㄱㄴㄷ』 그림책에서 자신의 이름과 친구의 이름에 있는 글자 모양을 찾기 시작한다. 교사도 유아들과 함께 그림책에서 글자 모양을 자유롭게 찾아본다. – 『개구쟁이 ㄱㄴㄷ』 그림책에 ○○의 이름에 있는 동그라미 모양이 있네. – 또 누구 이름에 있는 글자 모양을 찾아볼까? – 어떤 글자 모양이 있니?

▸ 교사는 유아들이 선택한 『개구쟁이 ㄱㄴㄷ』 그림책을 읽어 주며 다양한 글자 모양에 대한 관심이 놀이로 연결되어 유아들의 글자에 대한 관심과 흥미가 지속될 수 있도록 지원한다.

교수학습 내용	활동방법
상호작용 (질문하기/제안하기)	• 교사는 유아들이 선택한 『개구쟁이 ㄱㄴㄷ』 그림책을 읽어 주며 다양한 글자 모양에 대해 이야기를 나눈다. – 내 이름에 있는 동그라미 모양은 아기 그림에 있어요. – 세모 모양은 어디 있는 거예요? • 유아들은 그림책에 나오는 글자 모양을 적극적으로 찾아보며 놀이한다. – 그림책에서 나온 글자 모양이 내 이름의 어떤 모양이랑 같을까? – ○○○ 이름에 있는 글자 모양을 그림책에서 찾아볼까?

▸ 교사는 다양한 그림책을 제공해 주어 유아들이 글자 모양에 대한 관심과 놀이가 지속될 수 있도록 지원한다.

교수학습 내용	활동방법
환경적 지원 (자료의 제공)	• 교사는 글자와 관련된 다양한 그림책(알파벳 그림책)을 교실에 제공해 준다.

『개구쟁이 ㄱㄴㄷ』 그림책
이억배 글 · 그림/사계절/2011

『개구쟁이ㄱㄴㄷ』 그림책을
함께 읽고 있는 교사와 유아들

활동 5 책 만들기

* 활동형태 자유놀이
* 활동유형 및 대상 연령 언어 / 만 4세
* 활동목표 및 표준보육과정 관련 요소

목표	표준보육과정 관련 요소
• 자신의 생각을 글로 표현한다. • 또래와 책 만들기를 하며 이야기 짓기를 즐긴다.	– 의사소통 〉 읽기와 쓰기에 관심 가지기 〉 자신의 생각을 글자와 비슷한 형태로 표현한다. – 의사소통 〉 책과 이야기 즐기기 〉 말놀이와 이야기 짓기를 즐긴다.

* 준 비 물 다양한 색지, 색연필, 사인펜, 풀, 가위
* 활동배경 교실에서 자주 부르는 『친구야 나는 너를 사랑해』 노래에 "ㅇㅇ야, 나는 너를 사랑해.", "△△아, 나는 너를 사랑해." 등으로 친구의 이름을 넣어 노래를 부르는 유아들의 모습이 관찰되었다. 또한, 일과 속에서 노래를 흥얼거리며 자연스럽게 'ㅇㅇ야, 사랑해'라고 편지를 쓰고 전달해 주는 유아들이 늘어나고 있는 현상도 관찰되었다. 교사는 유아들의 편지를 연결해서 책으로 만드는 활동을 제안하여 유아들의 놀이를 지원하였다.
* 활동방법

▸ 교사가 책을 만들 수 있도록 자료를 지원한다.

교수학습 내용	활동방법
자료의 변화 (교사가 계획한 자료제공)	• 교사는 유아들이 쓴 편지를 모아서 책으로 만들 수 있도록 적절한 크기의 종이를 제공한다.

▸ 교사는 유아들이 생각을 적어보도록 격려하였다.

교수학습 내용	활동방법
상호작용 (질문)	• 교사는 누구에게 '사랑해'라고 편지를 써서 전달해 주고 싶은지에 관해서 유아들과 이야기를 나눈다. – ○○이는 누구를 사랑한다고 쓰고 싶니?
상호작용 (제안)	• 교사는 '사랑해'라는 말을 유아들이 종이에 적어 보도록 격려한다. – ○○이는 △△이를 사랑한다고 적고 있구나. – ◇◇이는 누구를 '사랑해'라고 적고 싶니? 선생님이 다른 종이에 적어 줄게. 선생님이 쓴 것을 보고 따라서 써 볼까?

▸ 유아들의 편지를 모아서 책으로 만든다.

교수학습 내용	활동방법
자료의 변화 (교사가 계획한 자료제공)	• 교사는 유아들의 편지를 모아서 펀치로 구멍을 내고 고리로 엮어서 책을 만들어 제공해 주었다.

▸ 완성된 책을 읽으며 책 읽기에 관한 놀이가 지속되도록 지원한다.

교수학습 내용	활동방법
상호작용 (정서적 지원)	• 교사는 유아들과 만든 책을 보며 이야기 나눈다. – 너희들의 편지를 모으니 사랑하는 마음이 담긴 멋진 책이 되었구나.
상호작용 (참여)	• 교사는 유아들의 책을 함께 읽어 본다. • 책의 이야기를 『사랑해』 노래의 음에 맞춰 유아들과 함께 불러 본다.

'사랑해 책'을 만들고 있는 유아

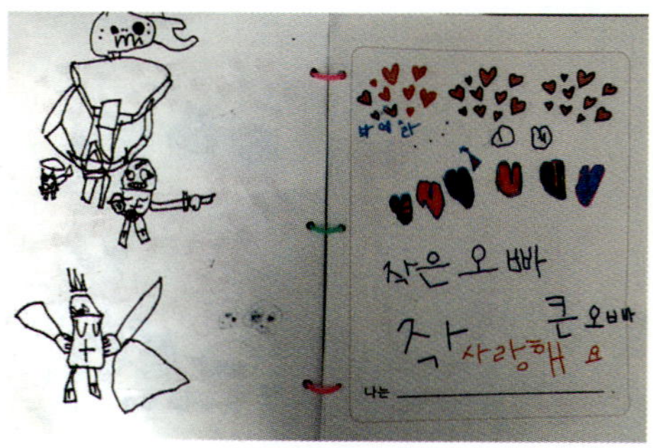

유아들이 만든 '사랑해 책'을 펼친 모습

활동 6 '바다 동물' 그림 사전 만들기

* 활동형태 자유놀이

* 활동유형 및 대상 연령 언어 / 만 5세

* 활동목표 및 표준보육과정 관련 요소

목표	표준보육과정 관련 요소
• 좋아하는 바다 동물을 알아가는 과정에 호기심을 갖고 참여한다. • 바다 동물의 특징을 탐색하고 글과 그림으로 표현하여 사전을 만든다.	– 자연탐구 〉 탐구과정 즐기기 〉 궁금한 것을 탐구하는 과정에 즐겁게 참여한다. – 의사소통 〉 읽기와 쓰기에 관심 가지기 〉 자신의 생각을 글자와 비슷한 형태로 표현한다.

* 준 비 물 바다 동물 그림책, 쓰기 도구, 도화지, 가위, 풀 등

* 활동배경 바다 동물에 대해 관심이 많은 유아가 다양한 바다 동물 그림을 그리고 바다 동물의 특징을 친구들에게 설명한다. 교사는 유아의 놀이가 지속되고 확장될 수 있도록 지원하기 위해 그동안 그려서 모아 두었던 유아의 바다 동물 그림을 제공해 주며 사전으로 만들어 보자고 제안하였다. 그리고 바다 동물 사전을 다른 친구들이 필요할 때 찾아볼 수 있도록 언어영역에 놓아두자고 제안하였다. 유아가 제안을 받아들여서 교사는 유아의 바다 동물 사전 만들기 놀이가 잘 이루어지도록 지원하였다.

* 활동방법

▸ 유아가 그렸던 바다 동물 그림을 모아서 살펴보며 사전 만들기를 해 보도록 지원한다.

교수학습 내용	활동방법
상호작용 (정서적 지원/제안)	• 유아가 그린 바다 동물 그림을 보며 이야기한다. – 바다 동물을 그동안 이렇게 많이 그렸구나. – 어떤 바다 동물을 그렸는지 볼까? • 교사는 유아에게 친구들에게 설명하지 않아도 친구들이 찾아볼 수 있도록 사전 만들기 놀이를 제안한다. – 그림에 ○○이가 이야기했던 바다 동물의 특징을 적어 주면 바다 동물 사전이 될 것 같은데 한번 만들어 볼까?

▸ 유아가 생각하는 사전에 대해 이야기 나누고, 필요한 재료를 찾아보도록 격려한다.

교수학습 내용	활동방법
상호작용 (질문)	• 유아가 만들고 싶은 사전에 대해 이야기 나눈다. – 사전에는 어떤 내용이 들어가면 좋겠니? – 어떤 모양의 사전을 만들고 싶어? – 사전을 만들려면 어떤 재료가 필요할까?
상호작용 (제안)	• 교사는 유아가 그동안 그렸던 바다 동물 그림을 이용해 보도록 제안한다. – 그동안 그렸던 바다 동물 그림이 많이 있네. 이 그림을 이용해서 사전을 만들어 보면 어떨겠니? – 바다 동물 그림 옆에는 무엇을 써 볼까?

▸ 유아가 생각하는 사전을 만들도록 지원한다.

교수학습 내용	활동방법
자료의 변화 (유아가 결정한 자료)	• 유아가 요구한 사전을 만들 종이를 제공한다.
상호작용 (관찰/제안)	• 유아가 바다 동물 그림을 붙이고 특징을 적어보도록 지원한다. – 톱상어의 특징은 무엇이니? – 아, 이 뱀장어는 심해에 사는구나.

▸ 교사는 바다사전을 유아가 원하는 곳에 놓아두고 친구들과 함께 볼 수 있도록 격려한다.

교수학습 내용	활동방법
공간의 변화 (교실 내 비치)	• 교사는 유아와 상의하여 바다 동물 사전을 친구들이 잘 볼 수 있는 곳에 놓아둔다. – 여기에 두면 친구들이 쉽게 찾아서 볼 수 있겠구나.

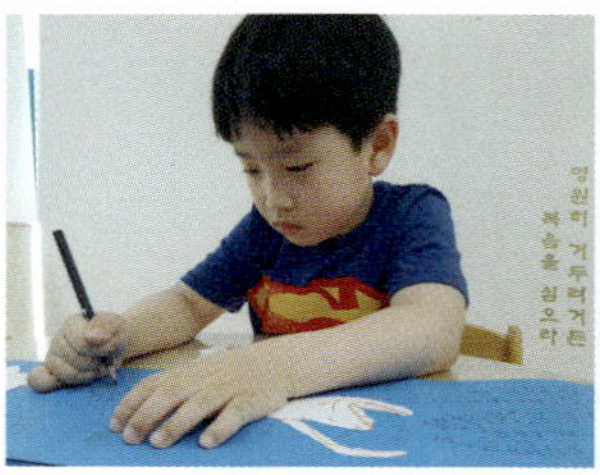
그림 사전에 글씨를 쓰고 있는 유아

유아가 만든 그림 사전

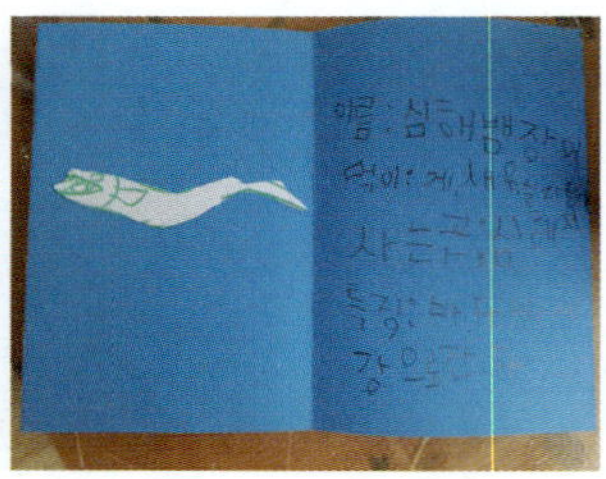
동물의 정보를 그림과 글로 표현한 사전

과제 Tip: 조사해 보아요

- **과제명:** 표준보육과정과 누리과정에 따른 연령별 활동 찾기
- **방　법:** ① 4인 1조로 집단을 구성한다.
  ② 표준보육과정과 누리과정의 의사소통영역 내용범주에 맞춰 연령별(0~5세)로 활동을 한 가지씩 찾아본다.
  ③ 내용범주 안의 여러 하위 내용 중에서 한 가지씩 선택하여 작성한다.
  ④ 동일한 활동을 수준별로 달리해서 작성해도 좋다.

- **작성 예시**

연령: 만 2세

듣기와 말하기	읽기와 쓰기에 관심 가지기	책과 이야기 즐기기
• **활동명**: 과일 수수께끼 • **준비물**: 과일 사진과 이름 카드 • **활동방법** 1. 교사가 과일을 모양과 특징을 수수께끼로 낸다. 2. 영아가 과일의 이름을 맞히면 교사는 그림 카드를 보여 준다. 3. 과일을 먹어 본 경험을 이야기한다.	• **활동명**: 가을 음악을 들으며 끼적여요 • **준비물**: 「아기 다람쥐 또미」 • **활동방법** 1. 가을과 관련된 사진이나 그림을 제공하고 영아가 관심이 있는지 살핀다. 2. 「아기 다람쥐 또미」 음악을 들으며 끼적여 볼 수 있도록 돕는다.	• **활동명**: 눈사람을 만들자(동시) • **준비물**: 동시 자료 • **활동방법** 1. 그림과 글이 섞인 동시판을 보며 동시를 들려준다. 2. 겨울이나 눈사람에 대한 유아의 경험을 이야기 나눈다. 3. 눈이 오는 날 바깥놀이 시간에 동시의 내용을 생각하며 눈 놀이를 한다.

과제 Tip: 조사해 보아요

영유아의 쓰기 샘플을 모아서 발달 시기를 판단해 보세요.

[쓰기 샘플]
[발달 단계] 이영자와 이영숙의 발단 단계 중 어느 단계일까요?

CHAPTER 4.

언어습득 이론과 언어교육의 관점

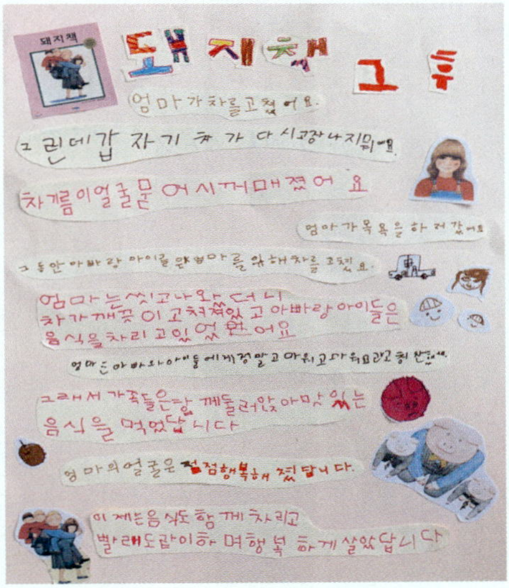

『돼지책』에 나오는 가족은 그 이후에 어떻게 살았을까요?
온 가족이 음식도 함께 차리고 빨래도 같이 하며
행복하게 살기를 바라는 아이의 마음이 이야기에서 읽혀지지요?

교·육·목·표

1. 언어습득이론(학습이론, 생득이론, 상호작용이론)을 이해한다.
2. 언어교육의 관점과 심리학의 관계를 이해한다.

인간의 발달은 유전적인 요인과 환경적인 요인이 가져오는 영향의 결과로 설명할 수 있다. 인간은 누구나 출생 후 성장하는 동안 자신의 부모로부터 물려받은 유전인자가 환경과 상호작용하면서 발현된다. 이 과정에서 어떤 발달적 특징은 유전적 요인에 의해 결정되고, 어떤 발달적 특징은 환경의 지배를 받으며, 또 어떤 발달적 특징은 이 둘 간의 상호작용 결과로 나타나게 된다. 그렇다면 인간의 언어는 어떻게 습득되는 것일까? 부모의 언어를 유전적으로 대물림하여 사용하게 되는 것이 아니라는 사실은 누구나 쉽게 알 수 있다. 이민 가정의 경우 부모가 사용하는 언어와 자녀가 사용하는 언어가 다름을 쉽게 발견할 수 있기 때문이다. 그렇다면 언어의 습득은 환경적 영향의 결과라는 결론이 도출된다. 정확히 옳은 이론인가? 이 이론도 반은 맞고 반은 틀리다. 환경의 영향으로 언어가 습득된다는 것은 명백한 사실이지만, 인간의 발달단계를 살펴볼 때, 항상 동일한 방식으로 언어습득이 되는 것은 아니기 때문이다. 예를 들어, 영유아기에는 어휘 습득이 빠르고 문법의 발달이 체계적으로 이루어져 이때 습득한 언어는 모국어 수준의 자유로운 언어 구사가 가능하다. 그러나 만약 30~40대 성인이 새로운 언어를 학습하고자 할 때는 영유아기보다 더 많은 언어적 자극과 환경적 상호작용이 제공되고 개인이 노력이 더해진다 해도 모국어 수준의 자유로운 언어 구사는 가능하지 않다. 왜 그럴까? 다음에 제시될 세 가지 언어습득 이론은 각기 다른 관점에서 인간의 언어습득 과정을 설명하고 있다. 각각의 이론을 학습하고 나면 인간의 언어습득 과정을 단 하나의 이론만으로 설명할 수 없다는 점을 깨닫게 될 것이다.

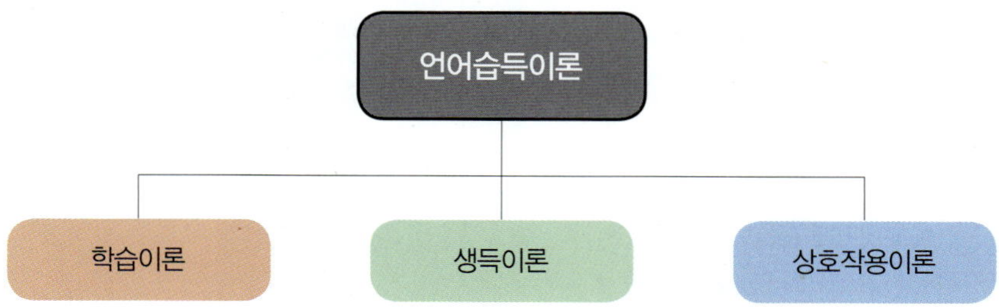

[그림 4-1] 언어습득이론

1. 언어습득 이론

1) 학습이론

이 관점은 유아의 언어발달이 학습과 모방에 의해 이루어진다고 생각하는 입장이며, 이 관점의 뿌리는 행동주의적 관점의 선두주자인 Locke의 백지설에서 찾아볼 수 있다. 그는 인간이 백지와 같은 상태로 태어나 철저하게 환경적인 자극만으로 발달해 나감을 주장하였다. 인간의 발달과정을 설명하는 것과 마찬가지로 언어발달에서의 이 관점은 행동주의적 입장을 따른다. 즉, 인간의 언어는 백지에 그려지는 그림처럼 생후에 어떠한 언어적 자극을 경험했는가에 따라 결정된다고 믿는 것이다. 행동주의의 아버지라고 불리는 Skinner는 자신의 저서 『언어적 행동(*Verbal Behavior*)』(1956)에서 세 가지 방법에 의한 언어습득 과정을 설명하였다.

첫째는 'mand' 반응이다. 명령(command)과 요구(demand)의 단어에서 나온 개념이며, 이는 언어습득 과정에는 말하는 사람 간의 명령과 요구가 개입이 되는데, 바로 이러한 맥락이 언어습득의 동인이 된다는 것이다. 예를 들어, 영아가 '무', '무'하는 소리를 냈을 때 엄마가 이를 물을 달라는 요구로 해석하여 물을 가져다주었다면, 영아는 이러한 경험의 반복을 통해 물이라는 용어를 학습할 가능성이 커진다는 것이다.

둘째는 'tact' 반응이다. 이 용어는 접촉(contact)이라는 낱말을 따서 만든 용어이다. 영아의 신체적 근접성 내지는 물리적 접촉이 언어습득의 동인이 되는 측면을 의미한다. 영아가 목욕을 하면서 우연히 '무', '무'하는 소리를 낼 경우, 처음에 이 옹알이는 '물'이라는 말과 아무 상관이 없지만, 엄마는 이 소리를 물이라고 해석하고 "그래, 물이다. 물 많지?"하고 말해 준다면 이러한 과정이 되풀이됨으로 인하여 영아는 물을 접촉하면서 물이라는 말을 학습하게 된다.

셋째는 'echoic' 반응이다. 이는 유아가 주변 성인의 소리를 그대로 메아리처럼 반향해 낸다는 것이다. 유아가 우연히 성인의 말을 따라 함으로써 성인이 긍정적인 보상을 주면 영아의 모방이 증가하여 학습이 이루어진다는 것이다. 이때 영아의 말이 성인의 말과 유사하면 강화의 정도는 더 강해질 수 있으며, 이는 언어습득 과정에서 개입되는 강화의 영향을 보여 준다.

Bandura는 인간의 학습 과정이 직접적인 강화에 의해서도 이루어지지만, 타인의 행동을 관찰하고 모방하면서도 이루어질 수 있다고 보았다. 유아가 글을 읽을 수 있기 전에 학습한 어휘들은 분명히 주변에서 들리는 소리를 듣고 따라 한 것이며, 실제로 유아는 많은 어휘를 주위 사람들의 말을 모방함으로써 획득한다.

학습이론은 유아의 행동발달이 자극–반응–보상–강화–반복–학습의 과정을 거치는 것처럼 유아의 언어발달에도 외부적 자극이 중요한 요인임을 강조한다. 즉, 유아의 언어발달도 언어적 자극–모방–강화의 과정을 통해 이루어진다는 것이다. 그러나 학습이론은 유아의 다양한 언어발달을 설명하기에 몇 가지 제한점이 있다.

첫째, 언어적 자극이나 모방과 강화가 언어발달의 중요한 요소라면, 성인기에는 왜 언어습득이 이루어지지 않는가에 대한 의문을 가질 수 있다. 모국어의 경우, 출생 후 2~3년 정도가 되면 기본적인 언어구조를 습득하고 자연스럽게 자신의 생각을 말로 표현하게 된다. 그러나 외국어를 습득하는 성인의 경우에는 10년 넘게 공을 들여도 모국어의 경우처럼 자유스러운 언어 사용이 불가능하다. 언어습득이 자극 반응의 원리에 의해 이루어지는 것이라면, 왜 생의 어떤 시기에 언어습득이 더 효율적인가를 설명하기 힘들다.

둘째, 유아가 산출해 내는 다양한 언어 중에는 과거에 유아가 한 번도 들어본 적이 없는 어휘가 포함되어 있다는 사실이다. 예를 들어, '머리카락'이라는 단어를 알고 있던 유아가 어느 날 아빠의 다리에 나 있는 다리털을 보면서 '다리카락'이라고 말을 하는 경우이다. 이런 경우 누군가 그 유아에게 '다리카락'이란 말을 들려준 적이 있었을 것이라고 생각할 수 있겠는가? 행동주의 이론에 따르면 유아는 성인의 언어행동을 듣고 모방하면서 언어발달을 이루게 되는데 이와 같은 창안적 어휘는 행동주의 이론으로 설명이 되지 않는다.

셋째, 행동주의 이론은 언어 환경이 다른 경우에도 유사한 언어발달을 보이는 언어발달의 보편성을 설명할 수 없다. 앞서 언급한 바대로 다양한 언어문화권의 유아들뿐 아니라 서로 다른 언어적 환경 속에서 자라는 유아들도 쿠잉, 옹알이, 한 단어의 출현과 문법의 발달과정은 상당히 유사하다. 여기에 행동주의 이론이 설명할 수 없는 언어습득의 비밀이 있다. 이 문제에 대한 해답은 다음에 제시되는 다른 두 이론에서 찾아진다.

2) 생득이론

생득이론은 언어발달이 선천적으로 타고난 기제에 의해 이루어진다고 생각하는 입장이다. 이 이론의 대표적인 학자는 Chomsky(1967)와 Leneberg(1967)이다. 이들은 누구나 태어날 때부터 언어를 습득할 수 있는 능력을 갖고 태어난다고 생각하였다. 1960년대 이루어진 문화 간 연구에서, 다양한 문화권의 언어습득 과정은 기본적으로 유사한 순서를 따른다는 점이 발견되었다. 즉, 프랑스어, 일본어, 혹은 어떤 언어든지 간에 언어습득의 단계가 거의 일치하는 것으로 나타났다. 학자들은 쿠잉과 옹알이, 한 단어 문장, 전보문, 단순한 문장에서 복잡한 문장으로의 이행 등과 같은 과정이 모든 언어권에서 보편적으로 나타나며, 이 모든 과정이 유아기 이전에 이루어진다는 사실과, 만약에 이 시기 동안 이루어지지 못한다면 언어발달에 어느 정도의 손상을 경험한다는 것을 밝혀 주었다. 이러한 연구결과는 언어습득의 일정한 부분이 뇌의 작용에 의해 조절된다고 하는 Chomsky와 Lenneberg의 이론에 영향을 주었다.

Chomsky는 인간의 언어습득을 타고난 능력의 발현으로 보았으며, 언어학 연구의 새로운 방향을 제시하였다. 그의 이론에 따르면 인간의 언어는 표면구조(surface structure)와 심층구조(deep structure)로 분류할 수 있는데, 표면구조는 다르지만 같은 의미를 갖는 두 문장이 있을 수 있고, 표면구조가 같아도 의미가 다른 두 문장이 있을 수 있다고 하였다. 인간이 언어를 자유롭게 구사하려면 표면구조와 심층구조를 이용하여 문장을 변형시키는 변형문법의 사용이 반드시 필요하다는 것인데 이러한 변형문법의 생성에는 어떠한 특수한 기제가 작용하며, 이 기제는 생의 일정한 시기에만 작용하는 것으로 보인다. Chomsky는 이와 같이 뇌의 가설적 부분을 언어습득 기제(LAD: Language Acquisition Device)라고 명명하였고, 이 기제의 작용으로 언어의 습득이 자연스럽게 이루어진다고 설명하였다. 또한, 이 기제는 두 살부터 사춘기까지 인간의 언어습득에 작용한다고 보고하였다. 이는 모든 언어의 습득과정이 현저하게 유사한 패턴을 가지는 것을 설명하는 근거가 되고 있다.

[그림 4-2] 언어습득 기제(Chomsky)

Lenneberg의 주장도 Chomsky의 이론을 뒷받침하고 있다. 그는 언어를 획득하여 산출해 내고 이해하는 능력은 인간에게 있어서 타고난 선천적 특성이라고 하였다. 언어발달을 관장하는 특정 부분이 뇌 속에 존재하고 있어서 어떤 문화권에서든지 아동의 언어발달 과정은 동일하다고 주장하였다. 즉, 세계의 모든 영아는 생후 1년을 전후로 처음 말을 하며, 18~24개월에 두 단어 문장을 사용하기 시작한다는 것이다. 특히, 주변 사람들의 언어를 들을 수 없는 농아의 언어발달이 정상아동과 유사한 과정을 거침을 입증한 연구결과는 이러한 Lenneberg의 입장을 더욱더 확고히 해 준다. 언어발달은 선천적인 기제에 의해 이루어짐을 시사하고 있는 것이다.

이러한 관점은 언어발달이 유독 생의 초기에 수월하게 이루어지는 점을 설명하기에 적절한 것으로 보인다. 아동이 자신만의 독특한 방법으로 문장을 만들어 내는 점, 지능이 낮은 아동도 문법적인 언어를 구사할 수 있다는 점, 그리고 생의 일정 기간이 지나면 언어습득이 어렵다는 점을 감안할 때, 이러한 생득이론의 관점은 논리적 근거를 얻게 된다. 하지만 이 관점 역시 몇 가지 제한점을 갖는다. 첫째로 언어습득 기제는 하나의 가설적인 개념으로 객관적 검증이 어렵다는 점이고, 둘째로 유아의 초기 언어습득의 경우에는 전혀 창조적이지 않고 환경 자극에 영향을 받는 점, 셋째로 환경적 상호작용에 따라 유아의 언어능력에 차이가 보이는 점 등을 들 수 있다. 발달 이론의 오래된 이슈의 하나인 유전이냐 환경이냐의 논쟁처럼 타고난 언어습득 기제나 환경적 언어자극의 한쪽 역할만으로 인간의 언어발달 과정을 모두 설명할 수는 없기 때문에 이제 다음에 제시되는 상호작용이론을 고려해 보아야 한다.

3) 상호작용이론

앞서 언급한 대로 학습이론이나 생득이론만으로 인간의 언어습득 과정을 충분히 설명할 수 없다. 학습이론의 근거인 행동주의 심리학은 인간의 언어습득 과정을 외적 자극에 대해 반응하는 수동적인 역할로 바라보면서 유아 언어의 발명적 측면을 설명하지 못한다. 또한, 생득이론의 주장에 따라 언어발달의 결정적 시기 개념을 인정한다 하더라도 영유아기 언어발달을 가속화시키는 환경적 영향을 간과할 수는 없다. 이 두 이론은 언어발달이 유아의 능동적인 역할에 의해서가 아니라 태어날 때부터 예정된 그 무엇에 의해 이루어지거나, 아니면 환경적인 자극의 결과에 의해 수동적으로 이루어진다고 주장한다. 그러나 언어는 사람과 사람이 소통하는 과정에서 사용과 동시에 학습된다. 이러한 관점에서 상호작용이론은 언어발달에 있어 인간과 환경 간의 상호작용 영향을 인정하는 입장이다.

인지적 구성주의
(Piaget)

Piaget는 인지발달이 언어발달에 선행한다고 보는 **인지우선론**을 주장한다. 즉, 사고가 먼저 발달하고 그에 맞는 언어가 따라서 발달한다고 보았다. 언어발달에 우선하여 발달하는 인지발달을 Piaget는 도식(schema)의 형성, 동화(assimilation)–조절(accommodation)–평형(equilibrium)의 변증법적 반복의 결과로 설명하고 있다. 즉, 처음에는 단순하게 구성된 도식이 새로운 도식에 의해 통합되거나(동화), 새로운 정보가 기존의 도식과 갈등을 일으켜 기존의 도식이 수정되는 과정(조절)을 통해 인지적인 평형상태에 이르게 됨으로써, 인간의 인지발달이 진행된다고 보았다. Piaget는 인간이 자신의 인지발달 과정에서 매우 능동적인 역할을 수행한다고 보았으며, 환경과의 상호작용을 통해 자신의 세계를 스스로 구성한다는 의미에서 구성주의(constructivism)라고 불린다. Piaget는 유아의 언어발달 역시 환경에서 주어지는 언어적 자극과 상호작용하면서 유아 스스로 구성해 나가는 인지적 구성주의적 관점[1]을 갖는다. 유아의 읽기 · 쓰기는 성인의 강화나 자극에 대한 모방의 결과도 아니고, 타고난 기제로 인해 저절로 습득되는 부산물도 아닌, 유아 자신이 속해 있는 문해 환경과 상호작용하면서 스스로 구성한 도식인 것이다.

사회적 구성주의
(Vygotsky)

인지발달을 개인의 내부에서 일어나는 과정으로 본 Piaget와 달리 Vygotsky는 개인의 인지가 자신이 속한 사회의 정신에 영향을 받는다고 주장하며, 인지발달에 있어서 사회 · 문화적인 영향을 강조하였다. 그는 유아의 발달을 자연적 발달(natural development)과 문화적 발달(cultural development)로 구분하였다. 자연적 발달은 생물학적 성숙을 의미하는 반면, 문화적 발달은 사회 문화적 경험, 관습, 문화적 행동과 추론과 관련되는데, 이 과정이 대부분 언어를 매개로 습득된다고 하였다(Vygotsky, 1934/86). 언어는 사회의 문화, 관습, 사고방식을 그대로 담고 있는 상징체계이므로 언어를 배움으로써 유아는 자신이 속한 사회의 사고체계, 행동 형태 등을 발달시킨다는 것이다.

1) 구성주의적 관점이란 유기체가 스스로 지식을 구성한다는 관점으로 상호작용주의와 동일한 맥락으로 사용된다.

따라서 Vygotsky는 언어와 인지의 관계에서 **언어우선론**을 주장한다. 언어발달이 인지발달을 이끌 수 있다는 관점이다. 예를 들어, '귀엽다', '예쁘다', '아름답다', '황홀하다' 등의 언어표현을 접하고 사용하다 보면 점차 각각의 어휘가 가진 개념을 형성하게 된다. 언어가 더 분화되면 될수록 인지구조도 함께 분화된다. 결국 사회가 발달하면 언어는 더 풍부해지고 그 사회 구성원의 인지발달은 더 높은 수준에 이르게 된다는 것이 Vygotsky의 관점이다.

Vygotsky는 유아의 초기 언어발달도 사회적이라고 보았다. 유아가 처음 말을 시작할 때를 살펴보면, '엄마', '까까', '물'과 같이 사회적 의사소통을 위해 말을 한다는 것이다. 그러므로 초기의 언어는 사회적 언어(social speech)이고 이 사회적인 언어가 점차 내면화되어 내적 언어(inner speech)로 발달하게 된다. Vygotsky는 사회적인 언어가 내적 언어로 발달하는 과정에서 나타나는 과도기적 언어가 바로 혼잣말(private speech)이라고 하였다. Piaget는 혼잣말이 전조작기 유아의 자기중심성을 나타내는 것으로 아직 탈중심화되지 않은 미숙한 사고의 반영이라고 하였지만, Vygotsky는 혼잣말이 자신의 행동을 통제하는 자기 조절, 자기 지시의 기능을 하며, 더 추상적인 사고의 발달을 반영한다고 하였다. 따라서 5~6세에는 감소하였던 혼잣말의 빈도가 7~8세가 되면 다시 증가하며, 그 이후에도 어려운 과제가 주어질 때마다 혼잣말이 많이 발생하는 것을 볼 수 있다. 이러한 혼잣말은 성인이 되면서 점점 축소되고 사고와 융합되어 내면적인 언어로 발달하게 된다.

사회적 구성주의에서는 언어 사용이 능숙한 사람이 제공하는 언어 환경과 도움을 강조한다. 즉, 의미 있는 성인, 교사, 발달이 빠른 또래와의 상호작용은 유아의 언어발달과 고등인지 성장의 근접발달 영역에 해당하는 비계를 설정하며, 중요한 역할을 하게 된다. 결국, Vygotsky가 말하는 근접발달 지대에서 발달의 실재적 수준은 자연적 발달을 의미하고 잠재적 발달 수준은 사회 · 문화적인 발달을 의미한다(Langer, 1986).

이와 같이, 상호작용이론은 언어를 습득할 때 유아가 주도적 역할을 하며, 능동적으로 환경과 상호작용한다는 면에서 학습이론이나 생득이론과는 다르다. 하지만 언어습득에 영향을 주는 요인이 무엇이냐에 따라 상호작용이론은 인지적 구성주의와 사회적 구성주의로 구별된다. 이 두 가지 입장의 차이를 간단히 정리하면 다음의 표와 같다.

〈표 4-1〉 인지적 구성주의와 사회적 구성주의 비교

입장	인지적 구성주의	사회적 구성주의
학자	Piaget	Vygotsky
상호작용 대상	발달이 유사한 또래와의 상호작용 강조	발달이 빠른 또래나 성인과의 상호작용 강조
인지/언어 관점	인지발달이 언어발달에 선행하며, 언어발달은 인지발달 수준을 반영한다.	인지와 언어가 독립적으로 발달하다가 만 2세경에 발달 곡선이 교차하면서 언어가 사고발달을 돕는다.
언어발달 방향	자기중심적 언어 – 혼잣말 – 사회적 언어	사회적 언어 – 혼잣말 – 내적 언어

이상에서 언어습득의 과정을 살펴보았으나 앞서 언급했던 것처럼 학습이론이나 생득이론, 상호작용이론 중 어느 한 가지 이론만으로 언어발달의 복잡한 과정을 설명할 수 없다. 언어발달은 생리적 발달, 신경적 발달, 인지적 발달, 사회 · 정서적 발달 등과 상호 관련되어 있기 때문이다. 결국, 유아의 특성과 발달 수준에 따라 가장 적합한 방법을 모색하는 통합적 과정으로 접근하는 것이 가장 타당하다 할 수 있다. 다음은 지금까지 살펴본 언어습득이론이 언어교육에 어떻게 반영되었는가를 알아보기로 하겠다.

2. 언어교육의 관점

유아의 언어교육, 특히 문자언어교육의 방법에 대한 유아교육자들 간의 논쟁은 20세기 이후 현재에 이르기까지 끊임없이 계속되고 있다. 이들은 언어 학습에 대한 관점에 따라 언어를 가르칠 시기와 방법에 대해 서로 다른 견해를 제시하고 있다.

1920년대 성숙주의의 영향을 받은 이후 1960년대 행동주의를 거쳐 1980년대 후반에 이르기까지 유아 언어교육은 주로 학교교육을 위한 준비도 교육이었다. 읽기 준비도 교육은 성숙주의 관점의 성숙적 준비도와 행동주의 관점의 경험적 준비도라는 두 가지 방향으로 나뉜다. 1980년대 후반 이후에는 상호작용주의에 입각한 총체적 언어교육이 주류를 이루었으며, 1990년 중반 이후 2000년대에는 총체적 언어교육과 함께 음운, 단어 중심의 교육을 병행하는 균형적 언어교육이 등장하였다. 이러한 언어교육의 흐름과 함께 2019년 개정된 우리나라 누리과정의 의사소통영역은 놀이를 중심으로 하는 교육을 중점사항으로 강조하고 있다.

[그림 4-3] 언어교육 관점의 흐름

1) 성숙주의 관점

1920년대 성숙주의자들은 유아기를 음성언어 학습의 적기로 보고 문자언어 학습은 더 미루어야 한다는 관점을 가졌다. 즉, 자연스럽게 학습되는 말하기, 듣기와 달리 읽기와 쓰기는 형식적인 교육에 의해 학습 가능하다고 보았기에 유아의 인지발달이 충분히 이루어질 때까지 읽기 · 쓰기 교수를 연기할 것을 주장하였다. 이들은 언어발달이 듣기, 말하기, 읽기 · 쓰기의 순서대로 발달한다고 보며, 유아기의 언어교육은 음성언어인 듣기, 말하기를 중심으로 이루어져야 한다고 믿었다.

성숙주의자들은 유아기 문자언어 학습은 준비도(readiness) 교육이어야 한다고 하였다. 읽기 학습을 위해서는 읽기 준비도 교육이, 쓰기 학습을 위해서는 쓰기 준비도 교육을 주장하였고 읽기 준비도가 형성되는 시기를 약 6.5세(Morphett & Washburme, 1931; 이경화, 1998, 재인용)로 보았다. 이들은 읽기가 발달한 후에 쓰기가 발달한다고 보았기 때문에 유아기 문자언어 학습의 주요 관심을 읽기에 두었고, 교사는 유아가 읽기에 관심을 가지도록 읽기 자료를 제시하고 책을 읽어 주며, 읽기 교육을 위한 준비가 되었는지 검토한 후 읽기 교육을 실시하였다. 쓰기 교육을 위해서도 준비도 교육이 필요하다고 보았는데 이를 위해 교사는 여러 가지 쓰기 샘플을 제시하고 쓰기 도구를 준비하여 유아가 자연스럽게 연필을 잡고 쓰기를 할 수 있도록 환경을 제공하였다. 성숙주의 교사는 풍부한 언어 환경을 제공해 주고 유아가 표현하는 언어에 대해 민감하게 즉각적으로 반응해 주도록 요구되었다.

2) 행동주의 관점

1960년대 이후 행동주의가 영향을 미치면서 유아의 언어교육은 단계적이고 체계적으로 이루어져야 한다는 생각이 자리 잡게 되었다. 행동주의자들은 성숙주의와 마찬가지로 음성언어가 문자언어보다 더 먼저 발달해야 한다고 생각하였기에 듣기와 말하기의 음성언어교육을 선행하고자 하였다. 이들은 정확한 언어의 사용을 강조하여 바른 어휘와 문장을 중시하였고 교사는 일정한 문장 패턴을 제시하여 반복시키는 방법을 사용하였다. 행동주의 관점의 언어교육은 이야기를 만들거나 역할극 하기, 자발적인 대화에 참여하기와 같은 자연스러운 언어활동은 거의 이루어지지 않는다.

행동주의자들 역시 음성언어 이후에 문자언어가 발달한다고 보았으며, 읽기와 쓰기 교육을 위하여 준비도의 개념을 강조하였다. 그러나 행동주의 관점의 준비도 개념은 성숙주의의 준비도 개념과 차이가 있다. 성숙주의는 자연스러운 개입을 중시하기 때문에 성숙의 결과로 준비될 때까지 기다리는 입장을 취했다면, 행동주의는 적절한 경험을 제공함으로써 준비도를 창조해 낼 수 있다고 보았다(Teale & Yokota, 2000). 즉, 행동주의 교사는 형식적인 조기 문자언어교육을 지지하며 유아가 앉아서 가만히 있을 수 있는 연령만 되면 읽기 준비도 프로그램에 포함시키고 학습지를 중심으로 하는 시각 · 청각 변별력 기술과 적절한 말하기 · 듣기 기술, 낱자 인식 기술, 낱자의 소리, 낱말 등을 가르쳤다. 결국, 이러한 행동주의 언어 교수법은 유아로 하여금 읽기 교육은 재미없고 어렵고 현실과 동떨어진 것으로 인식하게 하는 결과를 가져왔다. 쓰기 교육도 마찬가지로 교사가 자음, 모음의 낱자나 단어, 문장을 써 주면 유아는 이를 베껴 쓰고 연습하는 방식의 고립적 기술 교육을 강조하였다(이영자, 1994). 따라서 쓰기 준비도 교육 역시 유아에게 의미 없고 힘든 형식적인 학습이 되었다.

3) 상호작용주의 관점

1980년대부터 등장한 상호작용주의는 유아가 환경과 능동적으로 상호작용하면서 발달하는 과정에 관심을 두었다. 언어습득이 부분적으로는 발달적 성숙에 의존하지만, 유아는 다른 학습과 마찬가지로 언어 학습에 있어서 능동적인 주체로서의 역할을 하면서 주변에서 접하는 언어적 경험을 통해 스스로 언어 지식을 구성한다고 보았다.

Piaget를 중심으로 한 인지적 상호작용주의자들은 인지발달에 따른 언어발달을 설명하였고, Vygotsky를 중심으로 한 사회적 상호작용주의자들은 2세를 전후로 인지발달과 언어발달의 곡선이 교차하며 오히려 언어발달에 따른 인지발달을 주장하고 있다. 언어와 인지에 대한 관점의 차이가 있기는 하지만, Piaget와 Vygotsky 모두 사고와 언어의 밀접한 관계를 신봉했던 학자들이다. 상호작용주의자들은 이전의 성숙주의나 행동주의와는 달리 음성언어와 문자언어를 함께 발달하는 통합된 개념으로 보았다. 성숙주의나 행동주의 관점에서처럼 음성언어가 먼저 발달한 후에 문자언어가 순차적으로 발달하는 것이 아니라 음성언어와 동시에 문자언어도 매우 어린 시기부터 발달하며, 문자언어 학습도 어린 유아기부터 음성언어와 함께 통합적으로 이루어진다고 보았다. 따라서 상호작용주의 관점에서는 언어적 환경을 중요시한다. 유아는 어린 시기부터 풍부한 문자언어 환경 속에서 성인과 상호작용하는 가운데 자연스럽게 문자언어를 포함한 언어 학습이 이루어질 수 있다고 보았다.

4) 언어교육 관점과 언어교육 접근법의 출현

이처럼 유아언어교육에 대한 관점은 시대적 흐름에 따라 성숙주의, 행동주의, 상호작용주의의 영향을 차례로 받았다. 성숙주의는 자연스러운 준비도를 강조하였기에 어떠한 교수방법도 시도하지 않았고, 행동주의의 영향을 받으면서 체계적이고 형식적인 준비도 교육이 시작되었다. 그중에서도 문자언어 교육, 즉 읽기·쓰기 준비도를 가속화시키기 위한 부호중심 접근법이 출현하게 된 것이다. 부호중심 접근법의 출현으로 유아의 문자언어 교육을 위한 다양한 연습지가 제시되기 시작하였고, 유아는 책상에 앉아 종이와 연필을 사용하는 학습지로 반복적이고 고립된 문자언어 훈련을 받게 되었다. 그러나 유아기의 발달적 특성을 고려할 때, 형식적 연습지의 사용은 유아의 발달을 저해하였고, 읽기 쓰기를 어렵고 지루한 것으로 인식하게 만들었다. 이러한 상황에서 상호작용주의 이론가들은 준비도 관점과 대비되는 발생적 문해(emergent literacy) 개념을 제시하며 유아의 읽기 쓰기 교육에 대한 새로운 움직임을 제안하였다(Boby, 1994). 즉, 문자언어도 음성언어와 마찬가지로 자연스럽게 발달하고 학습할 수 있다는 발생적 문해 개념은 행동주의에서 사용하는 분절된 언어 학습과 연습지의 사용을 반대하는 입장을 분명히 하였고, 유아교육 현장의 교사를 중심으로 총체적 언어 접근법이 시도되기 시작하였다.

그러나 1990년대에 들어 총체적 언어 접근법의 효과에 대한 의문이 제기되기 시작하였다. 자연스러운 문자 환경에의 노출만으로 문자언어 습득이 어려운 유아가 있다는 사실을 깨닫게 된 것이다. 어떤 유아는 풍부한 문해 환경에서 다양한 상호작용을 통해 자연스럽게 문자를 습득하지만, 어떤 유아들은 직접 가르쳐야 한다. 또 어떤 유아에게는 아예 풍부한 문해 환경이나 문자 상황에의 노출 자체가 불가능하다는 점이 새롭게 제기된 것이다. 따라서 총체적 언어 접근법이 모든 유아에게 최선의 방법이 아니라는 점에 근거하여 이를 보완하기 위한 균형적 접근법이 등장하게 되었다. 균형적 접근법은 총체적 언어 접근법에 근거를 두고 음운교육을 병행할 필요성을 제시함으로써 언어교육학자들 사이의 의미 중심이냐 음운 중심이냐에 대한 오랫동안의 논쟁을 통합하는 결과를 가져왔다.

지금까지 설명한 언어교육 관점과 접근법의 관계를 그림으로 나타내면 다음과 같다.

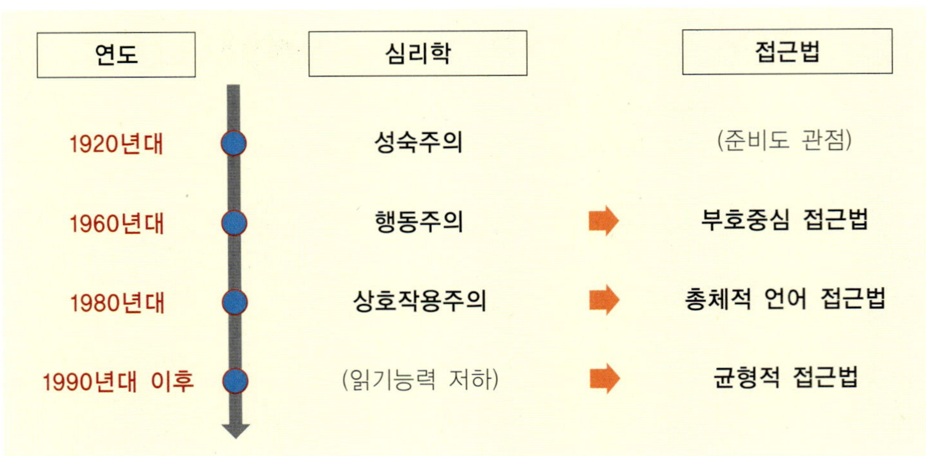

[그림 4-4] 언어습득이론과 언어교육 접근법의 관계

CHAPTER 5.

영유아 언어교육 접근법

'이웃에게 사랑을 전해요', '행복한 이웃사랑'
유아들은 이웃에 대한 사랑을 글로 쓰고 생각하며 크고 있습니다.

교·육·목·표

1. 부호중심 접근법의 특성과 교수방법을 이해한다.
2. 총체적 언어 접근법에 영향을 준 학자들과 교수법을 안다.
3. 총체적 언어 접근법의 특성과 교수방법을 이해한다.
4. 균형적 접근법의 특성을 알고 다양한 실제를 적용할 수 있다.

지금까지 언어습득과 관련한 세 가지 심리학 이론의 흐름을 살펴보았다. 이제 이 이론들에 기초하여 영유아기 언어교육을 위한 효율적이고 구체적인 방법을 살펴보도록 하겠다. 영유아기는 언어발달의 민감기이자 결정적 시기이다. 이 시기에 적절한 언어발달이 이루어지지 않으면, 나중에는 아무리 많은 시간과 노력을 투자하더라도 적절한 언어습득을 할 수 없게 된다는 점은 이미 앞 장에서 다루어 알고 있을 것이다. 이제부터는 각각의 언어습득이론과 관련한 언어교육 접근법을 살펴보고자 한다. 인간의 발달이 어떤 동인에 의해 이루어지는가에 대한 관점은 그에 걸맞는 교수방법과 연결된다. 가령, 인간이 유전적 내적 기제에 의해 성장한다고 생각하면 자연스러운 교육방법을 택할 것이고, 태어날 때 백지상태로 태어나 오로지 환경의 영향으로 발달한다고 믿으면, 환경적 자극을 통해 무엇이든 적극적으로 경험하고 가르치려 할 것이다. 마찬가지로 인간의 언어발달을 바라보는 서로 다른 시각은 각기 다른 교육방법을 추구하는 결과를 가져왔다. 지금부터 살펴볼 언어교육 접근법은 부호중심 접근법, 총체적 언어 접근법, 균형적 접근법의 세 가지이다.

1. 부호중심 접근법

1) 부호중심 접근법의 특성

부호중심 접근법은 행동주의 심리학에 기초한 전통적인 언어 교수방법이다. 인간이 태어나는 순간을 백지상태로 간주하고 외적 환경에 영향을 받아 발달이 이루어짐을 강조하는 행동주의는 언어습득도 후천적 경험에 의한 학습의 결과로 본다. 인간의 모든 행동은 자극에 대한 반응이며, 그 반응에 보상이나 처벌이 가해지면 강화와 소멸의 과정이 따라오며 인간 행동의 습관화가 이루어진다. 행동주의는 이 과정을 학습이라고 규정한다. 따라서 유아의 언어발달은 환경에서 주어진 언어자극에 반응하고, 언어모델을 모방하는 과정에서 선택적 강화, 반복, 연습에 의해 이루어진다고 본다. 행동주의에서는 언어를 하나의 습관으로 보기 때문에 습관 형성을 위해 최선의 방법인 모방과 연습을 강조한다. 여기에서 중요한 역할을 하는 것은 긍정적 강화이다(주영희, 2001).

부호중심 접근법이 바라보는 언어란 낱낱의 부호로 이루어진 체계이다. 원자나 분자가 모여 물체를 구성하듯이, 행동주의는 언어를 소리와 낱글자 같은 작은 부분이 모여 구성된 전체라고 본다. 그러므로 이들은 언어 학습도 부분에서 전체로 체계적으로 가르쳐야 효과적이라 본다. 이들은 겉으로 드러나는 행동만을 관심 대상으로 삼기 때문에 눈에 보이지 않는 언어의 의미나 의도에는 관심이 없고, 유아가 얼마나 완벽한 언어행동을 보이는가만을 강조한다. 부호중심 접근법에서 언어는 분리 가능하고 측정 가능한 부분으로 구성되어 있고, 각 부분이 모여 전체를 이룬다고 보았다. 언어 학습은 반복적인 자극과 강화를 통해 이루어지며, 소리(sound), 단어(word), 문장(sentence)의 순서로 발달하고, 음성언어(듣기, 말하기)가 문자언어(읽기, 쓰기)보다 먼저 이루어진다고 보았다.

2) 부호중심 접근접의 교수방법

부호중심 접근법에서는 유아의 자발적이고 실질적인 읽기나 쓰기보다는 얼마나 정확한 읽기 · 쓰기가 가능한가에 관심을 둔다. 따라서 읽기 · 쓰기란 실생활과는 동떨어진, 학습하기 어려운 별개의 교과이며, 읽기 · 쓰기 습득을 위해서는 위계적인 학습 계획과 반복적인 연습이 필요하다고 본다. 유아를 위한 읽기 · 쓰기 교육은 학습하기 쉬운 낮은 수준의 기능에서 어려운 높은 수준의 기능으로 순서화된 학습 계획을 반복적으로 연습하도록 구성되어 있다.

부호중심 접근법에서는 읽기 · 쓰기를 배우기 전에 특정한 기술이 습득되어 있어야 한다고 보았다. 인쇄물에 대한 개념, 탈맥락적인 언어 개념, 음소와 음운 인식이 읽기 · 쓰기를 위한 준비 기술이며(Hannon, 2000), 이 준비도가 갖춰졌다고 판단되면 조기에도 읽기 학습이 가능하다고 보았다. 부호중심 접근법에서 쓰기 지도는 듣기와 말하기가 충분히 이루어지고 읽기를 학습한 후 쓰기 준비도를 익혀야 가능한 것으로 보았다. 구체적인 쓰기 준비도는 왼손과 오른손의 차이 학습, 왼쪽에서 오른쪽으로 눈을 옮겨가며 보기, 크기나 모양의 차이점과 공통점 알기, 공간 관계의 이해, 방향 개념, 물체의 관계와 위치에 대한 이해, 눈과 손의 협응력, 쓰기 목적에 대한 이해 등이 포함된다(Petty et al., 1981). 또 쓰기를 위한 하위 기능으로 어휘력, 시각적 변별력(낱자나 단어의 재인), 청각 변별력(운율의 유사함을 변별하는 능력), 베끼기(copying), 음가 알기, 낱자 이름 알기, 단어 암기 속도, 음소-자소의 대응능력 등을 훈련시켰다(정은주 외, 1996). 이와 같은 쓰기 준비도가 갖춰지면 교사는 유아에게 써 놓은 글자 베껴 쓰기, 낱자나 단어의 반복적 쓰기, 예쁜 글씨 쓰기, 맞춤법 교육을 하며 점차 어려운 낱자와 단어를 쓰도록 시킨다. 그리고 학습 효과를 평가하기 위하여 받아쓰기를 한다.

부호중심 접근법의 문자언어교육에 대한 기본 가정은 다음과 같다.

- 문자언어는 자연적으로 획득되는 음성언어와 달리 가르쳐야만 학습할 수 있다.
- 읽기와 쓰기는 별개의 교과이다.
- 쓰기 교육은 읽기를 학습한 후에 가능하다.
- 유아의 읽기 · 쓰기 능력은 성인 수준의 표준적 형태일 경우에만 인정한다.
- 문자교육의 목표는 글자의 올바른 해독(decoding)과 부호화(encoding)에 있다.
- 유아는 철자법과 음소구성(phonemic segmentation) 원리를 학습해야 한다.
- 읽기 · 쓰기 교육을 위해서는 읽기 준비도와 쓰기 준비도가 먼저 선행되어야 한다.
- 문어학습의 방향은 낱자→단어→문장→이야기로 나아가는 상향식 접근(bottom-up approach)이다.
- 낱자나 낱말 수준의 언어 학습을 강조한다.

- 문자언어 학습은 언어의 기능적인 사용보다는 형식적 지식에 초점을 둔다. 따라서 교사의 역할은 언어모델을 제공하고 유아로 하여금 반복하도록 지시하는 것이다(이영자, 1994).
- 플래시 카드와 같은 방법을 사용하며, 글의 목적이나 의미에는 관심이 없다.

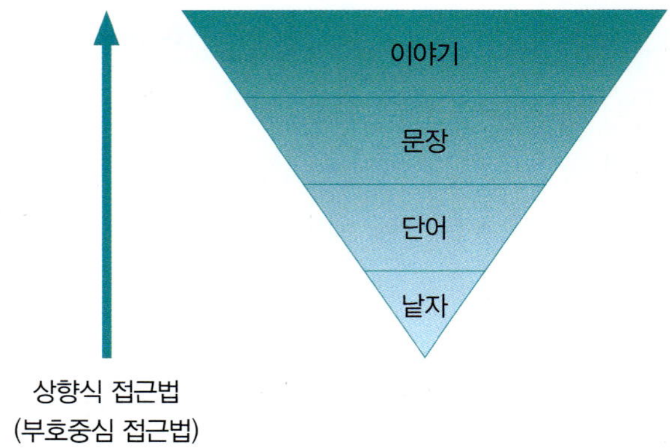

[그림 5-1] 부호중심 접근법의 모형

부호중심 접근법의 교수방법은 유아의 자발적인 선택이나 참여보다는 교사가 주도적으로 학습을 계획하여 알려 주는 성인 중심의 교수법을 사용한다. 따라서 효과적인 문어학습을 위해서는 무엇보다도 체계적이고 단계적인 교수계획이 중요하며, 적절한 모델링과 강화를 통한 직접적인 교수방법이 가장 좋다고 본다. 또한, 부호중심 접근법에서는 개별 유아의 동기나 적성에 관심을 두지 않기 때문에 주로 대집단 교수활동이 이루어지며, 평가 또한 성인 중심의 획일적인 표준화 평가를 선호한다

부호중심 접근법은 다음과 같은 특징을 지닌다(Cahill, 1989; 박혜경 외, 1999, 재인용).

- 유아교육기관의 하루 일과를 통해 읽기와 쓰기가 통합되지 않고 형식적으로 조직되며, 매우 구조적인 형태의 활동을 한다.
- 교사의 직접적인 감독하에 대집단 교수를 많이 한다.

- 유아는 책상에서 종이와 연필을 가지고 교사가 부과하는 과제 쓰기를 한다.
- 또래와의 상호작용은 거의 없이 조용히 활동한다.
- 출판된 연습지를 사용하며 표준적인 글자를 강조한다.
- 낱말 카드 읽기와 같은 의미와 관계없는 기술적인 활동을 많이 한다.

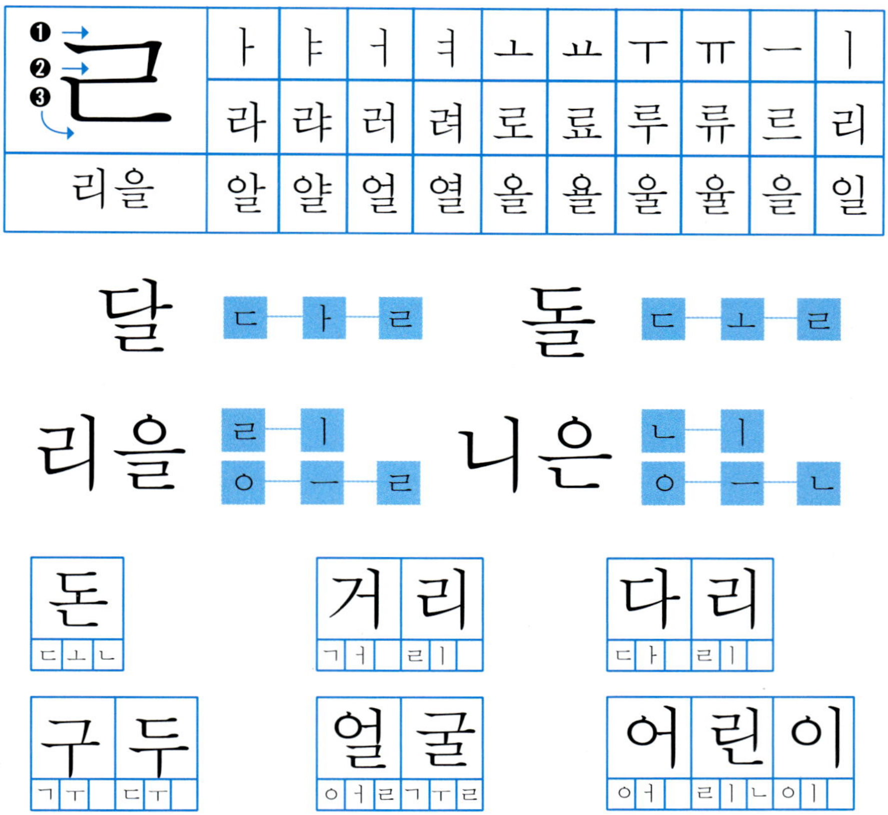

[그림 5-2] 부호중심 접근법의 예

출처: 나랏말 아이들(2009).

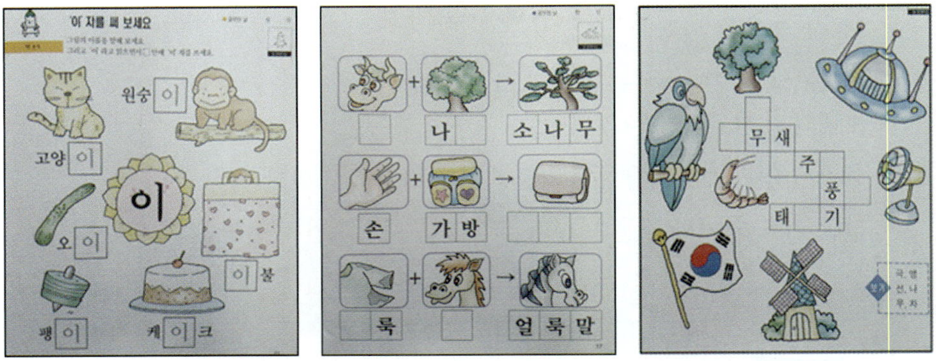

[그림 5-3] 부호중심 접근법의 예

출처: 연필 잡고 한글(2001).

〈표 5-1〉 부호중심 접근법의 장단점

	부호중심 접근법
장점	• 자모음의 과학적으로 결합된 한글 지도에 용이하다. • 발음의 규칙성을 지도하기 쉽다. • 맞춤법 학습과 바른 글자 쓰기 지도에 도움이 된다.
단점	• 너무 분석적이고 논리적이어서 유아 발달에 적합하지 않다. • 문자 자체의 읽기에 관심을 두며, 의미 파악에 관심이 없다. • 받침이 있는 음절, 연음이 있는 단어 읽기에 어려움이 있다. • 기계적 반복과 훈련이 읽기 · 쓰기에 대한 흥미를 감소시킨다.

2. 총체적 언어 접근법

총체적 언어 접근법(whole language approach)은 상호작용이론에 기초한 접근법으로 행동주의의 부호중심 접근법의 대안으로 나온 언어교수 방법이다. 총체적 언어 접근법은 유아교육 현장의 교사가 유아의 흥미와 동떨어져 가는 현장에 문제를 제기하고 좀 더 유아의 생활에 밀접하고 흥미 있는 언어교육 환경을 만들고자 하는 노력에 의해 시작되었다. 그러므로 총체적 언어 접근법은 실제(practice)에 바탕을 둔 이론이며(Edelsky et al., 1991), 언어습득 과정에 대한 믿음이자 교실에서의 학습 지침이다.

1) 총체적 언어 접근법의 배경 이론

[그림 5-4] 총체적 언어에 영향을 준 이론

총체적 언어 접근법은 한 가지 이론에서 도출된 언어 접근법이 아니다. 전통적인 언어 교수법의 대안을 찾기 위하여 언어학자와 심리학자 등 여러 학자들의 이론과 철학, 유아교육 교수법에서 다양하게 영향을 받아 통합적으로 탄생하였다. 총체적 언어에 영향을 준 학자는 다음과 같다(이성은, 1994).

코메니우스(Comenius)는 세계 최초의 그림책인 『세계도회(*Orbis sensualium pictus*)』(1658)를 통해, 유아에게 친숙한 그림을 통해 정보를 전달하는 학습의 장을 열었다.

듀이(J. Dewey)는 유아의 흥미와 직접경험, 자발적이고 능동적인 언어경험을 강조하면서 언어와 다른 교과가 연결된 통합교육을 주장하였다. 총체적 언어의 관점은 이러한 Dewey의 사상에 기초하여, 유아의 일상생활 속에서 이루어지는 실제적인 의사소통 경험을 중시한다.

한편, 총체적 언어 관점은 상호작용주의와 구성주의를 표방한 피아제(J. Piaget)의 사상에도 뿌리를 두고 있다. Piaget는 유아가 환경과 상호작용하는 과정에서 능동적 역할을 수행하며 지식을 스스로 구성한다고 보았다. 따라서 총체적 언어 관점에서는 유아의 언어습득도 외부에서 주어진 자극을 수동적으로 흡수하는 것이 아니라, 언어 환경 안에서 의문과 탐구, 실험적 사고를 통해 유아 스스로 언어지식을 구성한다고 보는 것이다.

Vygotsky 역시 유아가 환경과 상호작용하면서 지식을 구성한다고 보았다. 비고츠키(L. Vygotsky)는 유아의 언어발달에 있어서 사회적 상호작용의 중요성을 강조하였다. 자신이 속해 있는 사회의 맥락 속에서 그 사회의 언어를 내면화한다고 믿었던 그는 유아의 발달 수준 사이에는 근접발달영역이 존재하며, 성인의 비계설정을 통해 발달을 앞당길 수 있다고 보았다. 따라서 Vygotsky의 관점을 토대로 한 총체적 언어 관점은 유아의 언어발달을 돕기 위해 교사, 성인, 발달이 빠른 또래의 사회적 지원이 중요함을 시사하여 혼합연령 집단 구성을 주장하기도 하였다.

마지막으로 총체적 언어에 영향을 미친 홀리데이(Halliday)는 언어는 실생활 속에서 지속적으로 사용함으로써 습득된다고 믿었다. 어른들이 언어를 실제적 목적과 필요에 의해 사용하듯이, 유아의 언어습득 과정도 이러한 실제적 목적과 필요에 근거해 이루어진다는 것이다. 따라서 halliday는 유아의 언어습득을 위해 학급에서 자연스럽게 언어의 목적과 필요성을 깨닫게 해 주어야 한다고 주장한다.

2) 총체적 언어 접근법에 영향을 준 교수법

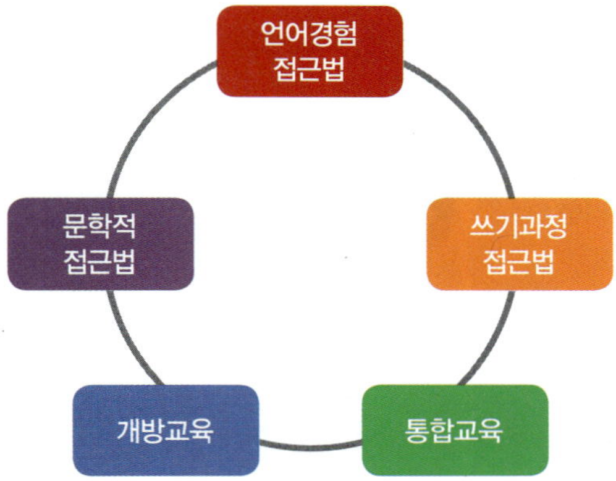

[그림 5-5] 총체적 언어에 영향을 준 교수법

총체적 언어 접근법이 여러 이론에 근거하여 출발한 것과 마찬가지로 그들이 사용하는 교수방법은 다양하다. 언어교육의 관점에서 언어경험 접근법, 쓰기 과정 접근법, 문학적 접근법의 원리를 따르고 있으며, 유아교육 프로그램의 관점에서는 개방교육과 통합교육의 관점을 지지한다.

(1) 언어경험 접근법(language experience approach)

언어경험 접근법은 유아가 겪는 일상적 경험을 언어교육의 자료로 사용한다. 유아가 생활 속에서 경험한 것에 대한 자신의 느낌과 생각을 말이나 글로 표현하도록 하고 교사는 그것을 다시 읽기 자료로 활용하는 방식을 제안한다. 이 방법은 우선적으로 유아의 경험이 중시된다. 실제 경험을 바탕으로 유아가 자신의 생각을 말로 표현하거나 쓰고, 유아가 쓴 글을 다시 읽는 순환의 과정을 거치기 때문에 교육의 과정은 매우 생생하고 유아 중심적이다. 유아는 교실에서 일어나는 또래와의 상호작용 경험을 확장시켜 자신의 주변 지식을 넓히고 그 경험을 말과 글로 표현하고 이해하며 문자언어 능력을 향상시키게 된다. 이때 글을 쓸 줄 모르는 유아는 그림으로 표현하거나 교사의 도움을 받을 수 있다. 유아가 만든 자료를 친구들과 함께 읽으며 의견을 교환하는 것은 읽기 · 쓰기에 대한 유아의 흥미를 지속시키고 학습 동기를 자극하여 문자언어의 기초 기능 습득을 향상시킬 수 있다.

[그림 5-6] 언어경험 접근법의 과정

(2) 문학적 접근법(literature based approach)

문학적 접근법은 총체적 언어의 철학에 가장 잘 부합하는 교수방법으로 문학, 즉 질 좋은 그림책을 사용하여 문해와 사회적 맥락을 가르치고자 한다. Rosenblatt(1986)은 책을 읽는 과정에서 일어나는 독자와 본문(text) 간의 풍부한 관계를 상호 교류(transaction)로 설명하고, Goodman(1986)은 언어와 사고를 읽기에 적용하며 문학적 접근법이 유아의 언어교육을 위해 가장 적절함을 주장하였다. Routman(1988)도 유아기 언어 학습을 위해서는 문학이 강력한 교수 매체라고 하였고, Cullinan(1992) 역시 문학에 기초한 언어 학습을 총체적 언어 관점에서 지지하며, 문학작품 속의 언어가 언어활동의 심장부라고 하였다. 문학적 접근법은 유아기 언어 학습을 위해 좋은 문학작품을 읽고 쓰는 과정에 유아가 능동적으로 참여할 것을 권한다. 따라서 유아를 위한 바람직한 언어 학습은 실제로 좋은 이야기책을 재미있게 듣고 읽는 교수전략을 지향한다.

문학적 접근은 1980년대 이후, 총체적 언어교육법이 알려지면서 더욱 관심을 가지게 되었다. 유아의 문자언어능력은 어릴 때 가정에서 부모와 함께 한 책 읽기 경험에 크게 영향을 받는다는 연구 결과와 가정에서 책 읽기 경험(shared book experience)을 한 아동이 그렇지 않은 아동보다 학교에서의 읽기 성취에 성공적이었다는 연구결과는 교사뿐만 아니라 부모도 언어교육을 위한 문학적 접근에 관심을 가지도록 하였다. 문학적 접근법이 유아의 언어교육에 효과적이라는 사실뿐 아니라, 다양한 주제의 문학작품을 통한 수학교육, 과학교육, 도덕교육, 사회교육, 창의성 교육 등이 인기를 끌게 되었다.

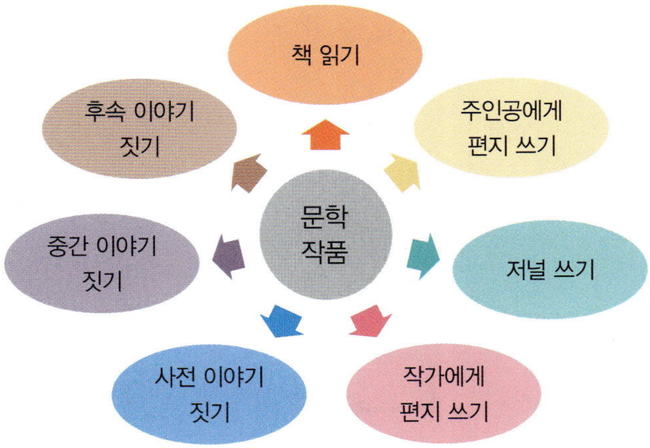

[그림 5-7] 문학적 접근법의 활동 사례

(3) 쓰기 과정 접근법(writing process approach)

쓰기 과정 접근법은 유아로 하여금 진짜 작가가 글을 쓸 때 거치는 창작의 단계를 경험하도록 하는 방법이다. 즉, 예비 쓰기, 초고 쓰기, 교정하기, 편집하기, 출판하기의 과정을 거치는 쓰기 활동을 하는 것이다. 예비 쓰기 단계에서 교사는 유아가 자신이 관심 있는 쓸거리(주제)를 선택하여 생각을 모으게 한다. 다음 초고 쓰기 단계에서 자신이 정한 주제와 앞에서 모은 생각에 초점을 두고 글을 쓰도록 한다. 이 단계에서는 쓰기의 기술적 측면보다는 사고나 생각, 느낌을 표현하는 것에 더 중점을 두며, 창안적 쓰기(invented spelling)를 격려한다. 교정하기 단계에서는 유아가 쓴 글에 관해 또래 및 교사와 함께 생각을 나누며 쓴 글의 내용을 살핀다. 다음 편집하기 단계에서는 맞춤법, 띄어쓰기, 구두점과 같은 쓰기의 기술적 측면을 학습하며 표준적 쓰기에 맞게 수정한다. 마지막으로 출판하기 단계에서는 편집된 글을 책의 형태로 만들어 본다.

쓰기 과정 접근법은 직접 책을 만들어 보는 과정을 통해서 유아가 작가가 된다는 실제적인 목표와 흥미를 가지고 쓰기 활동을 하고 자연스럽게 문자언어에 대한 지식을 습득할 수 있다(박혜경, 1991). 또한, 자신이 쓴 글과 친구들이 쓴 글을 여러 번 읽어 봄으로써 읽기와 쓰기를 자연스럽게 연결시켜 주는 장점이 있다. 따라서 이 접근법은 총체적 언어의 교수전략 중 한 부분으로 사용되기도 한다.

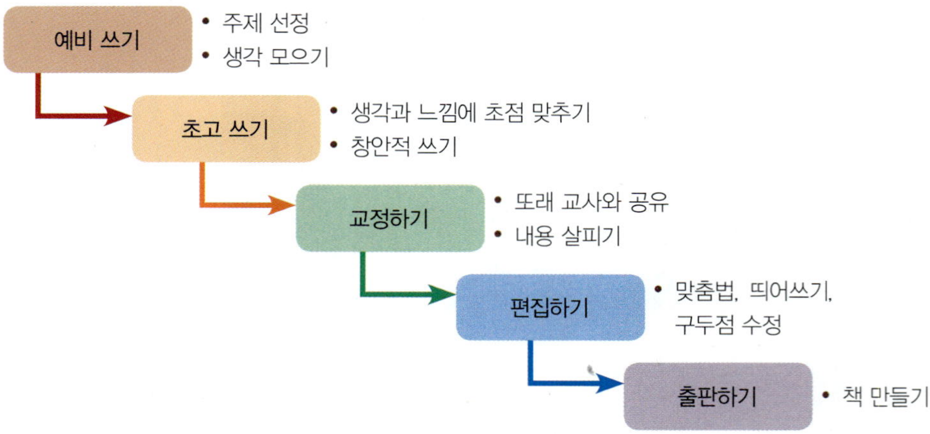

[그림 5-8] 쓰기과정 접근법의 과정

(4) 개방교육(open education)

개방교육은 1960년대 후반과 1970년대, 영국의 유아 학교를 통해 널리 알려진 프로그램으로 인본주의 철학을 바탕으로 교실의 개방, 비형식적 교육, 통합적 하루 일과를 강조하였으며, Dewey의 진보교육 개념과도 연결된다. 개방교육은 Piaget의 구성주의 이론을 교실에 도입하여 유아를 능동적 학습자로 보고 유아주도적인 학습을 위해 풍부한 교실 환경을 강조하였다. 개방교육 프로그램의 교사는 풍부한 환경에서 유아가 호기심을 가지고 추론하는 과정을 함께 계획하고 이끌어 나가는 역할을 한다. 따라서 개방교육 프로그램의 언어교육은 전통적인 읽기 · 쓰기 방법을 거부하고, 유아의 개별 수준과 흥미에 따른 비형식적 언어경험을 강조한다.

(5) 통합교육(integrated education)

통합교육 관점에서는 교과의 구분이 유아에게 효과적이고 적절한 교육방법이 되지 못하므로 교과목 간의 통합을 주장한다. 이들은 교과란 학자와 교사의 편의에 의해 구분된 것으로 유아의 본질과는 거리가 멀다고 하였다. 유아기의 발달적 특성을 고려할 때, 실생활에 적용 가능한 살아 있는 지식을 학습하기 위해서는 유아의 흥미에 따라 주제 단위로 통합된 교육을 해야 한다는 것이다. 주제로 통합된 다양한 활동은 통합적으로 연관된 교과 내용과 기술을 다루기 때문에 언어, 수학, 과학, 문학, 음악, 미술 등의 교과가 자연스럽고 재미있게 습득될 수 있다. 이러한 통합교육의 개념은 지식의 분절을 거부하고 전체적으로 바라보는 총체적 언어 접근법에 많은 영향을 주었다.

3) 총체적 언어 접근법의 특성

총체적 언어교육이 이전의 언어교육과 다른 점은 언어교육의 목적에 대한 시각이다. 준비도를 강조한 성숙주의나 행동주의의 언어교육은 '유아가 얼마나 관습화된 언어를 잘 배우느냐'에 관심을 두었다. 그러나 총체적 언어교육에서는 '유아가 언어(구어, 문어)를 사용하여 얼마나 의사소통을 잘 하느냐'에 관심을 둔다.

인류가 언어를 사용하게 된 본래의 목적은 의사를 전달하기 위해서이다. 한 사람의 생각이나 신념, 감정을 말과 글을 통해 다른 사람에게 전달하고, 역으로 다른 사람에게서 전달받은 말과 글의 의미를 파악하고 해석하도록 돕는 것이 언어의 기능이다. 그런데 전통적인 언어교육자들은 언어의 본래 목적을 간과하였다. 그나마 음성언어 교육은 언어의 의사소통적 기능을 강조해 왔으나 문자언어 교육에서는 언어의 의사소통적 기능보다는 형식적 기능을 더 강조했다. 얼마나 틀리지 않고 유창하게 글을 읽을 수 있는가, 얼마나 철자를 틀리지 않고 글씨를 잘 쓰는가에 더 많은 관심을 두고 가르친 결과 유아는 읽기 · 쓰기는 재미없고 지겹고 어려운 것이라는 인식을 갖게 되었다. 뿐만 아니라 철자를 틀리지 않고 받아쓰기를 하고, 유창하게 글을 읽을 수는 있으나 자신의 생각과 감정을 글로 표현하는 능력이나 작가가 전달하고자 하는 글의 의미가 무엇인지를 해석하는 능력은 현저히 떨어지게 되었다(이문정, 1999).

총체적 언어교육자들은 어린 유아가 말하기와 듣기를 실생활에서 사용하면서 배우듯이 읽기와 쓰기도 실제로 사용해 봄으로써 배워야 한다고 주장한다. Hannon(2000)은 유아가 실제 목적을 가지고 읽기 · 쓰기에 참여할 때 문해가 발달한다고 하였다. 이는 통제받지 않는 자유로운 일상생활 속에서 문자를 사용하는 것을 의미하며, 부모나 친구에게 사랑한다는 편지를 쓰고, 하루 동안 있었던 재미난 일을 기록하고, 갖고 싶은 것이나 부탁하고 싶은 말을 표시하는 과정에서 자연스럽게 읽기 · 쓰기를 배울 수 있다. 올바른 철자만 강조하는 것이 아니라 언어의 의사소통적 기능을 생각한다면, 유아의 모든 그림이나 표시, 발명적 글자 모두를 문해로 볼 수 있으며, 이를 의미 있는 문해 경험으로 만들기 위해서는 부모와 교사와 같은 주변 성인의 역할이 중요하다.

4) 총체적 언어 접근법의 교수방법

총체적 언어 접근법에서는 문자언어의 학습 과정이 음성언어의 학습과정과 다르지 않음을 강조하며, 문자언어도 매우 어린 시기부터 실생활에서 자연스럽게 습득할 수 있다고 본다. 그리고 총체적 언어 접근법에서 학습의 주체는 유아이다. 따라서 반드시 실제적이고 자연스러운 언어활동을 통해 유아 스스로 언어를 학습하도록 해야 한다. 즉, 말이나 글을 정확하게 사용하도록 강요하기보다는 유아가 점진적으로 깨우칠 수 있도록 문해 환경을 계획하고 격려해야 한다. 유아는 일상생활 속에서 자연스럽게 언어를 사용하게 되면 잘 모르는 언어라 할지라도 틀리는 위험을 무릅쓰고 도전하게 되며, 이러한 오류와 실수의 과정을 통해 언어 사용 능력을 키울 수 있게 된다. 따라서 총체적인 언어 접근법에서는 교실 환경 곳곳에서 말하기, 듣기, 읽기, 쓰기의 필요를 느껴 자발적으로 참여하도록 하는 것이 중요하다.

총체적 언어 접근법의 문자언어 학습에 대한 기본 가정은 다음과 같다.

- 문자언어도 음성언어와 마찬가지로 의사소통을 위한 자연스러운 방법으로 학습되며, 읽기 발달과 쓰기 발달은 통합적으로 이루어진다.
- 유아는 어린 시기부터 풍부한 문어 환경이 주어진다면 문어에 대한 지식을 스스로 구성할 수 있다.
- 문어학습은 낱자보다는 전체적인 문자언어의 의미와 인식을 강조한다.
- 문어학습의 방향은 전체 이야기→문장→단어→낱자로 나아간다. 이런 의미에서 부호중심 접근법의 상향식 접근과는 반대로 하향식 접근법(top-down approach)이라고 한다.

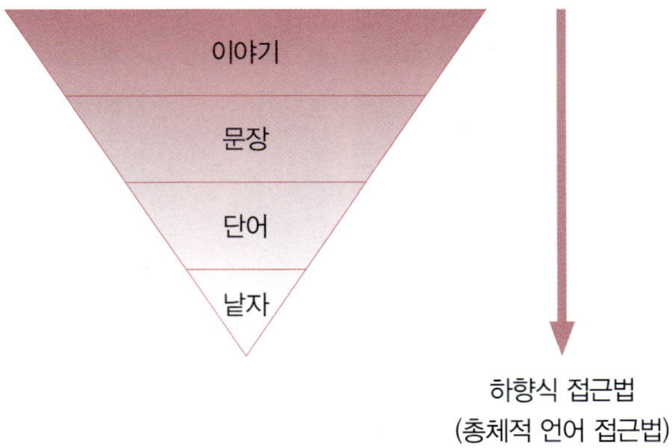

[그림 5-9] 총체적 언어 접근법의 모형

글 없는 그림책에 이야기 짓기(『꿀』, 『사과와 나비』)

『무지개 물고기』 동화 듣기 – 퍼즐 맞추기 – '무지개 물고기' 에게 편지 쓰기

[그림 5-10] 총체적 언어 접근법의 예

총체적 언어 접근법은 세 가지 의미의 통합을 갖는다. 첫째는 전체적인 의미의 통합이다. 언어를 분절된 낱글자로 가르치는 것이 아닌 전체적인 의사소통 측면에서 접근해야 한다. 둘째는 언어 영역의 통합이다. 듣기, 말하기, 읽기, 쓰기의 언어 영역이 따로따로 발달하는 것이 아니라 동시에 통합적으로 발달하기 때문이다. 셋째는 교과의 통합이다, 언어교육은 다른 모든 교과와 통합하여 가르쳐야 한다(박혜경, 1991).

〈표 5-2〉 부호중심 접근법과 총체적 언어 접근법의 비교

	부호중심 접근법	총체적 언어 접근법
이론	• 행동주의	• 구성주의, 사회적 상호작용주의
기본 가정	• 음성언어와 문자언어는 별개 • 문자언어는 가르쳐야 한다.	• 음성언어와 문자언어 통합 • 언어는 일상생활 속에서 자연스럽게 습득
교수방법	• 글자 독해 중심 • 해독기술 습득 • 완전한 직접적 발음 지도 • 상향식 접근법 • 낱말 카드 읽기 • 표준적 읽기, 쓰기 강조 • 준비도 교육 • 음성언어 학습 후 문자언어 학습	• 의미 중심 • 문장 이해 중심 • 자연적 습득 • 하향식 접근법 • 이야기책 읽기 • 유사 읽기, 창안적 쓰기 강조 • 발생적 문해 • 음성언어와 문자언어 함께 학습
교사역할	• 교수자, 모델링	• 상호작용, 촉진자
교재 · 교구	• 낱말 카드 • 기초독본 • 연습지	• 풍부한 문해 환경 강조 • 실제 경험 활동 • 그림책
수업형태	• 대집단 • 책상에 앉아 종이와 연필로 활동 • 또래와 상호작용 없음 • 일과 활동과 별개 활동	• 대집단, 소집단, 개별활동 • 또래와 상호작용 강조 • 성인과 함께 책 읽기 • 일과 활동과 통합(주제 중심)
평가	• 결과 중심 평가 • 표준화 검사	• 과정 중심 평가 • 포트폴리오

3. 균형적 접근법

균형적 접근법은 총체적 언어의 문제점을 보완하려는 의도에서 시작되었다. 언어교육에서 부호중심 접근법은 기술을 강조하였고, 총체적 언어 접근법에서는 유아의 흥미를 중요시하였다면 균형적 접근법에서는 유아의 흥미와 기술, 두 요소를 모두 포함한다. 이는 한 가지 방법이 모든 유아에게 효과적일 수 없다는 것을 전제로 다양한 학습 스타일을 가진 유아의 요구를 다양한 방법을 사용하여 충족시켜 줌으로써 읽기 성취를 격려한다는 데 목적을 둔다.

1) 균형적 접근법의 출현 배경

1980년대 이후, 총체적 언어 접근법이 유아의 언어교육에 많은 긍정적인 변화를 가져왔지만 총체적 언어 접근을 시도한 지 10년 후인 1990년대 초부터 미국 어린이의 읽기 능력 저하 현상이 나타나며, 이 현상이 총체적 언어 학습법과 관련이 있다는 의견이 나타나기 시작하였다. 다시 음운 인식(phonological awareness)과 해독기술을 체계적으로 가르쳐야 한다는 주장(Adams, 1990; Lyon, 1998), 인간은 철자법에 대한 지식을 가지고 태어나는 것이 아니므로 가르쳐야 한다는 주장(Hancock & Wingert, 1996)이 대두되었다. 이들에 따르면 유창한 읽기를 하지 못하는 유아 대부분은 낮은 메타언어 지식과 낮은 음운 인식 능력을 가지고 있기에 반드시 체계적이고 직접적인 가르침이 필요하다는 것이다. 총체적 언어 접근법은 유아에게 직접적으로 낱자의 소리나 음운 규칙을 가르치는 것보다 자연스러운 읽기 · 쓰기를 통해 유아 스스로 깨닫게 하는 것이 효과적이라고 주장하지만, 대부분의 저소득층 유아는 인쇄물을 자주 접하지 못하며, 중산층 유아의 상당 부분도 충분한 문해 활동이나 책을 경험하지 못한 채 학교에 들어가고 있으므로(Mcpike, 1995) 현실적으로 많은 유아가 총체적 언어교육의 효과를 보지 못하고 있는 실정이었다. 결국, 이러한 유아에게는 말과 글의 관계를 이해할 수 있도록 음운지식을 가르쳐 주는 것이 필요하다는 의견이 힘을 얻게 되었다.

결정적으로 미국 연방학력평가원(National Assessment of Educational Progress) 학력평가에서 총체적 언어교육을 적극적으로 도입한 캘리포니아 주의 읽기 성적이 전국 하위권으로 하락하면서 총체적 언어교육의 실패가 언급되기 시작하였다(Teale & Yokota, 2000). 이 결과는 음운 중심(phonic approach)이냐, 의미 중심(meaning approach)이냐의 문제로 언어교육을 양분화하고 '읽기 전쟁(reading war)'이라고 표현될 정도로 치열한 논쟁을 일으키게 하였다. 그러나 균형적 접근법의 등장으로 음운과 의미를 대립되는 개념으로 보지 말고 결합시키자는 시도가 이루어졌다. 즉, 어린 시기부터 좋은 문학과 이해를 중심으로 한 언어 학습을 유지하면서 체계적인 음운교육을 병행하자는 것이다. 이처럼 균형적 접근법은 총체적 언어 접근법과 부호중심 언어 접근법을 실제 교육 현장에 적용하면서 좀 더 유아 개개인의 요구와 필요에 부응하는 교육을 실시하고자 하였다. 결국, 총체적 언어 접근법이든, 부호중심 접근법이든 모든 유아에게 적합한 한 가지 방법은 없다는 것이다. 모든 유아가 좋은 교육을 받기 위해서는 개개 유아의 특성과 환경, 발달적 요구에 따라 여러 가지 교수법을 적절하게 사용해야 하며, 균형적 접근법은 이러한 개별화 교육의 필요에 의해서 나타난 것이라고 볼 수 있다.

2) 균형적 접근법의 특성

균형적 접근법에서는 언어를 어떻게 효과적으로 가르치느냐에 관심을 가진다(Groff, 1989). 총체적 언어 접근법은 의미 있는 실제 상황에서 언어를 가르칠 것을 주장하고 부호중심 접근법은 체계적이고 직접적인 교수를 주장하지만, 균형적 접근법은 양자택일이 아닌 유아 개인에게 초점을 맞췄다. 언어 학습에 있어서 개별 유아가 가진 어려움을 파악하고 그 약점을 보완하기 위한 방법을 찾는 데 관심을 기울였다. 추상적인 기술적 요소를 무시하는 것도 잘못(총체적 언어 접근법)이며 의미 있는 문해 경험의 통합을 소홀히 하는 것(부호중심 접근법)도 잘못이라는 판단하에 두 접근법을 통합하고자 하였다. 이 두 가지가 통합될 때 유아에게 진정한 읽기 · 쓰기의 경험과 목적, 기쁨, 의미를 모두 가져다줄 수 있다고 보았다(이은화 외, 2001).

균형적 접근법은 총체적 언어 접근법의 가정에 더 많은 비중을 둔다. 언어교육은 언어의 의미 구성이나 표현과 같은 의사소통을 강조하며, 실생활 속에서 필요와 흥미에 의해 자연스럽게 배워야 한다고 믿는다. 그러나 언어 환경에 노출되는 것만으로도 자연스럽게 습득되는 음성언어와는 달리, 문자언어는 문자 환경에 노출되는 것만으로 습득하기는 어렵다. 문자언어의 자연스러운 습득은 풍부한 문어 환경 안에서 성인과의 다양한 상호작용에 의해 촉진될 수 있지만, 그럼에도 불구하고 유아의 특성에 따라 자연스러운 문자언어의 습득은 어려울 수 있다는 점을 기억해야 한다.

3) 균형적 접근법의 교수방법

총체적 언어 접근법이 전체적 접근(global approach)인 반면 부호중심 접근법은 분석적 접근(analytic approach)이다. 어떤 유아는 전체적 접근법으로 더 잘 배우고 어떤 유아는 분석적인 접근으로 더 잘 배우므로 균형적 접근법에서는 두 접근법을 결합하여 가르치는 것이 적절하다고 주장한다(Carbo, 1995). 따라서 문자언어 교육의 큰 틀은 문학 중심, 유아의 선택 존중, 흥미 위주, 자연스러운 글쓰기에 초점을 맞추면서 음운교육이 필요한 유아에게 소그룹으로 단어 중심 음운학을 가르치는 방법을 제시한다. 실제로 총체적 언어의 틀에서 음운학을 가르쳤을 경우 읽기 · 쓰기의 기술, 태도, 행동의 모든 면에서 지속적인 효과가 있는 것으로 나타났다(Farris, 2001). 그러므로 균형적 접근법이 추구하는 유아의 읽기 경험은 이야기→문장→낱말→낱자의 순으로 이루어지는 총체적 언어 접근법의 틀을 지지하며, 그 안에서 낱자→낱말→문장→이야기 순의 음운 중심 교수를 병행할 것을 추구한다.

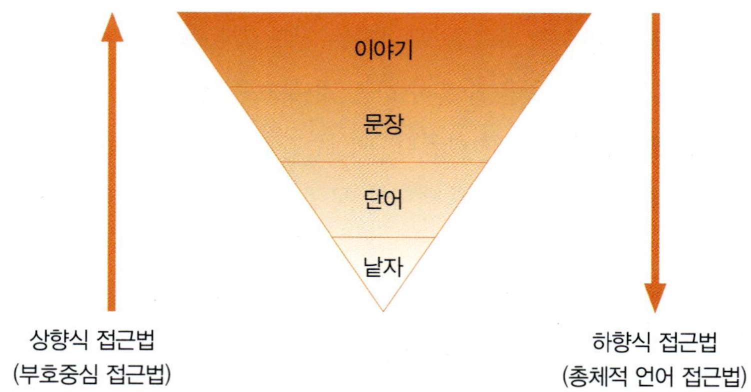

[그림 5-11] 균형적 접근법의 모형

하지만 언어교육자들은 균형적 접근법이 총체적 언어 접근법과 부호중심 접근법을 단순히 섞어 놓은 것이 아님을 강조한다. 총체적 언어 접근법은 읽기 행동의 비중과 이해에 효과적이고, 음운교육을 강조하는 부호중심 접근법은 단어 재인,

특히 모르는 단어의 재인에 효과적이다. 따라서 총체적 언어와 부호중심 접근법의 장점을 취한 잘 균형 잡힌 프로그램(well-balanced program)이 되어야만 모든 유아가 읽기를 사랑하도록 만들 수 있다(Joslin, 1994; Mcpicke, 1995). 결국, 음운 인식을 지나치게 강조해서는 안 되고 기술 중심의 읽기나 철자 교육을 제한하여야 한다. 유아가 즐겁게 책을 읽고 해석하도록 하기 위해서는 의미와 연결시키는 해독법을 가르치는 것이 중요하다(Adams, 1990).

[그림 5-12] 균형적 접근법 안에서의 균형

[그림 5-12] 균형적 접근법 안에서의 균형

균형적 접근법에서 교사의 역할은 매우 중요하다. 총체적 언어 접근법과 부호중심 접근법 사이에서 균형을 잡는 것이 교사이기 때문이다. 서로 다른 배경을 가진 개별 유아의 균형점이 다르기 때문에(Flippo, 1999) 균형적 접근법은 유아 개인별 개별화 교육을 지향한다. 교사는 잘 균형 잡힌 언어교육 접근법을 적용하기 위해 유아의 개인별 특성, 언어발달 정도, 환경을 고려하여 교수방법, 집단 구성, 교재 제공의 다양성을 제공하여야 한다(이문정, 2004). 균형적 접근법의 교수방법을 정리하면 다음과 같이 세 가지로 요약된다.

① 균형적 접근에서는 교사 중심의 교수와 유아 중심의 학습을 다양하게 하여야 한다.

교사 중심의 교수는 기술적인 지식을 발달시키고 유아 중심의 학습은 전체적 지식과 정의적 태도를 발달시키기 때문에(Fitzgerald, 1993) 음운교육은 교사 중심 교수방법이 적합하다.

유아는 말을 하는 동안 음절에 집중을 하지 못하고 음절을 분리하여 지각하기 어렵다. 특히, 언어 학습에 어려움을 겪는 유아는 대부분 음운 인식이 부족한 것으로 나타나기 때문에 소리와 글자와의 관계는 직접적으로 가르치는 것이 효과적이며, 특히 읽기 · 쓰기 능력이 떨어지는 유아에게는 더 분명히 가르쳐야 한다(Ball 1993; Ball & Blachman,1991). 동시에 전체적인 지식과 정의적인 태도를 발달시키기 위해서는 유아가 문자언어에 대한 지식을 얻을 수 있도록 지식의 자원(source)을 다양하게 하여 유아 중심의 학습이 일어나도록 해야 한다. 즉, 주변 환경과 부모, 교사, 유아와 같은 다양한 자원을 모두 활용함으로써 읽기 · 쓰기에 대한 흥미와 능동적인 태도를 유지시키고 자발적인 학습이 일어나도록 해야 한다(Flood, Lapp, Flood, & Nagel, 1992). 따라서 교육목표와 유아 개인의 특성에 따라 지적해 주기, 설명해 주기, 모델 보여 주기, 지식 전달해 주기 등과 같은 밖에서 안으로(outside-in)의 교수방법에서부터 환경 만들어주기, 호기심 자극하기, 촉진시키기 등과 같은 안에서 밖으로(inside-out)의 교수방법이 다양하게 제공되어야 한다.

② 균형적 접근법에서는 집단 형성을 유동적이고 다양하게 해야 한다.

Metrsala(1997)는 유치원과 초등학교 저학년에서 언어교육을 성공적으로 실시한 교사들을 조사한 결과, 교실 내에서 대집단/소집단/개별 학습이 골고루 이루어지고 있었으며, 성취 수준에 따라 유능한 유아와 도움이 필요한 유아가 함께 활동하는 능력별 혼합집단과 능력별로 구분된 집단활동이 다양하게 제공되었음을 발견하였다. 특히, 이러한 집단 형성은 유아의 개별적인 필요에 따라 매우 융통적으로 운영되고 있었다. 따라서 집단 크기별, 능력별 다양성을 제공함으로써 교사-유아, 유아-유아 사이에 다양한 수준의 상호작용이 풍부하게 일어날 수 있도록 유아의 읽기 · 쓰기 발달을 지원해 주어야 한다.

③ 균형적 접근법에서는 다양한 교재가 제공되어야 한다.

성공적인 문자교육을 위해서는 언어교육의 목표에 따라 다양한 자료를 사용해야 한다. 읽기 · 쓰기에 대한 전체적 지식과 정의적 태도 발달을 위해서는 좋은 책과 신문, 잡지 등을 제공해야 하고, 부분적인 지식 발달을 위해서는 쉬운 읽기 자료, 큰 책, 음운이 반복적인 쉬운 책 등을 제공해야 하며, 그 밖의 낱말카드, 시, 그림, 문자 관련 놀잇감 등의 다양한 재료를 제공해야 한다(Farris, 2001; Flood, Lapp, Flood, & Nagel, 1992; McGuiness, 1997).

4) 균형적 접근법의 실제

균형적 언어 접근법의 구체적인 교수방법으로 크게 일과 활동에 기초한 언어활동, 책 읽기를 포함한 문학에 기초한 언어활동, 단어 및 음운학습을 위한 언어활동의 세 가지로 요약할 수 있다. 이 중 일과 활동에 기초한 언어활동과 문학에 기초한 언어활동은 총체적 언어 접근법에 근거를 둔 활동이며, 단어 및 음운학습을 위한 언어활동은 부호중심 접근법에 근거한 활동으로 볼 수 있다.

일과활동에 기초한 언어활동	문학에 기초한 언어활동	단어 및 음운학습을 위한 언어활동
• 하루 일과에 따른 활동 • 흥미영역 및 대소집단 활동	• 양질의 책 읽기 • 책 읽기 후 확장 활동	• 음운학습 활동 • 단어학습 활동

[그림 5-13] 균형적 언어 접근법의 실제

(1) 일과 활동에 기초한 언어활동

일과 활동에 기초한 언어활동은 유아의 하루 일과 안에서 일어나는 일상적 경험을 읽기 · 쓰기 활동으로 연결하여 문자언어 발달을 도모하는 활동이다. 즉, 유아들에게 의미 있는 읽기 · 쓰기 활동을 제공하여 개념 및 어휘발달뿐만 아니라 읽기 · 쓰기 능력을 발달시키는 의미 중심 읽기 지도방법이다. 이 활동은 일과 활동이 일어나는 과정에서 유아의 생각을 말로 표현하게 하고, 유아의 말과 생각을 이미 알고 있는 단어로 기록하게 한 후 이를 다시 읽기 자료로 활용하는 방법이다. 현장 관찰이나 특별활동 같은 재미있는 경험을 중심으로 기록하도록 하는데, 이렇게 기록된 자료는 유아 자신의 생각과 말에서 나온 글이므로 자연스럽게 의미도 있고 흥미도 갖게 된다. 유아가 자신의 이야기를 글로 쓸 수 없을 경우는 그림을 그리거나 교사의 도움을 받을 수 있다. 자신의 말을 글로 적는 과정에서 유아는 문자언어와 음성언어의 관계를 보다 쉽게 파악하게 되고 단어와 문자의 개념을 발달시킬 수 있다. 유아들이 함께 만든 읽기 자료를 친구들과 읽어 보고 의견을 교환하는 것은 읽기 흥미를 지속시키고 읽기 학습 동기를 자극하여 읽기의 기초 기능을 향상시킨다.

일과 활동에 기초한 읽기 · 쓰기 활동을 유아교육 현장에서 효율적으로 실행하기 위해서는 계획하기, 경험하기, 대화하기, 기록하기, 읽기의 단계를 거쳐야 한다(이차숙, 2004).

[그림 5-14] 일과에 기초한 읽기 · 쓰기 활동의 단계

❶ 계획하기

교사는 하루 일과 중 읽기 · 쓰기 활동을 포함시킬 활동을 계획한다. 만일, 현장학습이 일과에 포함되어 있다면 현장학습에 가기 전에 어떤 이야기를 나눌 것인지, 현장학습을 다녀온 후에 어떤 내용을 기록하게 할 것인지 미리 생각하여야 한다. 예를 들면, 가지고 가야 할 물건은 어떤 것이 있는지, 현장학습에 가서 무엇을 알고 싶은지, 주의사항은 어떤 것이 있는지, 현장학습의 구체적인 위치를 유아와 함께 지도에서 찾아볼 수도 있다. 현장학습을 다녀온 후에는 어떤 경험을 기록할 것인지, 어떤 방식으로 표현하게 할 것인지, 집단의 형태는 어떻게 구성할 것인지, 유아의 관심을 지속시킬 방법 등에 대해 미리 계획해야 한다.

❷ 경험

유아의 경험을 언어로 표현하게 하기 위해서 교사는 먼저 재미있고 의미 있는 경험을 다양하게 제공하여야 한다. 즐겁게 자발적으로 참여한 활동은 유아에게 다양한 이야깃거리와 쓸거리를 제공한다. 유아는 의미 있는 경험을 해야만 표현할 내용이 있다는 사실을 잊어서는 안 된다.

❸ 대화

하루 일과 활동에 대한 자연스러운 이야기나누기는 유아가 자신의 경험을 언어로 표현하면서 자신의 경험들을 연결 짓고 개념화하여 사고와 지식을 확장시킬 수 있게 한다. 따라서 교사는 대집단 또는 소집단으로 유아가 자신의 경험을 표현하고 공유할 수 있도록 대화의 기회를 다양하게 제공해야 한다.

❹ 기록

교사는 일과 활동 중 유아가 경험하고 표현한 말과 느낌을 기록하도록 돕는다. 유아는 자신의 경험이 기록되는 것을 보면서 자신의 생각과 말이 글의 형태로 바뀌는 것을 알 수 있다. 교사는 개별 유아의 경험을 개인별 기록지에 받아써 줄 수도 있고, 소집단이나 대집단으로 경험을 공유할 수 있도록 큰 종이나 게시판 또는 화이트보드에 기록하게 할 수도 있다. 또 어떤 경우에는 유아가 그림으로 경험을 나타내게 하고 그림에 대한 설명을 교사가 받아 적어 줄 수도 있다. 이때는 되도록 유아가 표현하는 언어를 그대로 받아써 주는 것이 기록된 이야기를 유아가 다시 읽을 때 더 수월하다. 교사가 쓴 기록을 유아가 읽는 경우 적절한 어휘, 문장의 구조 및 발음도 학습할 수 있게 된다.

❺ 읽기

일과 활동에 기초한 다양한 읽기 · 쓰기 활동의 목적은 유아에게 의미 있는 인쇄물을 제공하여 자신의 발달 단계에 맞는 읽기 자료를 읽게 하는 것이다. 교사는 유아가 만든 기록을 소리 내어 읽어 주면서 손으로 글자를 짚어 가며 읽어 주어 글자와 단어의 경계를 분명히 보여 줄 수 있고 읽기 자료를 교실 내에 두어 유아가 반복해서 읽도록 할 수 있다.

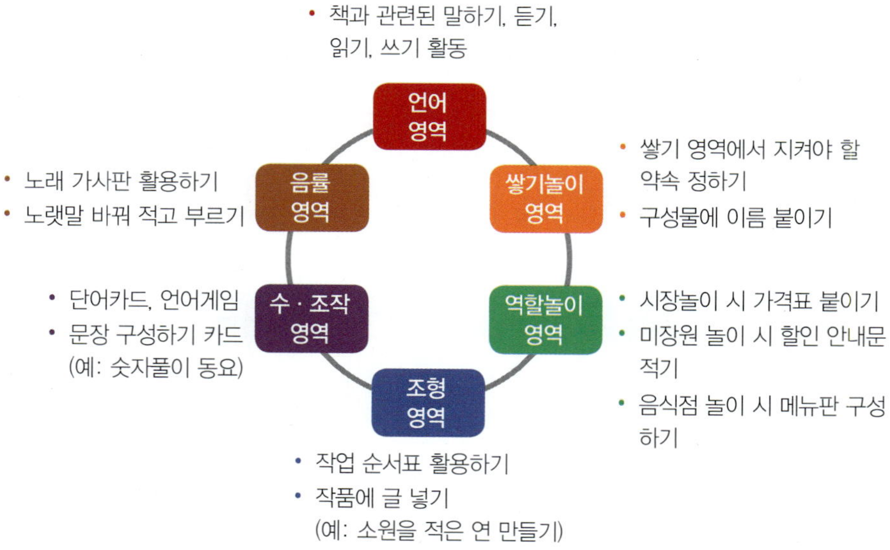

[그림 5-15] 자유선택활동을 통한 언어교육(개별/소집단 활동)

[그림 5-16] 문장 구성하기 활동의 예

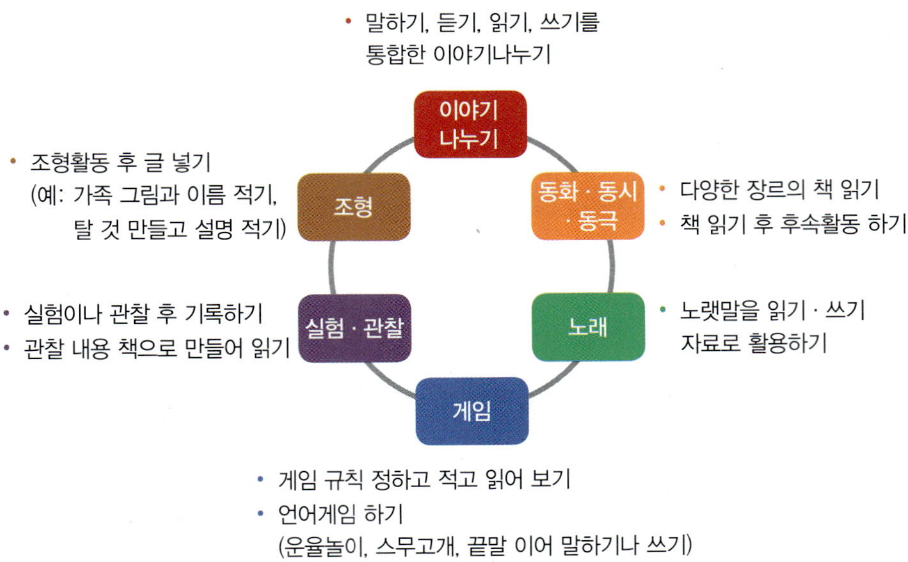

[그림 5-17] 대집단 활동을 통한 언어교육

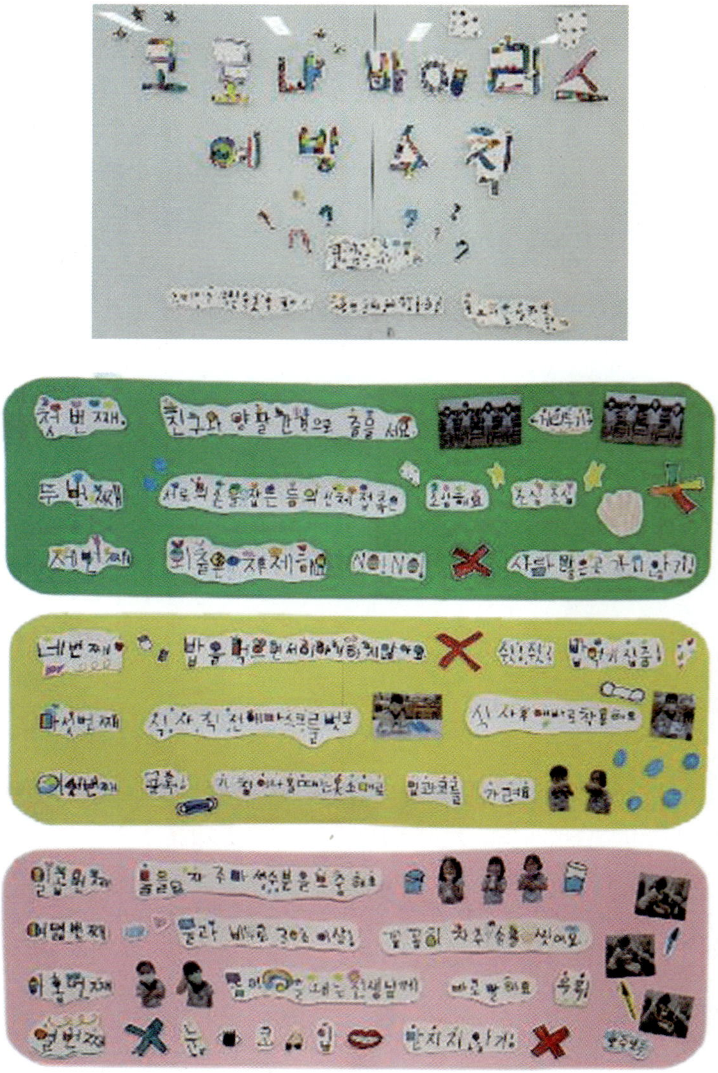

[그림 5-18] 말하기, 듣기, 읽기, 쓰기를 통합한 이야기나누기의 예

(2) 문학에 기초한 언어활동

문학에 기초한 언어활동을 위해서는 유아에게 매일 규칙적으로 그림책을 읽어 주거나 읽을 기회를 주어야 한다. 이때 교사는 양질의 그림책을 선택하는 것이 중요하다. 좋은 그림책의 선정 기준은 텍스트의 문학성과 교육성, 그림의 예술성을 갖추었는가를 기준으로 선별한다. 교사가 유아에게 매일 책을 읽어 주는 것은 유아의 혼자 읽기를 위한 책 선택에 동기를 부여할 뿐만 아니라 독립적인 책 읽기를 자극한다. 같은 책을 반복적으로 읽어 주는 것도 책에 대한 흥미와 책 속의 단어에 대한 관심을 일깨워 주기 때문에 유아기 언어 학습에 중요한 시사점을 제공한다. 유아교육기관에서의 책 읽기는 교사–유아–책 사이의 대화이며, 의미를 만드는 창조적인 활동이다(Teale & Sulzby, 1986). 문학적 접근법에서는 그림책 읽기 과정에서 유아의 능동적인 참여를 강조함과 동시에 교사의 역할도 중요시한다. Vygotsky(1979)가 그림책 읽기 과정에서 성인의 중재 역할을 강조한 것처럼 교사의 효율적 개입은 유아가 함께 읽기에서 독립적인 혼자 읽기로 전환하는 데 필요한 읽기 모델을 제공하고 지지한다. 특히, 신뢰하는 교사가 읽기에 몰입하고 즐기는 것을 보는 경험은 유아가 독자가 되는 과정에 중요한 역할 모델이 된다(이경화, 1998). 문학에 기초한 언어활동의 과정은 책 소개하기, 책 읽어 주기, 책과 관련된 활동하기의 세 단계로 구분할 수 있다.

❶ 책을 소개한다

그림책 소개는 유아가 책에 대해 흥미와 관심을 갖도록 하는 것과 학습의 출발점을 자연스럽게 유아의 경험과 연관 지어 주는 것에 목표를 둔다. 이를 위해서는 유아뿐만 아니라 교사 자신이 책에 대해 흥미를 가지고 있어야 한다.

- 그림책 표지의 그림을 감상하면서 책의 내용을 추측해 본다.
- 그림책의 제목을 짚으며 천천히 읽는다.
- 그림책의 제목과 그림을 관련지어 책의 내용을 추측해 본다.
- 그림책의 작가, 삽화가, 번역가 및 출판사에 관해 이야기 나눈다.

- 그림책의 주제와 관련지어 유아의 경험에 관해 이야기 나눈다.
- 그림책의 유형에 관해 이야기해 본다.
- 이야기의 배경과 주요 등장인물에 관해 이야기 나눈다.

과제 Tip: 다음 책을 활용해서 연습해 보세요

- 제목 『곰 사냥을 떠나자』
- 글 · 그림 마이클 로젠 글 · 헬렌 옥슨버리 그림, 공경희 역
- 출판사 및 출판연도: 시공주니어(2017)
- 내용: 한 가족이 숲을 지나고 물을 건너 곰을 잡으러 떠난다. 경쾌한 발걸음과 재미있는 의성어로 유아의 흥미를 이끌어 내는 그림책으로 함께 읽기로 유아를 참여시키기 좋은 그림책이다.

❷ 책을 읽어 준다

그림책을 읽어 주는 과정은 각각의 그림책의 특성을 잘 파악한 후, 가장 효율적인 방식으로 읽어 줘야 한다. 어떤 그림책은 그림 사이사이에 유아와 상호작용을 하며 읽어 주는 것이 좋고, 어떤 그림책은 쉼 없이 그림책을 읽고 난 후 상호작용하는 것이 좋다. 교사는 유아에게 책을 읽어 주기 이전에 반드시 먼저 책의 내용을 파악해야 한다. 그림책의 내용을 교사가 모른 채 읽어 주면, 그림책의 어느 부분을 강조해서 읽어야 할지, 어디에서 어떤 질문을 하는 게 좋을지 판단하기 어렵기 때문이다. 다음은 교사를 위한 그림책 읽어 주기에 대한 조언이다.

- 유아의 흥미를 유지하며 책을 읽어 준다.
- 글을 읽을 수 있는 유아는 함께 읽도록 한다.
- 유아가 책의 이야기에 반응하고 함께 이야기 나눌 수 있도록 격려한다.
- 책에 있는 단어에 관심을 갖도록 유도한다.
- 책의 내용과 글의 의미에 관심을 갖도록 한다.
- 책의 내용과 관련지어 질문을 하기도 한다.

- 책을 읽는 도중에 다음 내용이나 그림을 예측해 보도록 한다.
- 책의 결말을 예측해 보도록 격려한다.

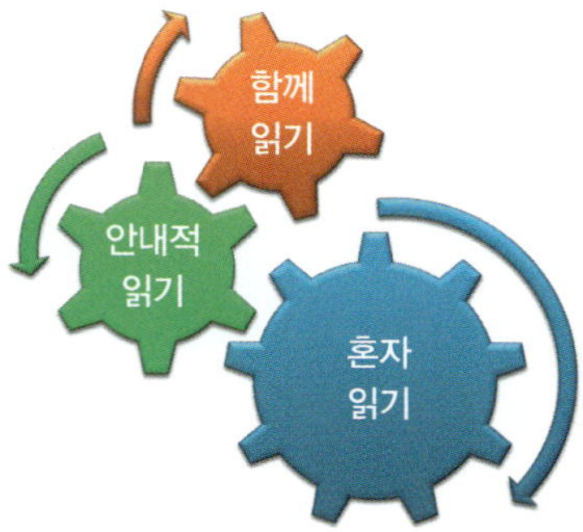

[그림 5-19] 책 읽어 주기 방법

■ 함께 읽기(shared reading)

함께 읽기 활동은 모든 유아가 책을 볼 수 있도록 읽기 자료를 준비하여 함께 읽는 것이다. 이를 위해서는 큰 책(big book)이 필요하며, PPT 자료를 활용할 수도 있다. 함께 읽기 활동은 교사는 읽고 유아는 듣는 일방적인 책 읽기가 아니라, 교사와 유아가 함께 글을 보며 읽는 활동이다. 이 활동은 읽기에 대한 태도와 습관을 형성하게 하고 글자의 개념과 기능, 관습을 이해시키고 유아의 읽기 동기나 흥미를 지속시키기 때문에 매일 이루어지는 것이 좋다. 교사는 편안한 분위기를 형성하여 유아가 자발적으로 읽기에 참여하도록 하고 동일한 책의 반복적 읽기에서 시작하여 자연스럽게 새로운 기술을 적용해 보도록 한다.

■ 안내적 읽기(guided reading)

안내적 읽기는 균형적 언어교육의 핵심으로서 적절한 교수를 통해 유아가 읽고, 생각하고, 읽은 것에 대해 서로 의견을 나누면서 읽기 전략을 가르치는 활동이다. 주로 소그룹으로 이루어지며, 교사는 책을 읽는 과정에서 유아에게 읽기 전략을 시범 보이거나 설명하면서 유아의 읽기 능력을 향상시킨다. 유아는 책을 읽는 과정에서 서로 의견을 나누면서 교사나 다른 유아가 어떻게 읽는지, 읽으면서 어떤 전략을 사용하는지 보고 듣고 배우게 된다. 교사는 각각의 유아를 밀착하여 관찰할 수 있고 이에 따른 학습을 제공해 주므로 개별 유아의 요구를 충족시켜 줄 수 있다.

■ 혼자 읽기(independent reading)

유아가 책이나 자신이 만든 읽기 자료를 혼자 읽어 보는 것은 유아의 읽기 능력 향상을 위해 필요한 방법이다. 우리는 많은 시간을 읽기를 가르치기만 할 뿐, 정작 유아에게 읽기를 위한 시간을 할애하지 않는다. 혼자 읽기는 유아 스스로가 글을 읽을 수 있다는 사실을 인식하도록 도우며, 각자의 읽기 수준에 맞는 읽기를 경험하는 기회가 된다. 학급의 유아가 읽기에 대한 흥미와 동기가 고조된 상태라면 하루 일과 중 짧은 시간을 할애하여 혼자 읽기 시간을 계획해 보는 것이 좋다. 유아는 자신이 읽을 수 있다고 생각되는 읽기 자료를 선택할 것이기 때문에 혼자 읽기는 자연스럽게 반복적 읽기가 된다. 반복적 읽기는 책에 대한 흥미, 내용 이해, 어휘 습득, 단어 인식, 해독기술 등에 매우 효과적인 방법이다.

❸ 책에 관련된 활동을 한다

그림책을 읽고 난 후에는 그림책과 관련된 후속 활동을 하면서 그림책이 가진 다양한 내용과 형식을 활용한 확장활동을 할 수 있다. 후속활동의 사례는 다음과 같다.

- 책의 재미있는 내용이나 그림을 회상하며 이야기 나눈다.
- 책의 특정 사건이나 장면과 관련된 유아의 경험을 표현하도록 격려한다.
- 유아가 재미있거나 호기심을 보이는 단어를 써 보도록 격려한다.
- 등장인물이나 내용, 특정 단어와 관련지어 연상되는 내용을 적어 보게 하는 등의 활동(예: 단어 가지)을 한다.
- 책의 주제를 이용하여 저널 쓰기를 한다.
- 작가에게 이야기하고 싶은 것이나 궁금한 것을 써 본다.
- 주인공이나 등장인물에게 하고 싶은 말을 편지로 써 본다.

- 책의 내용과 관련지어 유아의 생각을 그림으로 그리거나 글쓰기 등을 통해 표현해 보도록 격려한다.
- 유아의 작품을 책으로 묶어서 전시하고 다시 읽어 보도록 한다.
- 책의 그림과 내용을 연결하여 창의적인 표현 활동을 한다.

(3) 단어 및 음운학습을 위한 언어

단어학습은 음운지식과 철자법에 대한 지식을 가르치는 활동이다. 음운지식은 소리-글자와의 관계에 대한 지식으로 영어나 한글과 같은 음소문자에서는 읽기를 위해 반드시 필요한 지식이다. 그러나 단어학습은 책 읽기와 같은 전체적인 언어활동과 통합적으로 이루어져야 하며, 학습시간이 20분이 넘지 않도록 하여야 한다. 음운지식과 철자법을 알려 주는 단어학습의 예는 다음과 같다(이은화 외, 2001).

- 각운이나 두운이 있는 동요를 자주 읽어 준다.
  - 각운의 예: '리리리 자로 끝나는 말은?' (예: 사다리, 잠자리, 도토리, 거머리, 유리, 항아리)
  - 두운의 예: '고고고 자로 시작하는 말?' (예: 고등어, 고사리, 고양이, 고라니, 고추, 고드름)
- 발음하기 어려운 언어놀이를 함께 한다(예: 저기 저 공장장은 강 공장장인가).
- 좋아하는 시, 노래, 이야기를 자주 들려주면서 두운과 각운을 포함한 음소에 관한 놀이를 한다.
  - '날다'에서 'ㄴ'자를 빼고 다른 자음으로 교체해서 말 만들기(예: '달다', '알다', '갈다')
  - 동요에서 한 가지 음절을 빼고 부르기(예: '머리, 어깨, 무릎, 발' , '가을은 무슨 색?')

- 유아와 함께 자음 · 모음 책을 만든다.
  - '가'자가 들어가는 단어로 책 만들기(예: 가방, 가위, 가시, 가구, 가지...)
  - 'ㅜ' 모음이 들어가는 단어로 책 만들기(예: 우유, 구두, 물, 수영, 추석...)
- 재미있는 철자나 소리가 나는 단어 책이나 목록을 만든다.
  - 콸콸콸, 쫄쫄쫄, 데굴데굴 등의 의성어 · 의태어 찾기
- 친구들의 이름에서 소리와 패턴을 찾아본다.
  - 같은 소리가 들어가는 친구 이름 찾기
- 유아들 앞에서 글씨를 쓸 때 글자와 소리의 관계를 특별히 강조하면서 쓴다.
- 자석 글자와 같은 놀잇감을 가지고 놀도록 격려한다.
  - 자석 글자, 이쑤시개, 빨대 등으로 글자 꾸미기
- 들리는 대로 소리를 적어 보도록 도와준다.
  - 좋아하는 동물의 이름 소리 나는 대로 적어 보기
- 책을 함께 읽으면서 책 제목의 첫 글자만 보여 주고 상황적인 힌트를 주면서 그 단어가 무엇인지 알아맞히게 한다. 이런 활동은 단순히 단어를 재인하는 것이 아니라 음운적 · 상황적인 모든 정보를 종합하여 사용하고 추리하도록 도와주므로 매우 중요한 활동이다.

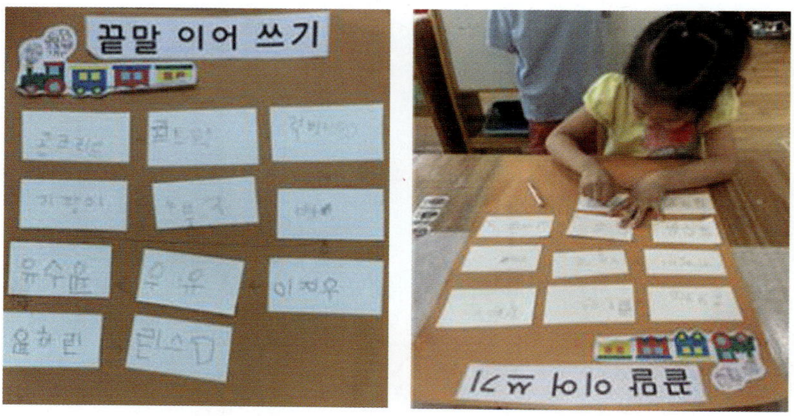

[그림 5-20] 끝말 이어 쓰기 활동 모습

PART 2

영유아 언어교육의 방법

언어의 요소별 지도방법

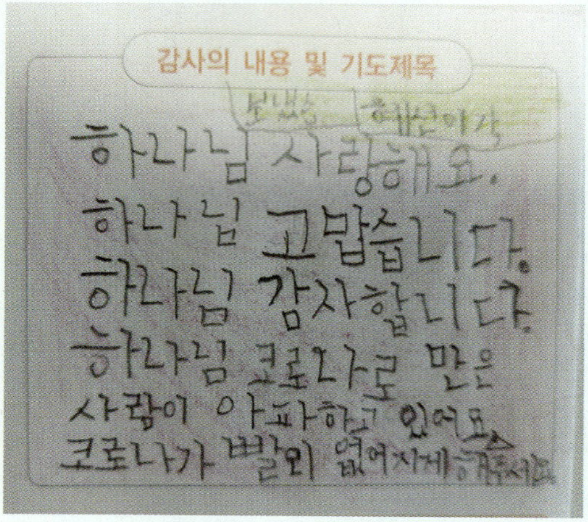

"선생님같이 글씨 쓸 거예요."
선생님의 글씨체를 배우고 싶은 어린 제자의 마음이
이렇게 또박또박 꾹꾹 눌러 쓴 글씨에 참 잘 나타나 있지요?

교·육·목·표

1. 영유아 언어교육에서의 교사의 역할을 이해한다.
2. 듣기의 의미와 기능, 듣기 지도의 기본원리, 듣기에 영향을 미치는 요인을 이해한다.
3. 말하기의 의미와 기능, 말하기 기술, 말하기 지도의 원리와 활동에 대하여 이해한다.
4. 읽기의 의미와 기능, 읽기 지도의 원리와 활동에 대해서 이해한다.
5. 쓰기의 의미와 기능, 읽기 지도의 원리와 활동에 대해서 이해한다.

1. 교사의 역할

영유아의 언어적 역량을 향상시키기 위해서는 유치원과 어린이집의 일상과 교육과정 운영 시 교사의 역할이 중요하다. 유아교사는 말하기와 듣기, 읽기와 쓰기를 효과적으로 사용하는 모델이 되어야 하며, 영유아의 언어 사용 양상을 세심하게 관찰해야 한다. 또한, 영유아의 언어발달에 적합한 다양한 교구와 교재, 자료를 제공해야 하며, 적절한 상호작용을 통해 언어발달을 지원해야 한다. 영유아의 언어 역량을 향상시키기 위한 교사의 역할을 정리해 보면 다음과 같다(이경화 외, 2014; Casbergue & Strickland, 2016).

1) 언어 사용 모델로서의 역할

영유아는 주위의 사람들이 언어를 사용하는 것을 보면서 거의 무의식적으로 모국어를 습득한다. 영유아가 유능한 모국어 사용자가 되기 위해서는 영유아와 많은 시간을 함께 보내는 영유아교육기관의 교사가 훌륭한 언어 사용자로서의 모델이 되어야 한다. 영유아들은 어떠한 언어를 사용하는 교사와 함께 일과를 보내느냐에 따라 아름다운 언어 사용자, 표준적인 언어 사용자가 되기도 하고 비속어를 아무렇지도 않게 사용하는 언어 사용자가 되기도 한다. 교사의 언어 사용 모델로서의 역할을 편의상 구분하면 다음과 같다.

(1) 듣기 모델로서의 교사

듣기 태도는 영유아가 영유아교육기관에서, 그리고 앞으로의 학교생활을 성공적으로 수행하는 데 아주 중요한 요인이다. 좋은 듣기 태도를 가진 학습자가 우수한 학업 성취를 이룰 수 있기 때문이다. 따라서 교사는 좋은 듣기 모델이 되어야 한다. 유아와 언어적 상호작용을 할 때 주의 깊게 경청하는 모습을 보여 줌으로써 상대방의 말을 잘 듣는 것이 중요하다는 것을 자연스럽게 알 수 있도록 해야 한다. 영아나 유아의 말을 들으면서 고개를 끄덕여 주고 영유아의 말을 되풀이해서 확인해 주면서 잘 듣고 이해하고 있다는 것을 보여 주는 것은 영유아가 바람직한 듣기 태도를 형성하는 데 도움이 된다.

(2) 말하기 모델로서의 교사

영유아는 교사와의 언어적 상호작용을 통하여 말하기 능력을 향상시킨다. 영유아의 말하기 능력을 향상시키기 위해서는 교사가 정확한 발음과 억양, 올바른 문법으로 말하고, 다양하고 새로운 어휘와 문장을 사용하는 것이 중요하다. 영유아는 어린이집과 유치원에서 생활하면서 교사의 발음을 그대로 따라 하고 교사가 사용하는 어휘와 문장을 익히면서 바르게 할 수 있는 말하기 역량을 향상시킨다.

(3) 읽기와 쓰기 모델로서의 교사

영아와 유아는 생활을 하면서 읽기와 쓰기를 할 필요를 느끼게 된다. 영유아는 교실에서 교사가 읽기와 쓰기를 하는 것을 보면서 읽고 쓰기를 할 필요성을 터득한다. 영유아는 교사와의 상호작용을 통해 읽기와 쓰기를 할 필요가 있다는 것을 알게 되고, 읽기와 쓰기를 배우는 것에 동기화되며, 읽기와 쓰기 역량을 효과적으로 향상시킬 수 있게 된다.

교사는 재미있는 그림책의 이야기를 알기 위해서 읽기를 해야 하고, 친구들을 생일 파티에 초대하기 위해서는 초대장을 만들고 글을 쓸 수 있어야 한다는 것을 자연스럽게 알도록 상호작용을 해 주어야 한다. 교사는 정확하고 아름다운 글씨체로 글을 쓰는 모습을 보여 주어 쓰기의 좋은 모델이 되어야 한다. 그림책을 읽어 줄 때 유아가 글자의 의미를 파악할 수 있도록 글을 짚어 가면서 읽어 줄 필요도 있다. 유아교사는 교실에서의 일상을 통해 다양한 상황에서 좋은 읽기와 쓰기 모델로서의 역할을 할 수 있어야 한다.

?! 생각해 보기: 영유아의 언어적 역량 지원하기

유아교사는 영유아가 듣기, 말하기, 읽기, 쓰기를 즐기도록 다양한 방법으로 격려하고 지원해야 한다. 영유아교실의 일상과 놀이 중심 교육과정을 통하여 적용할 수 있는 영유아의 언어 능력 향상을 위한 구체적인 방법은 다음과 같다.

- 영유아의 언어 능력 함양을 위하여 깊이 사고해 보도록 격려하기
- 영유아가 듣기 · 말하기 · 읽기 · 쓰기를 학습하는 것에 동기화되도록 책 읽어 주기
- 개별 유아를 대상으로 하거나 원하는 유아 집단을 대상으로 적극적으로 책 읽어 주기
- 영유아가 한글 자모음에 대하여 인식할 수 있도록 그림책, 동시, 동요 등을 통해 음성 언어의 소리를 탐색해 볼 수 있는 다양한 기회 제공하기
- 한글 자모음 따라 쓰기 등을 할 수 있는 자석 자모음 낱글자 교구 제공하기
- 읽기를 처음 시도하는 영유아에게 발달에 적합한 좋은 그림책이나 잡지, 광고지 등 다양한 종류의 인쇄물을 제공하고 읽어 볼 수 있도록 격려하기
- 교실의 언어영역(문해영역)뿐만 아니라 다른 영역들, 그리고 실외 놀이터에도 그림책을 제공하여 놀이하면서 언제나 읽을거리를 쉽게 찾아서 읽어 볼 수 있는 환경 마련하기
- 처음 글을 쓰는 유아가 철자법이나 올바른 문법 등에 맞도록 글씨를 써야 한다는 스트레스를 받지 않고 편안한 마음으로 글쓰기를 시도할 수 있는 교실 분위기 조성하기
- 책과 인쇄물이 사람들의 일상에서 어떻게 의미 있게 활용될 수 있는지를 경험해 볼 수 있는 다양한 기회 제공하기
- 어린이집과 유치원 교육과정의 다양한 주제를 탐색하는 과정에서 문해 능력 향상에 도움이 되는 적절한 활동을 제공하기

☞ 영유아의 언어능력을 향상을 지원하는 방법 생각해 보기

-
-
-

2) 관찰자로서의 역할

언어교육은 다른 영유아교육의 교과와 마찬가지로 학습자인 영유아의 다양성을 이해하는 데서 시작되어야 한다. 영유아는 모두 각기 다른 사회 문화적인 배경을 가지고 있고 연령이 비슷하더라도 개인적 차이가 크다. 가정의 상황과 살고 있는 지역사회의 특성도 다양하다. 따라서 문해 자료가 풍부한 성장 배경을 가진 유아도 있고 전혀 그렇지 않은 곳에서 태어나서 생활하고 있는 유아도 있음을 고려하여 언어교육이 이루어져야 한다. 다양한 상황의 영유아를 위한 최선의 언어교육을 위해서는 영유아의 언어능력을 정확히 파악하기 위한 세심한 관찰자로서의 교사 역할이 중요하다.

3) 교육 환경 제공자로서의 역할

교사는 영유아에게 최선의 언어 환경을 제공함으로써 언어능력을 최선의 상태로 발달시킬 수 있어야 한다. 영유아의 언어적 역량을 향상시키기 위한 교육을 효과적으로 실시하기 위해서는 적절한 언어교육 환경을 구성하고 활동의 효과적인 실행에 필요한 교육 자료를 제공할 필요가 있다. 특히, 영유아기는 발달적 특성상 구체적인 교재와 교구를 활용해야 교육적 효과를 높일 수 있으므로 효과적인 언어교육을 위해서도 영유아의 발달적 수준에 적합하고 교육내용에 부합하는 적절한 교재교구를 제공하는 환경적 지원이 필수적이다.

4) 상호작용자로서의 역할

교사는 영유아와 개인적으로, 그리고 집단으로 상호작용하며 말하기, 듣기, 읽기와 쓰기 등 영유아의 언어적 능력을 발달시킨다. 교사가 영유아와 언어적으로 상호작용을 하면서 영유아 개개인에게 관심을 가지고 있다는 것을 보여 주고, 교실 전체를 영유아의 언어발달에 긍정적인 분위기로 조성하는 것도 중요하다. 영유아가 다양한 언어활동에 적극적으로 참여하도록 정서적으로 지원하는 좋은 환경이란 교실의 환경과 분위기가 정서적으로 편안하고 지지적이어야 함을 의미한다.

교사는 영유아와 상호작용을 하면서 영유아의 언어능력 발달을 지원할 수 있어야 한다. 교사가 영유아의 언어능력 발달을 위하여 상호작용의 과정에서 고려해야 할 내용은 다음과 같다.

- 교사는 적절한 언어적 상호작용을 통하여 영유아의 언어발달을 지원해야 한다. 이와 동시에 영유아가 스스로 적극적으로 언어 탐색을 하는 경우에는 뒤로 물러서서 지켜보고 기다릴 수도 있어야 한다.
- 언어적 상호작용 과정에서 영유아의 사고와 행동을 교사가 원하는 방향으로 끌고 가려고 간섭하거나 지시하지 않도록 주의해야 한다.
- 영유아가 적극적으로 언어적 탐색을 해 보도록 격려한다. 교사가 영유아와의 상호작용 과정을 주도하기 위하여 영유아보다 말을 훨씬 더 많이 하거나 주위를 맴돌면서 영유아의 행동에 간섭하는 것은 영유아가 적극적으로 말하기, 듣기, 읽기, 쓰기를 시도하는 것을 망설이게 한다.
- 영유아와 언어적 상호작용을 할 때 정답을 기대하여 언어적 경험이 스트레스가 되지 않도록 주의해야 한다. 또한, 언어적 상호작용이 적절히 이루어질 수 있도록 인내하며 기다릴 수 있어야 한다.

〈표 6-1〉 교사-영유아의 언어적 상호작용 확인해 보기

	교사-영유아의 언어적 상호작용	
1	인쇄물(쓰기)에 관한 영유아의 질문에 긍정적이고 지지적인 방법으로 반응해 준다. (예: 게시물의 글씨, 그림책의 글 텍스트, 지역사회의 간판, 편지의 글 등)	______
2	문자를 활용하는 모델로서의 역할을 한다. 영유아는 문자(인쇄물)를 활용하는 교사의 모습을 보면서 문자의 기능에 대해서 인식할 수 있게 된다.	______
3	교실의 환경을 구성할 때 인쇄물을 적절히 포함시킨다.	______
4	영유아가 교실에서 활동할 때 적절하게 글씨를 써 보도록 격려한다. (예: 작품에 이름 쓰기, 친구와 글을 써서 주고받기 등).	______
5	영유아가 읽고 쓰기를 하려고 할 때 격려한다.	______
6	영유아가 이미 알고 있던 지식과 새롭게 알게 된 사실을 연관시켜 지식을 구성할 수 있도록 적절한 순간에 격려한다.	______
7	영유아가 생각한 것과 아이디어를 표출하는 데 시간이 필요하다는 것을 이해하고 기다려 준다.	______
8	영유아가 새로운 것을 학습하도록 지원하기 위하여 영유아의 언어적 · 문화적 배경을 감안하고 활용한다.	______

2. 교사의 언어 및 질문형태

영유아는 정서적으로 편안한 환경에서 언어를 보다 잘 습득한다. 교실 분위기가 대체로 수용적인 경우 영유아는 좀 더 쉽게 언어적 탐색을 하면서 언어능력을 향상시키게 되고, 강압적이거나 차가운 분위기의 교실에서는 언어적 탐색을 꺼리게 된다. 즉, 교사가 따뜻하고 편안하며, 영유아를 존중하는 분위기의 교실을 운영할 때 유아는 자신감을 가지고 자신의 생각을 보다 적극적으로 표출하며 교사나 또래들과 보다 편안하게 언어적으로 상호작용을 한다. 반대로 억압적인 분위기의 교실에서는 언어를 통해 자신의 생각을 표현하는 것을 망설이고 움츠러들게 되어 말문을 닫아버리거나 심한 경우 말을 더듬는 경우까지 나타나게 된다. 이러한 교실의 분위기 형성에 가장 많은 영향을 미치는 것이 교사의 언어형태와 질문형태이다. 이에 관하여 좀 더 상세히 살펴보고자 한다.

1) 교사의 언어형태

교사의 언어형태는 교실의 분위기 형성에 많은 영향을 미친다. 교사가 어떠한 형태의 언어를 사용하는지에 따라 교실 분위기가 수용적이 되기도 하고 독재적이 되기도 한다. 수용적이고 민주적인 교실에서 지내는 영유아는 언어를 통해 자신의 생각을 표출하고, 언어를 통해 적극적이고 반응적으로 상호작용하면서 언어적 역량을 향상시켜 나간다. 교사의 절대적인 권위가 강조되는 독재적인 분위기의 교실에서 지내는 영유아는 자신의 능력을 의심하게 하는 교사의 언어적 지도로 인해 언어활동에 적극적으로 참여하기가 어렵다. 유아교실의 분위기 형성에 영향을 미치는 교사의 언어형태를 민주적 언어형태와 지배적 언어형태로 구분하여 살펴보면 다음과 같다.

(1) 민주적 언어형태

민주적 언어형태를 사용하는 교사는 영유아와 언어적으로 상호작용하는 과정에서 영유아의 의견을 존중하고 수용하며, 영유아가 자신의 문제를 스스로 해결하도록 격려하고 지원한다. 교사가 이러한 형태의 언어를 사용하여 상호작용하는 교실에서 지내는 영유아는 용기를 내어 자신의 의견을 솔직하게 이야기하고 친구들의 말을 잘 듣고 서로 존중하는 가운데 의견을 주고받는 경험을 한다. 민주적 언어형태를 사용하는 교사와 지내는 유아는 자기 스스로의 마음이나 행동을 적절히 규제할 수 있으며, 스스로 문제를 해결하고자 하는 자기 주도적인 성향을 가지게 되고 친구들과 합리적인 토론을 하면서 사이좋게 지낼 수 있게 된다. 또한, 공격적인 언어를 사용하는 빈도도 감소하고 어떠한 문제가 닥쳤을 때 교사에게 기대어 의존하기보다는 스스로, 혹은 친구들과 함께 이야기를 하며 문제를 해결하는 경향을 보인다.

(2) 지배적 언어형태

지배적 언어형태를 사용하는 교사는 유아들의 자발적인 언어표현을 가로막고 유아들에게 지시나 명령, 위협, 구속, 꾸짖기, 창피 주기, 제재하기 등의 언어를 사용한다. 이러한 교사의 언어형태는 유아들이 자발적으로 자유롭게 자신의 의견을 표현하는 것을 제한함으로써 민주적인 의사소통을 불가능하게 한다. 이러한 교실에서 생활하는 유아들은 교사로부터 일방적으로 전달되는 언어만을 주로 경험하며 성장하게 되어 언어적 경험과 탐색에 제한을 받게 된다. 교사의 지배적인 언어형태는 영유아들에게도 그대로 전달되고 학습되어 영유아들도 자기중심적이고, 공격적이고, 거부적인 언어를 사용하고 그러한 언어 생활 태도를 형성하게 된다. 지배적인 교사의 언어형태는 유아들로 하여금 스스로 자신의 사고나 행동을 규제하는 것을 연습할 기회를 차단하여 교사에게 지나치게 의존적이고 순종적으로 행동하게 한다.

〈표 6-2〉 교사의 언어형태와 유아의 태도

	민주적 언어형태의 교실	지배적 언어형태의 교실
유아교실의 문제해결 상황에서 나타나는 유아의 태도	• 선생님, 내가 해 볼게요.	• 선생님이 해 주세요.
	• 친구들이랑 의논해서 길을 만들어 보려고요.	• 선생님이 하라는 대로 할게요. 어떻게 할까요?
	• 어떻게 하면 교실에서 모래놀이를 할 수 있어요? 교실에서 모래놀이를 할 수 있는 방법을 찾아볼게요.	• 나는 선생님의 말을 잘 듣는 착한 아이지요? 교실에서 모래놀이 안 할게요.

2) 교사의 질문형태

교사는 유아들과 함께 하는 교실의 일상에서 언어적 의사소통을 통해 유아들의 사고를 확장시킬 수 있다. 교사가 이미 알고 있는 정답을 유아들에게 확인하고자 하는 질문(예: 불자동차는 무슨 색일까? 이 동그라미는 모두 몇 개일까?)보다는 교사가 정말로 알고 싶은 것에 관해서 유아에게 질문하는 것이 좋다(예: 나인이가 제일 좋아하는 음식은 무엇이니?, 나인이가 가족놀이를 같이 하고 싶은 친구는 누구일까?). 영유아는 이러한 질문을 듣고 대답을 하면서 자신이 존중받고 있다는 느낌을 받는 동시에 더 깊이 생각해 볼 수 있는 기회를 갖게 된다.

좋은 질문자인 교사와 생활하는 영유아는 교사의 관심과 존중을 경험하며 교사의 질문을 통해 사고를 확장시키고 최선의 반응을 해 보는 경험을 한다. 교사의 능숙한 질문과 민감한 반응은 유아가 부담을 느끼지 않고 새롭고 다양한 아이디어를 표현해 볼 수 있도록 한다. 또한, 교사가 유아에게 공감해 준다는 것을 알고 기꺼이 자신의 생각을 또래나 교사와 공유하고 싶어지게 한다. 즉, 유능한 질문자인 교사는 영유아의 편안한 분위기에서 마음껏 자신의 생각을 표현하고 반응하는 것을 가능하게 하여 유아의 사고의 발달을 지원한다. 이러한 교사의 질문의 형태를 보면 다음과 같다.

- 서인이는 교실에서 모래놀이를 할 수 있는 방법을 생각했구나. 친구들도 서인이 생각을 들어 보고 싶을 것 같은데 얘기해 줄 수 있겠니?
- 오늘 아침에 민성이가 그린 가족 그림은 정말 따뜻한 분위기인 것 같아. 민성이네 새로 태어난 아가 모습을 보고 싶은 친구들 있니? 민성이에게 아가 동생 얘기를 해 달라고 할까?
- 피자가게 놀이를 하는구나. 피자를 주문했어? 친구들 3명이 이 피자를 어떻게 나눠 먹을 수 있을까? 피자를 나눠 먹을 수 있는 방법을 생각해 볼까?

교사의 질문형태를 제한적 · 폐쇄적 형태와 확산적 · 개방적 형태로 구분해서 살펴보면 다음과 같다.

(1) 제한적 · 폐쇄적 질문(restricted · closed question)

제한적 · 폐쇄적 형태의 질문이란 정답을 찾아 반응하거나 '예', '아니오'로 양자택일을 하도록 하는 질문이다. 이러한 질문에 대해서 유아는 정답을 맞춰야 한다는 부담을 가지게 되고 깊이 생각할 필요가 없는 질문에 건성으로 대답하게 되어 사고의 확장이 이루어지기는 어렵다.

- 오늘 간식으로 무엇을 먹었니?
- 겨울에 양말을 신지 않고 밖에 나가서 놀면 감기에 걸릴까? 안 걸릴까?
- 선생님이 그림책을 읽어 줄까?
- 선생님이랑 놀이하니까 재미있어?
- 불자동차의 색깔은 빨간색이니? 파란색이니?

(2) 확산적 · 개방적 질문(divergent · open question)

확산적 · 개방적 질문은 유아의 다양한 사고를 자극하는 질문이다. 교사는 유아에게 정말로 알고 싶은 것을 '왜', '언제', '무엇을' 등의 내용으로 질문함으로써 유아들에게 관심을 보여 주고 유아의 창의적이고 논리적이며 비판적인 사고를 격려할 수 있다.

- 왜 그렇게 생각했니?
- 하늘이 노란색과 주황색이네. 유영이가 어떤 마음으로 색칠을 했을까?
- 어제저녁에 무엇을 먹었니? 우리 반 친구들이 좋아하는 음식은 무엇일까?
- 인영이와 민성이가 무슨 놀이를 하고 있는지 궁금하네. 어떤 이야기일까?

3) 대소집단의 언어적 상호작용

영유아교실에서는 교사와 영유아 여러 명이 언어적 상호작용을 하는 경우가 많다. 놀이를 하다가 관심이 있는 내용이 있으면 함께 모여 앉아서 이야기를 할 수도 있고, 함께 해결해야 할 문제가 생겼을 때는 문제해결을 위해서 여러 명의 유아가 집단으로 모여 언어적 상호작용을 하기도 한다. 교사와 유아 여러 명이 모여서 언어적 상호작용을 할 때 고려할 점은 다음과 같다.

첫째, 유아의 다양한 반응을 수용하고 존중하는 것은 언어적 상호작용을 지속시키는 데 중요하다. 교사는 질문에 대한 영유아의 다양한 반응을 수용할 수 있어야 한다.

- 은영이는 그렇게 생각을 했구나. 재미있는 생각인 것 같아.
- 다른 친구들의 생각은 어떠니? 혹시 다른 생각을 한 친구들이 있니? 여러 친구들의 생각을 들어 보면 재미있을 것 같구나.
- 친구들의 이야기를 열심히 듣고 있구나. 친구들의 대답을 듣고 어떤 생각을 했는지 말해 보고 싶은 친구 있니?

둘째, 교사는 질문을 한 후 유아가 대답할 수 있도록 충분한 시간 동안 기다려주어야 한다. 유아가 깊이 생각해서 다양한 의견을 말해 볼 수 있도록 적절한 기다림의 시간이 필요하다. 질문에 대하여 깊이 생각해 볼 시간을 주는 것은 유아가 더 높은 수준의 사려 깊은 사고를 하는 데도 도움이 된다. 또한, 상대방의 말을 들을 때는 주의를 집중하여 경청하는 태도를 가져야 한다는 것도 배울 수 있다.

- 자, 우리 깊이 생각해 볼까?
- 충분히 생각해 보고 대답할 수 있단다.
- 친구들이 생각해 볼 시간이 필요한 것 같아. 우리 좀 더 기다려 줄 수 있겠니?

셋째, 여러 명의 유아와 언어적 상호작용을 할 때는 가능하면 모든 아이가 골고루 참여할 수 있도록 배려한다. 질문의 난이도를 조절하여 좀 더 수준 높은 질문과 좀 더 단순하고 쉬운 질문을 골고루 하여 영아나 유아가 자기 수준에 맞는 대화에 편안하게 참여할 수 있도록 한다. 또한, 교사와 영유아 간뿐만 아니라 영유아들 간에도 서로 적절한 언어적 상호작용이 이루어질 수 있도록 격려한다.

- 우리 반 친구들이 좋아하는 과일은 몇 가지 종류나 있을까? 좋아하는 과일의 종류대로 모여서 앉아 볼 수 있을까?
- 우리 반 친구들은 오렌지와 바나나 중에 어느 과일을 더 좋아할까?
- 영인이는 복숭아를 좋아한다고 하네. 다른 친구들은 어떤 과일을 좋아하는지 모여 앉아서 얘기를 해 볼까? 친구들과 함께 좋아하는 과일에 관해서 얘기해 볼까? 그 과일을 왜 좋아하는지 이유를 들어 보는 것은 어떨까?

넷째, 유아교실에서의 언어적 상호작용 시 항상 교사가 주도권을 갖는 것보다는 유아에게도 주도권을 주고 유아가 언어적 상호작용을 이끌어 보는 경험을 해 보도록 할 필요가 있다. 특히, 질문의 권한이 교사에게만 있는 것이 아니라 유아도 교사에게, 그리고 친구들에게 질문을 할 수 있음을 알려 주고 적절한 질문을 해 볼 수 있도록 기회를 주어야 한다.

- 자동차에 관해서 알아봤는데 친구들에게 물어볼 것이 있니?
- 선생님한테 질문할 것이 있으면 물어볼까? 옆에 있는 친구들끼리 의논해서 질문을 해 볼 수도 있을 것 같아.
- 선생님과 우리 반 친구들이 서로 질문을 하니 더 많은 생각을 할 수 있는 것 같아.

?! 생각해 보기: 교사의 질문 유형

- 회상하기(recall)

  유아가 정보, 이름, 단어 등을 기억해서 대답하도록 하는 질문

  – 이 그림책의 주인공 이름이 뭐였는지 기억하니?

  – 간식으로 먹을 샌드위치를 만들려면 어떤 재료가 필요하다고 했니?

- 수렴적 질문(convergent question)

  논리적 · 추론적 사고를 통해 하나의 정확한 해결책이나 답을 찾도록 요구하는 질문

  – 우리 반 친구들의 키 그래프를 보니 우리 반에서 가장 키가 큰 친구는 누구니?

  – 친구들이 신고 있는 양말의 색깔은 몇 가지일까?

- 확산적 질문(divergent question)

  확산적 사고를 통해 다양한 해결책이나 답을 찾아보도록 요구하는 질문

  – 우리 반에 괴물들이 사는 나라를 만들려면 어떤 자료가 필요할까?

  – 종이 블록으로 무너지지 않는 의자를 만들기 위해서는 어떻게 해야 할까?

- 평가(evaluation)

  영유아의 의견이나 판단, 혹은 느낌을 알아보고자 하는 질문

  – 가족 그림을 그렸구나. 이 그림에 대해서 어떻게 생각하니?

  – 친구들과 함께 지은 동시를 읽어 보니 어떤 마음이 드니?

- 관찰(observation)

  영유아가 특정 상황을 관찰하고 묘사해 보도록 하는 질문

  – 우리 반 친구들이 심은 토마토 화분에 토마토 열매가 몇 개씩 열렸니?

  – 우리 동네를 돌아보고 관찰한 사진에서 무엇을 볼 수 있니?

- 설명(explanation)

  어떤 상태의 결과나 이유, 원인에 관해서 기술해 보도록 요구하는 질문

  – 불자동차나 경찰차가 소리를 내면서 달리는 이유는 무엇일까?

  – 우리 반 블록 영역에 왜 자동차를 가지고 왔는지 얘기해 줄 수 있니?

- 행동하기(action)

  영유아가 직접 신체를 움직여서 행동을 하도록 요구하는 질문

  – 너희가 가지고 있는 모양의 색깔과 같은 색깔 모양 위에 올라서 볼까?

  – 구슬을 한 개씩 꺼내서 동그란 그릇에 담아 볼래?

3. 언어의 요소별 지도 방법

유아의 언어는 말하기, 듣기, 읽기, 쓰기가 동시적으로 발달한다. 언어의 4가지 요소는 네 가닥의 밧줄처럼 한 요소가 발달하면 다른 언어적 요소들이 동시적으로 더 강력하게 발달한다. 따라서 교사는 듣기, 말하기, 읽기, 쓰기를 분리해서 가르치기보다 의미 있는 상황 속에서 동시적으로 자연스럽게 통합되도록 지원하여야 한다.

1) 듣기 지도

(1) 듣기의 의미

듣기 능력은 상대방의 생각을 받아들이는 첫 단계이다. 듣기에는 단순히 들리는 소리를 청각적으로 듣는 것(hearing)과 주의를 집중해서 소리를 지각하는 것(listening)의 두 가지 종류가 있다. 유아 주변에는 많은 소리가 있지만 진정한 의미의 듣기는 유아가 중요하고 의미 있다고 생각하는 것에 주의를 기울이고 상대방의 말을 바르게 이해하고 반응하는 것이다. 듣기는 음성언어가 의미를 가지는 메시지로 변형시키는 과정이며, 단순히 소리를 듣는 것만이 아니라 모든 소리 자극을 종합하여 그 의미를 능동적으로 구성하는 과정이다.

듣기 능력에는 청각적인 기능과 인지적 사고과정이 포함된다. 흔히 듣기는 특별히 교육하지 않아도 자연적으로 할 수 있는 것으로 생각할 수 있지만 실제로는 상대방의 말소리를 청각적으로 변별하고 사고과정을 통해 그 의미를 이해해야만 진정한 듣기 능력을 가졌다고 볼 수 있다.

즉, 듣기에는 다음의 세 단계 과정이 포함된다(Brown, 1994).

① 청각적 자극의 수용 단계: 말소리의 음파(sound waves)를 귀로 받아들인다.
② 주의 집중 단계: 청각적 자극에 주의를 기울인다.
③ 의미 해석 단계: 받아들인 청각적 자극을 해석하고 상호작용한다.

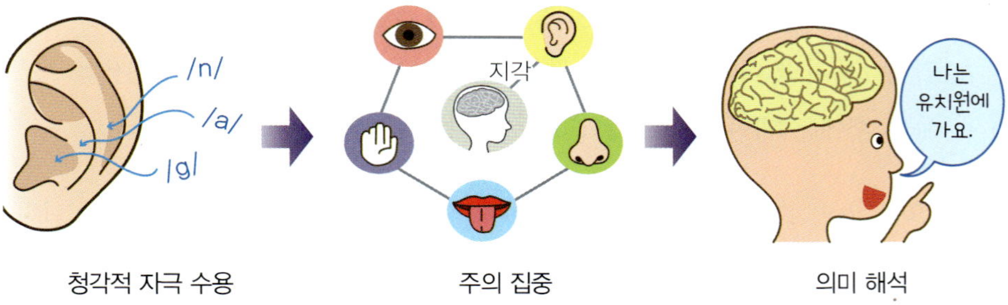

[그림 6-1] 듣기 과정

듣기는 학습능력 습득과정에서 매우 중요한 요인이다. 학습의 대부분은 듣기를 통해 이루어진다. 하루 생활 동안 사람들이 하는 의사소통 중에서 말하기가 30%인 데 반해 듣기는 45%를 차지한다(Oklahoma state development of education, 1999). 이처럼 사람들은 듣기를 통해서 가장 많은 정보를 습득하며, 학교생활에서의 학습 정보도 듣기를 통해 가장 많이 습득한다. 듣기는 듣기 기술 그 자체를 가르치기는 어렵지만 듣는 태도는 가르칠 수 있다. 그러므로 좋은 듣기 습관 형성은 유아기의 매우 중요한 과제이다. 유아기의 듣기 습관은 평생을 가기 때문이다.

(2) 듣기 기능

듣기는 단순히 소리를 듣는 것이 아니며, 의미를 해석하는 인지적 정보처리 과정이 포함되어 있다. 그러므로 듣기는 의사소통 과정에서 매우 중요한 역할을 한다. 구체적으로 듣기는 다음과 같은 기능을 한다.

- 정보 확인: 듣기는 듣는 내용에 담긴 정보에 주의를 기울이고 기억하도록 한다. 주의를 집중해서 들을수록 정보를 더 잘 기억할 수 있다.
- 내용 이해: 듣기의 과정에는 청자가 들은 내용을 자신이 가지고 있는 생각과 정보, 경험과 지식을 바탕으로 해석하여 이해하는 과정이 포함된다.
- 비판적 듣기: 청자는 들은 내용을 분석하고 비판한다. 즉, 표현적인 내용 뒤에 내포되어 있는 화자의 의도와 가치, 숨은 뜻을 찾아낸다. 또한, 이야기 간

의 모순과 타당성, 일반화의 가능성, 편견, 시사점, 제안점 등을 탐구한다.

- 감상: 듣기의 마지막 기능은 감상이다. 청자는 화자가 말하는 내용을 모두 들은 후에는 개인적으로 정의적인 판단을 하게 된다.

이상의 듣기의 4가지 기능은 청자가 화자의 말을 듣는 순간 거의 동시에 일어난다.

(3) 듣기 지도의 기본 원리

영유아의 듣기를 지도할 때 교사는 다음의 원리를 고려하여야 한다(천은주, 1999: Machado, 2010).

① **영유아가 듣기의 중요성을 알게 한다.** 효율적인 듣기 태도의 형성은 유치원은 물론 이후의 학교생활과 가족관계, 사회생활에 이르기까지 영향을 준다는 것을 영유아가 인식하도록 한다. 듣기를 잘 안 하면 어떤 일이 일어날 수 있는지 영유아와 이야기 나눈다.

② **영유아의 개인차를 중시한다.** 영유아가 듣고 이해하는 과정에서 듣기 능력의 개인차가 있음을 고려한다. 교사는 언어를 이해하는 속도와 지적 구조가 영유아마다 다르다는 것을 고려하여 개별 영유아의 특성에 맞게 말을 해 주고 상호작용해야 한다. 영유아의 언어 수준에 따라 영유아가 이해하기 쉬운 어휘와 속도로, 자연스럽고 명확하게 말하고 간단한 문구나 단순하지만 완전한 문장으로 말해 줌으로써 영유아가 집중해서 들을 수 있도록 한다.

③ **듣기 기회를 많이 준다.** 교사는 여러 가지 다양한 소리를 들려주고 영유아가 효과적으로 들을 수 있도록 소리에 대한 감각을 높여 준다.

④ **듣기에 대한 흥미를 유발할 수 있도록 다양한 자료를 사용한다.** 교사는 설명하고 있는 주제와 관련된 그림이나 사진, 실제 물건 등을 함께 보여 주면서 영유아의 흥미와 듣기에 대한 집중력을 높여 준다. 그 밖에 녹음기와 카세트, 각종 인형 등을 사용하여 영유아의 흥미를 유발할 수 있다.

⑤ **교사-영유아 의사소통 상태를 확인한다.** 교사는 종종 영유아가 교사의 말을 잘

이해하고 있는지, 잘 듣고 있는지를 확인할 필요가 있다. “선생님이 방금 말한 것을 다시 말해 줘.”라고 묻고, 영유아가 잘못 이해하고 있을 때는 다시 설명하여 오류를 수정해 준다.

⑥ **영유아의 발달에 적합한 다양한 듣기 활동과 경험을 제공한다.** 교사는 그림책이나 동시, 설명, 묘사, 참조, 소집단 토의, 음악, 극놀이 등 다양한 형태의 이야기를 들려주고 영유아가 정보, 이해, 비판, 감상의 듣기의 기능을 모두 활용할 수 있도록 한다.

⑦ **교사 자신이 모델링이 되어야 한다.** 교사 스스로 영유아의 말을 경청하는 태도를 모범적으로 보여 주어야 한다. 성인이 영유아의 말을 경청하지 않고, 흘려듣거나 무시하는 태도를 경험한 영유아는 듣기의 바른 태도를 습득하기 어렵다. 그러므로 교사는 영유아의 말에 귀 기울이고 적절하게 눈맞춤하고 반응하는 모습을 보여 주어야 한다.

⑧ **영유아 잘 들을 수 있는 물리적 · 심리적 환경을 조성한다.** 교사는 영유아가 교실에서 생활할 때 듣기에 방해가 되지 않도록 교실의 소음을 줄이도록 한다. 소음이 많은 곳에는 카펫을 깐다든지, 영역을 배치할 때 소음이 적은 곳과 소음이 많은 곳을 분리하여 배치하고 의자 다리에 고무받침을 사용하여 소음을 줄일 수 있다.

(4) 듣기에 영향을 미치는 요인

교사는 유아의 듣기에 영향을 미치는 요인들이 무엇인지 알고 고려해야 한다.

① **소리 수용 능력:** 유아가 소리를 수용하는 청각적 예민도나 주의집중력에 따라 유아의 듣기 능력에 차이가 나타날 수 있다.

② **환경적 요소:** 유아를 둘러싼 물리적 환경 요소가 얼마나 소음이 많은지, 분위기가 들뜨고 산만한지의 여부가 유아의 듣기 태도에 영향을 준다.

③ **유아의 주의를 분산시키는 상황적 요소:** 이야기를 나눌 때 유아의 주의를 분산

시키는 상황적 요소가 발생했을 때, 유아는 듣기에 집중할 수 없다. 예를 들어, 손에 장난감을 가지고 있다든지, 옆에 친구가 있거나, 빨리 놀이에 참여하고 싶어 하거나, 생일과 같이 감정적으로 흥분되는 일이 있을 경우 유아는 주의가 분산되어 상대방의 말에 집중하여 듣지를 않는다.

④ **주제에 대한 유아의 흥미**: 이야기의 주제가 유아의 흥미를 끄는 내용인지는 유아의 듣기 태도에 영향을 미치는 매우 중요한 요인이다.

⑤ **교사의 언어형태**: 교사의 발음이나 말의 속도, 억양과 강약 등이 유아의 듣기 집중력에 영향을 미친다. 그러므로 교사 스스로도 자신의 언어형태를 점검해 볼 필요가 있다.

(5) 듣기 활동

유아가 올바른 듣기 태도와 집중력을 키우고 정보 확인, 내용 이해, 비판, 감상의 듣기 기능을 골고루 향상시키기 위해서는 목적적 듣기 활동, 감상적 듣기 활동, 비판적 듣기 활동, 변별적 듣기 활동, 창의적 듣기 활동을 포함하여 지도하여야 한다(Machado, 2010).

❶ 목적적 듣기 활동(Purposeful Listening Activities): 언어적 지시 따르기

유아가 교사의 지시에 따라 작업을 수행하도록 한다. 집중하여 듣고 내용을 기억함으로써 지시에 따라 적절하게 대응할 수 있는 능력을 향상시킨다.

교사는 유아가 듣기 기술을 향상시키기 위해 3단계로 지시한다.

① 유아에게 무엇을 말하려고 하는지 말한다: "선생님이 너에게 부탁을 하나 할 거야. 봉투를 가지고 어디에 가져다줄지를 말해 줄 거야."

② 유아에게 말한다: "봉투를 원장선생님에게 가져다주고 교실로 돌아와."

③ 유아에게 말했던 것을 다시 말한다: "봉투를 원장선생님에게 가져다 드리고 왔구나. 고맙다."

[그림 6-2] 목적적 듣기 활동

❷ 감상적 듣기 활동(Appreciative Listening Activities): 음악 듣기

감상적 듣기는 영유아에게 즐거움을 줄 수 있는 활동이다. 다양한 노래, 연주, 자연소리 등 유아가 좋아하는 음악을 감상할 수 있다. 음악 감상에는 음악뿐만 아니라 자연의 소리도 포함하여 감상할 수 있다. 활동 과정은 다음과 같다.

① 음악을 준비한다.
② 음악, 리듬 및 소리에 대해 이야기한다.
③ 좋아하는 소리에 대해 이야기한다.
④ 음악에서 느껴지는 감정에 대해 이야기한다(행복하고 슬프거나 재미있는 감정에 대해 이야기한다).
⑤ 음악 리듬에 맞춰 박수를 칠 수 있다.

음악 듣기는 듣기 지도를 위해 유용하다. 음악은 또 하나의 표현수단이라는 점에서 언어와 공통점이 있다. 음악의 리듬과 소리를 감상함으로써 목소리의 음조, 억양, 부드럽기, 빠르기에 대한 감각을 키울 수 있다. 또한, 노래에는 언어가 포함되어 있으므로 문장을 기억하고 암기하는 기술에도 영향을 준다. 노래를 통해 유아는 어휘, 스토리 라인, 동요 및 동시, 반복, 리듬 비트 등 같은 언어 기능을 익힐 수 있다.

[그림 6-3] 감상적 듣기 활동

❸ 비판적 듣기 활동(Critical Listening Activities): 동화 듣고 비교하기

비판적인 듣기는 유아가 동화책의 내용을 듣고 이해한 후 평가하는 활동이다. 이는 사고와 성찰이 필요하므로 유아에게 상당한 어렵게 느껴질 수도 있지만 듣기의 비판 기능을 발달시키기 위해 필요하다. 유아는 이야기를 들으며 새로운 것, 이미 알고 느꼈던 것 등을 비교하며 차이점에 대해 논의할 수 있다. 또한, 유아마다 의견이 서로 다르다는 것을 알고 생각을 나눌 수 있다. 비판적 듣기 활동은 다음과 같이 실시한다.

① 이야기에서 발생한 문제가 무엇이고 어떻게 해결되었는지 이야기해 본다.
② 이야기의 결말을 다시 생각해 본다. 가능한 결과를 추측해 본다.
③ 이야기 속에서 일어나는 일을 몇 가지 기준을 가지고 실제로 일어날 수 있는 일과 없는 일로 나누어 본다.
④ 좋은 것 또는 싫은 것 등 유아의 개인적 취향에 대한 의견을 나눈다.
⑤ 이야기를 듣고 느낌이 어떠했는지 유아마다의 감정을 이야기한다.

활동해 보기: 비판적 듣기 활동

괴물들이 사는 나라(모리스 샌닥 글 · 그림/강무홍 역/2002/시공주니어)를 읽고 다음에 대해 이야기 나눌 수 있다.

- 맥스에게 어떤 문제가 생겼을까?
- 실제로 일어날 수 있는 일일까? 어떤 것이 실제로 일어난 일일까?
- 괴물들이 사는 나라에 있을 때 어떤 느낌이 들었을까?

❹ 변별적 듣기 활동(Discriminative Listening Activities): 여러 가지 소리 변별하기

유아가 여러 가지 다양한 소리를 변별할 수 있는 능력은 읽기 능력과 관련이 있다. 같은 소리, 다른 소리를 구별하고 소리 패턴을 식별하는 활동은 조기 읽기의 음소 법칙 습득과 단어 해독에 도움을 준다. 변별적 듣기 활동은 다음과 같이 진행할 수 있다.

① 종이상자, 플라스틱 통, 유리병 등 다양한 재질의 상자에 곡식, 모래, 구슬 등 다양한 재료를 넣어 소리 상자를 만들어 들어 본다.
② 바람 소리, 빗소리, 동물 소리 등 자연의 소리를 녹음하여 들어본다.
③ 친구, 가족 등 주변 사람의 목소리를 녹음하여 들어본다. 이때 다양한 감정의 목소리로 녹음하여도 좋다.
④ 같은 소리를 크게, 작게, 느리게, 빠르게 들어본다. 박수나 실로폰으로 다양한 소리 패턴을 만들어 구별해 본다.
⑤ '발, 말, 알 달'과 같이 발음이 비슷한 단어들을 구별한다.
⑥ 소방차, 앰뷸런스, 전화, 자동차 소리 등 생활 주변에서 나는 소리를 들어 보고 소리가 어떻게 들리는지 말로 흉내내 본다.

[그림 6-4] 변별적 듣기 활동

❺ 창의적 듣기 활동(Creative Listening Activities): 동시 듣기

유아에게 정서적인 반응을 일으키는 듣기 활동은 유아의 창의적인 표현 능력을 향상시켜 준다. 창의적 듣기 활동을 한 후 유아가 자신의 느낌과 머릿속에 떠오르는 이미지나 상상을 말이나 글, 그림, 극화로 표현해 보도록 한다. 창의적 듣기 활동은 다음과 같이 진행한다.

① 유아의 발달 정도와 흥미, 경험 등을 고려하여 동시를 선택한다. 동시의 내용이 생생하고 구체적이며, 반복 어구나 의성어 · 의태어의 사용으로 리듬감과 음악성이 있는 동시를 선택한다.
② 동시의 내용을 좀 더 잘 이해할 수 있도록 그림 자료나 손인형, 음악, 효과음 등의 다양한 시청각 자료를 활용한다.
③ 여러 번 반복하여 동시를 들려준다.
④ 동시를 듣고 난 후, 유아의 감정, 느낌, 떠오르는 생각 등을 발표한다.
⑤ 다양한 상상과 이미지를 그림이나 음악, 극화 활동으로 전개해 본다.

2) 말하기 지도

(1) 말하기의 의미

말하기란 음성언어를 사용하여 자신의 생각, 느낌, 정보 등을 표현하는 활동(국립국어원, 2020)이다. 흔히 인간은 누구나 자연 발생적으로 말하기 능력을 습득하며, 일정한 연령이 되면 특별한 노력 없이 할 수 있는 능력이라고 생각한다. 하지만 사람들마다 효과적으로 말하는 능력에는 차이가 있으며, 오해의 여지 없이 자신의 의사를 논리적으로 잘 전달할 수 있는 말하기 능력은 사회생활에서 자신감과 인기를 얻는 데 유리한 장점이 된다. 즉, 말하기는 일상생활의 중요한 부분일 뿐만 아니라 사회생활의 기본 수단이 된다.

효과적인 말하기는 단순한 능력이 아니다. 정보를 수집하고 정리, 기억하는 능력, 논리적이고 창의적인 표현 능력, 타인의 말을 이해할 수 있는 능력, 시간과 장소에 맞게 의사소통하는 능력 등이 포함된 종합적인 능력이다. 말하기에는 다음의 과정이 포함된다.

① 사고 과정: 생각이나 느낌을 표현하기 위한 인지과정이다. 말할 내용을 생성하는 과정이며, 말하고자 하는 내용이 진실되고 의미 있는지, 가치 있는 정보인지를 고려하여야 한다.

② 조음 음성학적 과정: 전달하려고 하는 내용을 목소리로 표현하는 과정이다.

③ 의사소통적 과정: 화자와 청자가 적절하게 반응하는 과정이다. 청자가 누구이며 연령과 배경지식, 사회적 신분, 나와의 친분관계 등을 고려해야 한다.

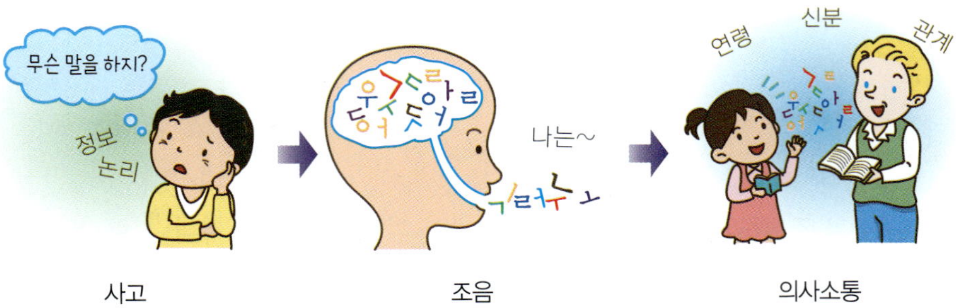

[그림 6-5] 말하기 과정

유아는 아직 언어발달 과정 중에 있으므로 발음이나 어휘, 문법의 표현이 미숙하거나 자신의 생각을 논리적으로 정리하여 전달하는 능력이 부족하다. 우리나라는 전통적으로 유아에게 말할 기회를 주지 않고, 성인의 말에 복종하고 잘 듣는 것을 미덕으로 여기는 풍습이 있어서 유아의 말하기 발달을 방해하는 경향이 있다. 그러나 사회 속에서 다양한 사람과 관계를 맺고 필요한 정보를 정확히 전달하기 위해서는 영유아기부터 효과적인 말하기를 위한 적절한 지도와 훈련이 체계적으로 이루어져야 한다.

(2) 말하기 기능

말하기는 단순히 음성을 통해 언어를 사용하는 것 이상의 의미를 가진다. 말하기가 가지고 있는 기능을 살펴보면 다음과 같다.

- 정보의 전달과 보존: 화자가 가지고 있는 사실과 정보, 지식을 청자에게 전달하고 말의 의미를 오랫동안 남긴다.
- 명령과 지시: 듣는 사람에게 어떤 행동을 하게 하거나 반대로 하지 못하도록 금지하는 기능이 있다. 이러한 기능은 사회의 규범과 질서를 유지시키는 역할을 한다.
- 미학: 말하기는 말하기 자체가 아름다움을 전달할 수 있다. 언어의 소리를 통해 듣는 사람이 즐겁고 아름다움을 느끼게 할 수 있다. 대표적인 예가 시낭송이다.

(3) 말하기 기술

말하기를 효과적으로 잘하기 위해서는 다음과 같은 기술과 전략을 사용하여야 한다(Canale & Swain, 1980; Hoff Ginsberg, 1997).

① **음성을 조절하여야 한다.** 말하기 할 때의 환경적 상황에 따라 성량, 어조, 강

세, 속도, 음절을 조절하여야 한다. 예를 들어, 조용한 곳인지, 시끄러운 곳인지, 공식적인 발표인지, 개인적인 대화인지에 따라 음성을 효과적으로 조절하여야 한다.

② **올바르고 정확한 발음으로 말하여야 한다.** 유아의 경우는 아직 언어가 발달하는 중이므로 정확한 발음으로 말할 수 있도록 도와주어야 한다. 발음이 안 되는 이유는 단어의 정확한 발음을 몰라서, 발성기관의 미성숙 등 여러 가지 원인이 있을 수 있다. 예를 들어, 샌드위치를 /샌도르위치/로 발음하는 등 부정확한 발음으로 말하는 경우가 종종 있다.

③ **말하기의 목적은 의사소통에 있음을 안다.** 완결되지 않은 문장이나 작은 목소리, 어려운 문장 등은 상대방이 의미를 이해하기 어렵다는 것을 알아야 한다.

④ **말하기의 여러 가지 형태를 알고 바르게 사용하여야 한다.** 말하기의 형태에는 이야기하기, 토의, 설명, 보고, 대담, 강연, 극화 등 다양하므로 그 목적에 따라 적절한 말하기 기술을 구사하여야 한다. 말하기의 목적에 따라 상황적 언어, 탈상황적 언어를 적절하게 사용하여야 한다.

⑤ **청자에 대한 정보를 알아야 한다.** 나의 말을 듣는 청자가 성인/또래/동생인지, 남자/여자인지, 교육 정도와 말하기 내용에 대한 흥미 정도, 청중의 규모 등에 대한 정보를 사전에 알고 효율적인 말하기 전략을 계획하여야 한다.

⑥ **효과적인 몸짓을 사용한다.** 효과적인 의미 전달을 위해 자연스러운 제스처를 적절히 사용하는 것이 좋다. 하지만 과장된 몸짓은 오히려 집중력을 방해할 수 있다.

(4) 말하기 지도의 기본 원리

유아의 말하기를 지도하기 위해서는 기본적으로 유아가 말할 수 있는 기회를 많이 주는 것이 무엇보다 중요하며, 구체적인 말하기 지도 원리는 다음과 같다.

① **유아가 자유롭고 편하게 말할 수 있도록 개방적인 분위기를 조성한다.** 유아가 망설임 없이 편안하게 말할 수 있는 분위기는 교사-유아 간의 신뢰적인 관계 형성을 바탕으로 조성될 수 있다. 교사는 평소에 유아의 말을 경청하고, 재촉함 없이, 유아가 끝까지 말할 수 있도록 기다려 주는 태도가 필요하다.

② **유아가 자신에 대해서 표현할 수 있도록 기회를 제공한다.** 유아가 자신의 개별적인 경험이나 느낌을 발표하고 토의할 수 있는 기회를 준다. 이러한 과정을 통해 유아는 자신이 경험했던 지식을 내면화할 수 있다. 예를 들어, 주말 발표나 소그룹 활동 후의 느낌, 감상을 발표하거나 과학 관찰을 통해 발견한 것들을 발표하는 활동은 유아가 자신의 경험을 내면화하고 정리할 수 있는 좋은 기회이다.

③ **유아의 말하기를 자극할 수 있는 다양한 자료를 활용한다.** 개인적 대화뿐만 아니라 극화, 발표, 낭송 등 다양한 형태의 말하기를 자극할 수 있는 환경을 마련해 주어야 한다. 예를 들어, 언어 영역에 녹음기를 두고 자신이 한 말을 녹음해서 다시 듣게 하는 것은 유아로 하여금 청자의 입장에서 자신의 말하기 기술을 평가해 보게 하는 기회가 될 수 있다. 그 밖에 전화기나 손가락 인형, 그림책 등을 비치하여 활용할 수 있도록 한다.

④ **자연스러운 상황에서 점진적으로 말하기 능력이 발달하도록 지도한다.** 말하기 기술은 직접적인 교수법으로 반복해서 가르쳐 준다고 해서 단기간에 발달하는 것이 아니다. 그러므로 교사는 개별 유아의 발달 수준에 따라 개별적인 성취 목표를 설정하고 그에 따라 점진적으로 지도하는 것이 바람직하다.

⑤ **유아의 일상생활과 관련하여 동기유발을 한다.** 말하기는 유아의 생각과 느낌을 전달하는 것이므로 말하기 내용이 유아의 관심과 흥미를 끌어야 적극적으로 말하기 활동에 참여한다. 따라서 유아가 현재 관심을 보이고 참여하고 있는 일상생활의 주제를 활용하여 말하기 활동을 계획하여야 한다.

⑥ **교사는 올바른 말하기의 모델이 되어야 한다.** 교사는 언제나 유아가 교사의 말하기를 지켜보며 배울 수 있다는 것을 기억하고 모델링이 되어야 한다. 항상

정확한 발음으로 말하고, 다양한 어휘, 완전한 문장, 적절한 억양과 말하기 태도 등을 바르게 사용하도록 하여야 한다.

⑦ **유아가 다양한 사람과 말할 수 있도록 기회를 주어야 한다.** 말하기는 청자의 특성에 따라 다른 전략을 사용하여야 하므로 유아가 다양한 연령과 성별, 직업 등의 사람들과 말할 수 있는 기회를 마련하여 말하기 경험을 넓히도록 해 준다.

⑧ **유아의 문장 구성 능력을 확장시켜 준다.** 유아의 말하기는 불완전한 문장으로 구성되는 경우가 많다. 유아가 불완전한 문장으로 말할 때, 교사는 유아의 말을 완전한 문장으로 반복하여 반향해 줌으로써 유아의 문장 구성 능력을 자연스럽게 확장시켜 줄 수 있다. 예를 들어, 유아는 '~해 가지고, ~해서'와 같은 한 가지 접속사를 반복해서 사용하는 문장을 종종 말한다. "옛날에 토끼가 살았는데, 달리기를 잘해서, 자랑하고 싶어서, 거북이에게 가서, 달리기 시합을 해서..."와 같이 말을 한다면 교사는 '때문에, 그리고, 그런데' 등의 접속사 사용을 적절히 알려 줄 수 있다.

유아의 문장 구성 능력 확장을 위한 교사의 전략

- 확장: 유아들이 하는 말에 반응하고 몇 개의 단어를 덧붙여 반응한다.
- 응용: 유아가 한 말에 정보를 더하여 반응한다.
- 반복: 유아들이 한 말을 반복하거나 선생님 자신이 한 말을 반복한다.
- 행동 설명하기: 유아가 하고 있는 행동을 교사가 말로 설명한다.
- 혼잣말: 교사 행동을 말로 표현해 준다.
- 수직적 구조화: 유아가 한 말을 스스로 좀 더 구체화시킬 수 있도록 질문을 한다.
- 빈칸 채우기: 선생님이 문장을 말하고 유아가 빈칸에 알맞은 말을 넣어 문장을 완성하게 한다.

⑨ **효과적인 말하기와 듣기에 대해서 이야기나누기를 한다.** 효과적으로 듣고 말하기를 하기 위해서는 어떻게 해야 되는지에 대해서 유아와 이야기를 나누어 봄으로써 메타언어 지식을 습득할 수 있다.

(5) 말하기 활동

영유아의 효과적인 말하기를 지도하기 위해서는 무엇보다 현재 영유아의 말하기 수준이 어떠한지를 아는 것이 중요하다. 교사는 관찰을 통해 다음과 같이 영유아의 말하기 수준을 파악하고, 그 결과를 반영하여 말하기 지도 활동을 계획한다. 말하기 지도 활동에는 어휘, 문법 같은 언어적 능력을 향상시키는 활동과 의사소통 전략을 향상시킬 수 있는 활동이 포함되어야 한다.

말하기 관찰 기준표

1. 듣기만 하고 말하지 않는다.	5. 확장된 문장으로 말한다.
2. 한 단어로 대답한다.	6. 대화에 참여한다.
3. 짧은 구절로 대답한다.	7. 질문을 한다.
4. 동시나 노래를 한다.	8. 이야기를 할 수 있다.

❶ 단어 확장 활동: 단어 놀이

영유아의 어휘 확장은 말하기 능력을 향상시키기 위한 가장 기본적인 활동이다. 영유아의 언어 발달에 적합한 어휘를 선정하여 다양한 단어 놀이를 할 수 있다. 영유아를 위한 단어 놀이는 다음과 같다.

- 끝말잇기
- 단어 수수께기: 수수께기 상자에 단어 카드를 넣어 두고 한 장씩 뽑아 나온 단어에 대해 설명한다.
- 가방 게임: 특정 주제와 관련해서 가방 안에 넣을 물건 말하기(나는 휴가를 갑니다. 내 가방 안에는 수영복이 있어요. ㅇㅇ 가방 안에는 또 무엇을 넣을까?
- 신체 수수께끼: 영유아가 한 명씩 신체 부분에 대해 수수께끼를 낸다. “나는 ㅇㅇ로 박수를 칠 수 있습니다.”

[그림 6-6] 가방 게임

[그림 6-7] 신체 수수께끼

❷ 표현 확장 활동: 설명하기

효과적인 말하기를 위해서는 문장 구성 능력이 필요하다. 다양한 주제에 대해 자신의 생각과 느낌을 발표할 수 있는 기회를 만들어서 발표하게 한다. 교사는 영유아의 표현 능력이 어떠한지를 먼저 파악한 후 발달에 맞게 활동을 구성할 수 있다. 말하기를 할 때는 문법과 어휘, 말하고자 하는 내용이 있어야 한다. 그러므로 유아가 잘 알고 있고, 흥미 있어 하는 주제와 물건, 사건 등에 대해서 설명하도록 한다. 교사는 다음과 같이 다양하게 표현 확장 활동을 계획할 수 있다.

- 촉감 상자 설명하기: 촉감 상자를 준비하여 유아가 만져 보고 촉감을 설명한다.
- 슈퍼마켓 놀이: 장바구니에 여러 물건을 넣어 놓고 돌아가면서 그 물건에 대해 설명한다. 예를 들어, 당근에 대해서 "토끼가 좋아해, 주황색이야. 조금 단단해."
- 단답형으로 대답하기: 영유아가 단답형으로 말하기를 시작하게 되면 질문과 대답하기 게임(여우야 여우야 뭐하니?/우리 집에 왜 왔니? 등)을 한다. 단답형의 질문이 들어 있는 동화책을 함께 읽고 놀이를 하거나, 인형 같은 놀잇감을 제공해 동극처럼 놀이를 할 수 있다.

[그림 6-8] 슈퍼마켓 놀이

전래동요 · 김성미 그림 / 키즈엠 / 2019

전래동요 세트 / 아이코리아 / 1994

[그림 6-9] 단답형으로 대답하기

❸ 대화 확장 활동

영유아의 의사소통능력을 발달시켜 주는 활동이다. 영유아는 일상생활 대화에서 의사소통의 기초를 배우므로 교사는 자연스러운 상황에서 영유아에게 먼저 말을 걸어 대화를 시작하며, 영유아의 수준과 흥미에 기초하여 대화를 진행하도록 한다. 또한, 소집단 또는 유아 개인 간의 대화를 촉진하기 위해 다음의 방법을 활용할 수 있다.

- 소집단 토의하기: 5~6명의 유아가 하나의 과제나 주제에 대해 자연스럽게 이야기한다. 예를 들어, 유아들이 흥미 있어 하는 공룡에 대해 정보를 나누고 자료 만들기를 하도록 공통의 과제를 제시할 수 있다.
- 동화책 함께 읽기: 두 명의 유아가 함께 책을 읽으면서 동화 내용에 대해 자연스럽게 대화하도록 유도한다.
- 극놀이 하기: 극놀이는 영유아의 놀이가 가장 활발하게 일어나고 유아-유아 간의 교류가 빈번한 영역 중 하나이다. 유아와의 자연스러운 대화를 통해 의미를 전달하기 위한 적절한 발음, 목소리, 눈맞춤, 대화의 순서 등을 배운다. 또한, 다양한 인물과 주제로 놀이를 하면서 다양한 인물의 역할과 말투를 모방하고 놀이 장면에 적절한 언어를 재구성하는 기회를 가지게 된다.
  - 역할놀이: 역할놀이 영역에서 역할놀이를 하면서 그 역할에 맞는 언어를 사용할 수 있는 기회를 갖는다. 병원 용품, 미용 도구, 가게용품 등의 소

품을 준비하여 다양한 종류의 역할놀이가 일어날 수 있도록 지원한다.

- 무언극: 영유아의 몸짓언어를 발달시킬 수 있는 활동이다. 말을 사용하지 않고 창의적인 몸짓으로 사물을 표현하도록 하며 이야기를 나눈다.
- 인형극: 인형극은 앞에 나서기 싫어하고 수줍음을 많이 타는 유아에게 말하기를 지도하는 적절한 방법이다. 손가락 인형, 막대 인형, 테이블 인형 등 다양한 종류의 인형을 준비하고, 특히 최근에 읽어 준 동화와 관련된 인형을 제시해 주면 좋다.

[그림 6-10] 동화책 함께 읽기

[그림 6-11] 인형극 놀이

❹ 이야기 꾸미기 활동

말하기는 상대방이 말하는 내용을 잘 이해할 수 있도록 이야기의 내용을 논리적으로 구성하는 사고의 과정이 포함된다. 이야기 꾸미기 활동은 사건들을 연결하여 이야기로 꾸며서 말해 봄으로써 이야기의 순서, 전개, 구성에 대한 지식을 습득할 수 있게 한다.

- 글 없는 그림책을 보면서 이야기 꾸미기
- 그림 카드 보고 이야기 꾸미기: 사건을 표현하는 몇 장의 그림 카드를 보여주고 순서대로 그림을 연결하면서 이야기를 꾸며 보도록 한다. 이때 교사는 "이 중에서 가장 처음 일어난 것은 어느 것일까?", "지금 무슨 일이 벌어지고 있니?"와 같이 적절한 질문을 통해 영유아를 도와줄 수 있다.
- 이야기 만들기: 영유아가 자유롭게 자신이 상상한 이야기를 말해 보도록 한다. 영유아의 자기표현 능력, 창의적 사고 능력을 키울 수 있다.

글 없는 그림책의 예

<table>
<tr><td>머나먼 여행 (에런 베커 지음, 2014, 웅진주니어)
– 마법의 펜을 발견한 소녀가 신비로운 모험을 떠난다.</td><td>
</td></tr>
<tr><td>구름 공항 (데이비드 위스너 지음, 2017, 시공주니어)
– 소년은 초고층 건물에서 꼬마 구름을 만나 천차만별의 구름 모양을 만든다.</td><td>
</td></tr>
<tr><td>이봐요 까망씨! (데이비드 위즈너 지음, 2014, 비룡소)
– 고양이 까망씨에게 나타난 외계인과 곤충들의 탈출 소동 이야기</td><td>
</td></tr>
<tr><td>거리에 핀 꽃 (존아노 로슨 (기획) 지음, 시드니 스미스 그림, 2015, 국민서관)
– 생기 없는 도시에 여자아이가 꽃을 나누어 주자 따뜻한 색깔이 가득 찬다.</td><td>
</td></tr>
<tr><td>파도야 놀자 (이수지 지음, 2017, 비룡소)
– 소녀는 파도와 장난치며 즐거운 시간을 보낸다.</td><td>
</td></tr>
<tr><td>노란 우산 (류재수 지음, 2007, 보림)
– 비오는 날 등굣길에 색색의 우산들이 거리에 생기를 불어넣는다.</td><td>
</td></tr>
<tr><td>혼자가 아닌 날 (구오징 지음, 2016, 미디어창비)
– 매일 집에 혼자 남겨져 있던 아이가 사슴과 신비한 여행을 떠난다.</td><td>
</td></tr>
</table>

빨강 파랑 강아지 공 (크리스 라쉬카 지음, 2012, 지양어린이) - 아끼는 빨강공이 터지자 강아지 데이지는 몹시 실망한다.	
만남 (백지원 지음, 2020, 봄봄출판사) - 하얀 눈밭에서 우연히 친구를 사귀게 되지만 곧 작별을 하게 된다.	
악어 씨의 직업 (조반나 조볼리 (기획) 지음, 마리아키아라 디 조르지오 그림, 2017, 한솔수북) - 아침 일찍 출근길을 재촉하는 악어 씨의 직업에 대해 알아본다.	
세상에서 가장 용감한 소녀 (매튜 코델 지음, 2018, 비룡소) - 소녀는 눈보라 속에서 길 잃은 새끼 늑대를 구해 준다.	
쩌저적 (이서우 지음, 2018, 북극곰) - 남극의 빙하가 갈라지면서 꼬마 펭귄은 혼자 세계 여행을 하게 된다.	
빨강책 (바바라 리만 지음, 2019, 북극곰) - 소녀가 빨강책을 발견하고, 책을 통해 새로운 세상을 만나게 된다.	
줄의 끝에서 (마르셀로 피멘틀 지음, 2015, 나미북스) - 동물들이 멋진 색깔과 무늬로 변신하기 위해 줄을 서는 이야기	

3) 읽기 지도

(1) 읽기의 의미

읽기란 문자 또는 인쇄 자료에서 의미를 추출해 내는 과정이다. 글을 제대로 읽고 이해하기 위해서는 두 가지 능력이 필요하다. 문자로 표기된 단어를 소리로 바꾸는 해독(음독) 능력과 글에서 의미를 파악하는 언어 이해력이다. 해독은 글자를 대응하는 말소리로 바꾸는 과정이다. 이때 음운 인식, 낱글자 인식 등의 지식을 갖추고 있어야 낱말을 올바른 소릿값으로 읽을 수 있다. 언어 이해력은 어휘력과 배경지식 등 언어의 의미에 대한 이해력을 말한다. 우리는 인쇄된 글을 해독한 다음 어휘력과 배경지식 등을 이용해 내용을 추리하고 의미를 구성한다. 그러므로 읽기는 최소한 다음과 같은 일련의 과정으로 진행된다.

① 해독(decoding): 자모 법칙에 따라 글자를 인식하는 과정
② 이해(understanding): 해독한 글의 내용을 이해하는 과정
③ 학습(learning): 이미 알고 있는 지식과 새로운 지식을 구별하여 새로운 지식을 학습하는 과정
④ 기억(remember): 읽은 내용을 자신의 언어로 기억하는 과정

이상에서와같이 읽기는 단순히 글자를 해독하는 활동이 아니고 해독에서 이해, 학습, 기억까지의 과정이 포함된 고도의 지적 작업이다. 특히, 영유아의 읽기에서는 해독보다는 의미 해석에 중점을 두기 때문에 무엇보다 영유아가 일상생활 속에서 읽기의 중요성과 필요성을 인식하고 읽기를 즐기도록 하는 것이 중요하다.

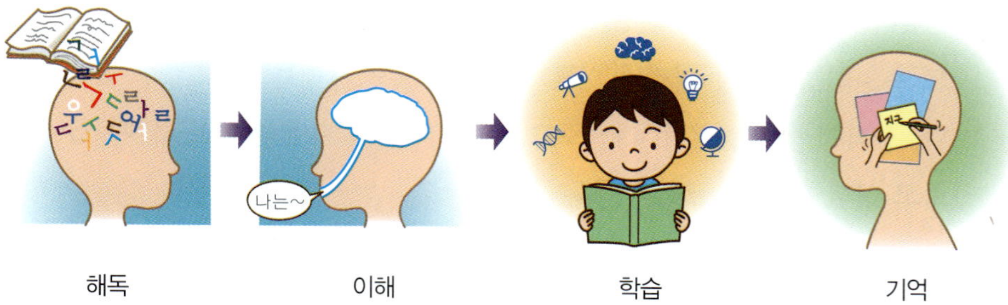

[그림 6-12] 읽기 과정

(2) 읽기 기능

읽기는 모든 학습의 기초가 되며, 정보 습득을 위한 기본 수단이다. 효과적인 읽기를 하기 위해서는 다음과 같은 읽기 기능을 갖추고 있어야 한다(Barrett, 1976).

- 축어적 재인 및 회상(literal recognition or recall): 줄거리, 세부 내용, 주제, 인물의 특성 등 읽은 내용을 기억한다.
- 재조직(reorganization): 유목화, 개요, 요약, 종합 등의 전략으로 내용을 추출한다.
- 추론(inference): 뒷받침이 되는 세부 내용, 중심 생각, 비교, 원인 결과 관계, 결과 예측, 비유적 언어 해석 등을 이해한다.
- 평가(evaluation): 현실과 환상, 사실과 의견, 정확성과 타당성, 적절성, 수용 가능성 등을 평가한다.
- 감상(appreciation): 글을 읽고 난 후, 주제나 구성에 대한 정의적 반응을 표현한다. 인물이나 사건에 대한 공감 정도, 떠오르는 이미지 등을 생각한다.

(3) 읽기 지도의 기본 원리

영유아의 읽기 지도는 영유아가 읽기 지도에 대한 거부감이나 힘들어하는 것 없이 읽기에 참여할 수 있도록 도와주는 것이 중요하다. 구체적인 영유아의 읽기 지도 원리는 다음과 같다.

① **영유아의 일상생활과 글의 관계를 이해하도록 한다.** 영유아가 읽기에 흥미를 갖도록 일상생활에서 읽기가 어떻게 활용되는지 기능을 인식할 수 있게 돕는다. 동화책, 신문, 잡지, 카탈로그, 글자 퍼즐 등 다양한 인쇄물 자료를 제시하고 실제 활용되는 모습을 보여 준다.

② **영유아에게 친숙한 정보를 중심으로 읽기 학습을 전개한다.** 영유아에게 친숙한 정보는 영유아가 글의 내용을 이해하기 쉽게 해 준다. 영유아가 가진 배경지식을 활용하여 읽기를 할 수 있도록 영유아가 흥미 있어 하는 주제를 중심으로 읽기 활동을 계획한다.

③ **사고능력을 자극하는 활동을 계획하여 영유아가 읽기 과정에 능동적으로 참여할 수 있도록 한다.** 읽기는 단순한 해독의 과정이 아니라 의미 해석의 과정이므로 책 속의 배경, 인물, 주제, 사건, 줄거리 등에 대해 이야기나누기 등의 활동을 통해 영유아의 추리능력과 표현능력을 향상시킬 수 있도록 돕는다.

④ **읽기의 개인차를 고려하여 개별적인 지도가 가능하도록 한다.** 영유아의 읽기 발달의 수준은 개인마다 차이가 있으므로 교사는 영유아의 발달 상황을 잘 파악하여 소집단이나 개별로 읽기 지도에 참여할 수 있도록 준비한다.

⑤ **통합적인 접근 방법을 활용한다.** 영유아기의 읽기는 듣기, 말하기, 쓰기와 밀접한 관계를 맺으며 동시에 통합적으로 발달한다. 또한, 언어 내적인 통합뿐만 아니라 신체, 사회, 인지, 정서 등 다른 교과 영역과도 통합되어 발달한다. 그러므로 읽기 지도는 유아교육의 전 영역에 걸쳐 통합적으로 이루어져야 한다.

(4) 읽기 활동

영유아가 겉으로 보기에는 똑같이 글을 읽는 것처럼 보이지만 실제 읽기 수준은 모두 다를 수 있다. 예를 들어, 어떤 아이는 글자만 해독하는 수준으로 읽기를 할 수 있고, 또 다른 아이는 유창하게 읽지만 글의 내용 파악이 안 되는 수준, 읽고 이해는 하는데 기억이 안 되는 수준 등 다양하다. 그러므로 교사는 영유아가 읽기를 통해 정확한 의미를 해석할 수 있는지 파악하고 지도하여야 한다. 읽기 활동에는 음운 지식 등의 문해 기초 지식과 단어 인식 활동, 내용 이해를 위한 문학 활동, 읽기 흥미와 습관 태도 형성 활동이 포함되어야 한다.

❶ 문해의 기초 인식 활동

읽기 활동은 시각적인 글자의 부호를 말소리와 의미로 해독하는 과정을 포함한다. 그러므로 일상생활을 통해 인쇄물에 대한 개념에서부터 음운 인식을 돕는 활동을 준비한다.

- 인쇄물에 대한 개념: 영유아 이름 카드나 교실 환경의 여러 가지 재료의 이름 카드, 영유아의 작품에 제목이나 내용 써 주기, 영유아 활동과 관련된 정보책 등을 제시하여 읽기가 일상생활에서 어떻게 활용되는지 알게 한다.
- 음운 인식 활동: 해독기술을 기르기 위해 낱자 소리를 식별할 수 있는 활동을 구성한다.
  - 동요와 시를 소리 내어 읽어 주기. 특히, 반복되는 단어, 문구 읽어 주기 (예: 기차, 숫자풀이, 꼬부랑 할머니)
  - 노래 부르기. 특히 반복 또는 단어 놀이가 포함된 노래 부르기
  - 재미있는 단어, 난센스 단어 놀이
  - 영유아의 이름에서 일치하는 소리 찾기
  - 영유아 이름으로 게임하기(예: '이름에 '강' 있는 사람 일어나기' 등)
  - 새로운 의성어 · 의태어 만들기
  - 재미있는 말로 노래 부르기(예: 'ㅂ'자로 시작되는 말로 노래 부르기 /bibi/, /baba/ 등)

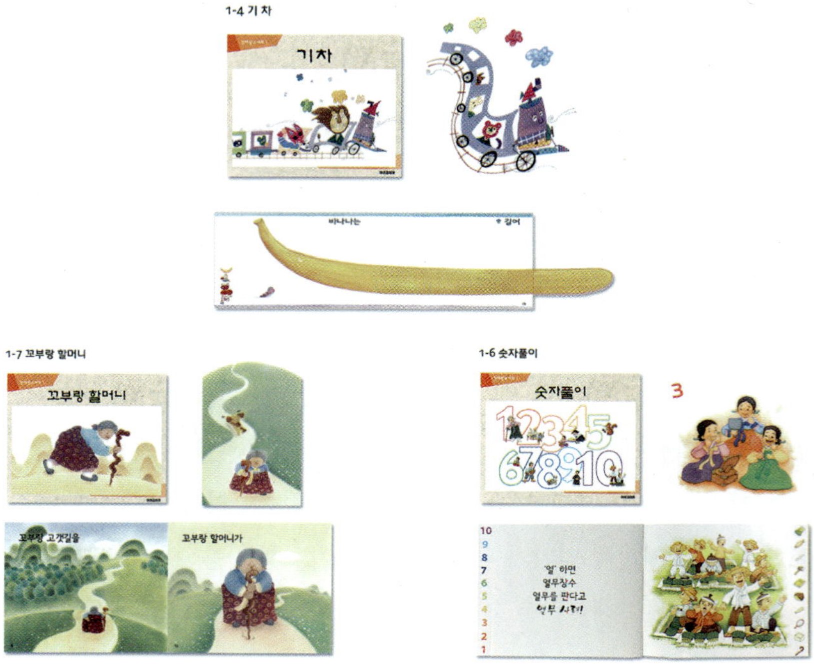

[그림 6-13] 기차, 숫자풀이, 꼬부랑 할머니(아이코리아 전래동요 세트 1, 2020) 등의 전래동요를 활용한 재미있는 단어 놀이

❷ 단어 인식 활동

영유아는 글자의 낱자를 알기 전에 통단어를 먼저 습득한다. 주변 환경에서 의미 있는 단어를 시각적 단서를 활용하여 통째로 기억하고 읽기를 한다.

- 단어 사이의 간격 인식하기: 단어 사이의 띄어쓰기 부분을 인식하도록 박수를 친다.
- 단어 목록: 모든 영역 표지판에 그림과 단어로 이름 카드를 붙이고, 교실 환경에서 제시된 미술 재료나 식물 등의 목록, 차트 등을 만들어 유아가 읽게 한다.
- 문장이나 그림책 페이지에서 특정 단어 세기: 지정된 단어가 나오면 손을 들거나 박수를 친다.

- 같은 글자 찾기: 두 단어, 세 단어 카드를 활용하여 첫 자가 같은 단어, 중간이 같은 단어, 끝 자가 같은 단어 등을 찾아본다.
- 음절 수가 같은 단어 찾기 또는 비교하기
- 교실에서 글자나 낱자 찾기

[그림 6-14] 첫 글자가 같은 단어

[그림 6-15] 마지막 글자가 같은 단어

❸ 내용 이해 활동: 문학 활동

읽기의 내용을 이해하고 의미 해석 능력을 높여 주는 활동으로는 문학을 활용한 활동이 있다. 영유아의 연령과 흥미에 맞는 그림책을 선택하여 흥미 있게 읽어 주는 것이 중요하다.

- 책 읽어 주기(shared reading): 교사가 큰 소리로 책을 읽어 주는 것은 책에 대한 흥미를 일깨워 줄 뿐만 아니라 책 속의 단어에 관심을 갖도록 해 주므로 매일 한 번씩 책을 읽어 주는 시간을 갖는다. 교사–유아 간 책 읽기 과정에서의 의미 있는 상호 작용은 유아의 언어 발달에 중요하며, 가장 효율적인 유아기 언어 학습 방법이 된다. 교사는 영유아에게 책을 읽어 줄 때 다음에 유의하여 읽어 준다.
  - 책 표지의 제목, 저자, 표지 그림을 보여 줌으로 책의 내용을 잘 이해할 수 있도록 준비시켜 준다.

- 영유아의 반응을 감지하면서 책을 읽어 준다.
- 자연스러운 목소리, 정확한 발음으로 약간 천천히 읽어 준다.
- 주인공의 특징이나 극적인 장면의 효과를 살려서 읽어 준다.
- 중간에 영유아의 흥미를 이끄는 질문을 할 수 있다. (예: "주인공은 다음에 어디로 갈까?")
- 영유아가 책을 잘 볼 수 있도록 해 준다.

• 혼자 읽기(independent reading): 영유아가 책이나 자신이 만든 읽기 자료를 혼자 읽어 보는 시간은 유아의 읽기 능력 발달을 위해 필요하다. 영유아 자신이 글을 읽을 수 있는 사람이라는 인식을 가지도록 해 주며, 개별 영유아의 읽기 수준에 맞는 책을 제공하여 진정한 읽기를 경험하는 좋은 기회를 마련해 준다. 이러한 읽기 경험은 영유아가 책에 흥미를 가지고 반복적으로 읽기 해 주며, 반복적인 읽기는 읽기에 대한 동기유발, 내용 이해, 어휘 습득, 단어 인식, 해독기술 등에 효과적이다.

❹ 읽기 흥미 및 태도 형성 활동: 일상생활 기록 읽기

영유아 읽기 지도에서 무엇보다 중요한 것은 읽기에 대한 흥미이다. 일상적인 생활 경험을 영유아 스스로 읽기 자료로 만들어 읽을 수 있다. 교실에서 일어나는 일을 기록하여 전시하는 것은 자신의 경험을 말과 글로 표현하고 이해하게 함으로써 유아의 문자언어 능력을 향상시켜 주며, 유아 상호 간의 공동경험을 확장시켜 주는 효과가 있다. 일상생활 기록 읽기의 과정은 다음과 같이 이루어진다.

① 유아의 생각을 음성언어로 표현한다.
② 유아가 직접 기록하거나 교사가 글씨를 써 준다.
③ 유아가 만든 읽기 자료를 친구들과 함께 읽어 보고 의견을 교환한다.

일상생활을 기록한 다양한 읽기 자료는 다음과 같다.

- 영유아의 일상생활 사진을 전시하고 설명을 기록
- 교사-유아 메시지 게시판, 매일 뉴스 레터
- 영유아의 일과 시간표나 계획표
- 오늘의 질문이나 토론 주제 인쇄물
- 오늘의 도우미 차트
- 유아가 만든 요리책, 과학책, 메뉴 및 신문 등

이상과 같은 일상생활에서의 기록 읽기는 읽기 흥미를 지속시키고 읽기 학습 동기를 자극하여 읽기의 기초 기능을 향상시킬 수 있다.

[그림 6-16] 일상생활 환경 게시판

4) 쓰기 지도

(1) 쓰기의 의미

쓰기는 필자가 자신의 생각이나 느낌을 문자언어로 표현하는 것이다. 그러므로 쓰기에는 글의 내용을 생성하는 사고 과정(thinking)과 생각을 문자로 표기하는(transcribing) 과정이 있다. 따라서 효과적인 쓰기를 하기 위해서는 다음의 지식이 필요하다.

- 글씨 쓰기: 글자 자모를 손으로 베껴 쓰거나 음성적인 내용을 옮겨 적을 수 있는 능력
- 철자법, 문법: 철자에 맞게 단어를 기록하거나 문법에 맞게 문장을 구성하는 것
- 작문: 언어의 문자적 규칙에 따라 생각을 조리 있게 글로 표현하는 작문능력

쓰기는 일상생활과 사회생활을 영위하기 위한 필수적인 능력이며, 고급 단계의 언어능력을 갖추기 위한 필수 요소이기도 하다. 그러나 교육 현장에서의 교육은 주로 말하기, 문법 중심으로 이루어지므로 의미를 구성하는 쓰기 지도는 충분하게 이루어지지 못하고 있다. 이러한 의미 구성으로서의 쓰기 지도는 영유아기 시기부터 체계적으로 이루어질 필요가 있다.

(2) 쓰기 기능

효과적인 쓰기를 위해서는 다음의 쓰기 기능에 대한 이해가 필요하다.

- 사고 생성: 글을 쓰고자 하는 주제나 내용에 대한 사전 정보나 지식을 획득한다.
- 사고 조직: 정보의 내용이나 생각을 서로 묶어서 논리적으로 사고를 조직한다.
- 글쓰기: 글을 쓰는 목적과 독자의 특성을 반영하여 글을 쓴다. 이때 글의 내용을 명확하고 효율적으로 전달하는 지식이 필요하다.

- 교정: 탈상황적 언어 지식을 바탕으로 글을 구체적이고 상세하게 쓴다.

(3) 쓰기 지도의 기본 원리

효율적인 쓰기 지도를 위해서는 유아의 흥미 유발과 자발적인 참여가 무엇보다 중요하다. 교사는 영유아의 쓰기 발달의 개별적인 차이를 고려하여 정확한 쓰기보다는 의미의 생성에 초점을 두고 쓰기를 지도하여야 한다. 구체적인 지도 원리는 다음과 같다.

① **글씨 쓰기보다는 글자 의미 생성에 중점을 둔다.** 영유아가 가지고 있는 생각, 느낌을 글이 아니더라도 그림을 활용한 인쇄물을 통해 표현할 수 있도록 격려한다. 지나치게 글자 쓰기에 관심을 두면 자신이 무엇을 표현하려고 하였는지 의미 생성에 흥미를 잃어버리고 쓰기 자체에 대한 동기가 상실된다. 그러므로 교사는 영유아가 무엇인가를 쓰고 싶어 하는 모습을 보일 때 다양한 방법으로 표현할 수 있도록 쓰기를 격려한다.

② **교실에 풍부한 문해적인 환경을 마련하여 영유아의 자발적 쓰기를 유도한다.** 언어 영역뿐만 아니라 교실 전체 어디에서나 쓰기를 할 수 있도록 다양한 필기도구와 종이를 준비한다. 예를 들어, 쌓기 놀이 영역에서 도로를 건설하였을 경우, 도로 표지판을 만들어 붙일 수도 있고, 역할놀이 영역에서 놀이를 하는 도중에 간판을 만들어 붙일 수도 있다. 영유아가 쓰기가 필요하고 쓰고 싶은 동기가 유발되었을 때, 즉시 쓰기를 할 수 있는 환경이 구성되어야 한다.

③ **영유아 쓰기의 발달적 특징을 고려한다.** 영유아의 쓰기는 관습적인 쓰기가 아닐 경우가 많으며, 끼적거리기, 발명적 글자 등이 나타난다. 교사는 영유아의 이러한 특징을 잘 이해하고 글자를 지나치게 철자법에 맞게 수정하여 주지 않도록 한다. 영유아가 자신이 쓴 것이 틀렸다는 것을 인식하면 쓰기 자체에 대한 흥미가 사라지고 자신감을 잃게 된다. 이럴 경우 영유아는 아는 글자만을 사용하여 글자 쓰기를 하려고 하기 때문에 자유롭고 창의적인 글쓰기를 방해할 수 있다.

④ **쓰기 지도는 통합적인 방법으로 이루어져야 한다.** 쓰기는 분절된 언어행동이 아니라 말하기, 듣기, 읽기와 통합하여 발달한다. 그러므로 쓰기 지도는 말하기, 듣기, 읽기, 쓰기와 동시에 이루어져야 한다. 또한, 언어 영역뿐만 아니라 사회, 신체, 과학, 수학 등 다양한 교과와도 통합되어 쓰기가 발달하므로 유아교육의 전 과정을 통해 쓰기 활동이 지속적으로 통합해서 이루어지도록 하여야 한다.

(4) 쓰기 활동

효과적인 쓰기를 하기 위해서는 쓰고자 하는 글에 대한 내용 지식, 상황에 맞게 글을 구성하는 맥락 지식, 실제적으로 어떻게 글쓰기를 하는지에 대한 지식, 철자나 어휘, 문법에 대한 지식의 내용이 포괄적으로 포함되어야 한다(vukelich, Roskos, & Christie, 2020).

❶ 언어 지식 활동: 단어 쓰기 활동

철자나 어휘, 문법에 대한 지식은 단어 쓰기 활동을 통해 지도할 수 있다. 다양한 단어 쓰기 활동을 다음과 같이 계획할 수 있다.

- 단어 사전: 그림책에서 새로 발견한, 재미있는 단어를 찾아 단어 사전을 만든다. 유아가 만든 창의적 단어로 단어 사전을 구성할 수도 있다.

[그림 6-17] 단어 사전

- 자모 스탬프 세트로 단어 만들기: 자모 스탬프를 찍고, 찍은 자모를 활용하여 단어 만들기를 한다.
- 같은 소리로 시작하는 단어 목록 만들기(예: 나무, 나라…)
- 모래 글씨 쓰기
- 글자 쓰기 조작 놀이: 자모 카드를 활용하여 글자를 만드는 형태의 다양한 조작 교구로 놀이한다.

❷ 상호작용적 쓰기(Interactive Writing)

상호작용 쓰기를 통해 유아는 쓰기가 일상생활에서 어떻게 사용되고 있는지 알게 된다. 유아와 유아, 유아와 교사 간의 의사소통을 위한 쓰기는 유아의 쓰기에 대한 관심과 흥미를 유지시켜 주는 동기유발의 역할을 한다. 따라서 매일의 일과 속에서 상호작용적 쓰기가 풍부하게 일어나도록 환경을 구성해 주는 것이 중요하다. 교사는 유아의 쓰기에 대해 쓰기로 반응을 해 주어야 하며, 유아가 글쓰기를 힘들어할 때는 그림을 활용한 쓰기를 할 수 있도록 격려한다. 교사는 다음과 같은 상호작용적 쓰기 활동을 계획할 수 있다.

- 편지 쓰기: 친구, 교사, 부모 등 다양한 대상에게 편지 쓰기를 할 수 있다.
- 메모 전달하기: 기억해 두어야 할 것 등을 말과 함께 메모로 전달한다.

[그림 6-18] 유아가 엄마, 아빠에게 쓴 편지

[그림 6-19] 유아가 기르는 물고기에게 쓴 편지

❸ 이야기 구성하기

작문으로서의 쓰기는 일상생활에 기초한 쓰기와 문학에 기초한 쓰기로 구분할 수 있다.

■ 일상생활에 기초한 쓰기

일상생활에 기초한 쓰기의 자료는 유아 자신으로부터 나온 글이므로 유아에게 의미가 있고 흥미를 주며, 내용 생성을 풍부하게 할 수 있다. 이 과정에서 유아는 문자언어와 음성언어의 관계를 쉽게 파악하여 단어와 문자의 개념을 습득할 수 있다. 이는 유아 자신이 읽은 것, 관심 있는 것, 생활에서 경험한 것에 대해 이야기해 보고, 그것을 글로 써 보고 다시 읽어 보는 과정으로 진행된다. 유아는 자기 이야기를 글로 쓸 수 없으면 그림을 그리거나 교사의 도움을 받을 수 있다. 일상생활에 기초한 쓰기의 과정은 다음과 같다.

① 계획하기

- 관찰: 유아 개인의 경험적 배경, 흥미, 언어발달 정도를 관찰하여 유아가 흥미로운 경험을 할 수 있도록 다양한 활동을 계획한다.
- 경험 확장: 언어활동이 잘 일어날 수 있는 과정들을 잘 계획한다. 예를 들어, 현장학습의 경우, 계획 단계에서 가기 전이나 다녀온 후에 현장학습에 대해 유아들과 어떻게 대화하고 기록할 것인지를 계획한다. 가지고 가야 할 물건은 어떤 것이 있는지, 무엇을 알고 싶은지, 장소가 어디인지, 주의사항은 어떤 것이 있는지, 정확한 장소 지도 등을 기록한다. 또한, 경험을 어떻게 기록할 것인지, 경험 차트는 어떻게 만들 것인지, 집단의 형태는 어떻게 구성할 것인지, 유아의 관심을 지속시킬 방법 등에 대해서도 계획해야 한다.

② 경험하기

- 유아의 경험을 음성언어로 표현하게 하는 것이 핵심이다. 유아에게 재미있고 의미 있는 다양한 경험을 제공하여 말하고 쓸 내용을 많이 만들어

주면 유아는 이 과정을 통해 의미 있는 경험을 표현할 수 있는 능력을 기른다.

③ 대화: 발표하기

- 유아의 경험을 언어로 표현하는 것은 유아의 경험을 일정한 관계로 연결짓는 것이다. 교사는 유아가 경험을 개념화할 수 있도록 말로 유아의 사고와 지식을 확장시켜 준다.
- 교사는 많은 유아가 흥미 있어 하는 것에 초점을 두고 이야기가 진행되도록 하며, 개인별 또는 대소집단의 다양한 형태로 집단을 구성하여 이야기 나누기를 한다.

④ 기록하기

- 언어화된 경험을 기록하는 과정이다. 유아는 자신의 경험이 기록되는 것을 보면서 글자의 개념을 알고 말이 글의 형태로 바뀐다는 것도 알게 된다. 유아가 말이 글자가 되는 것을 분명하게 볼 수 있도록 교사는 시범적으로 큰 종이, 칠판, 게시판, 설명 차트에 기록한다. 유아가 자신의 경험을 그림으로 그리게 하고 그림에 대해 설명하게 하여 그것을 기록한다. 유아가 기록한 읽기 자료는 의미 있고 쉬운 것이어야 하므로 가능하면 유아가 표현하는 언어를 그대로 받아 써 준다. 받아 쓴 이야기를 유아들이 다 같이 읽게 하여 읽기 자료로도 활용할 수 있다.

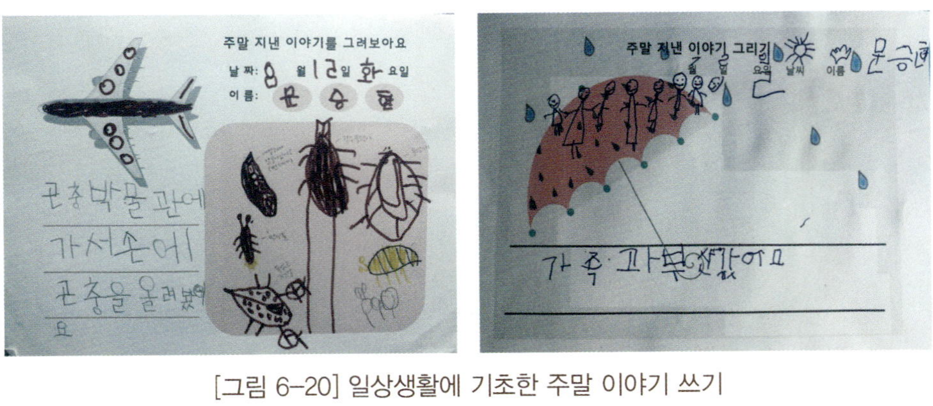

[그림 6-20] 일상생활에 기초한 주말 이야기 쓰기

■ 문학에 기초한 쓰기

문학은 영유아에게 다양한 쓸거리를 제공한다. 아무 자료도 없이 글쓰기를 하는 것은 유아에게 매우 어려운 일이다. 영유아는 그림책을 통해 다양한 지식과 정보, 생각과 느낌을 가지게 되고 이러한 내용을 바탕으로 이야기를 구성할 수 있다. 문학에 기초한 다양한 쓰기 활동은 다음과 같다.

- 그림책 다시 쓰기: 그림책의 그림만을 남겨 두고 이야기를 다시 구성할 수 있다.

[그림 6-21] 유아가 다시 쓴 그림책
『신기한 씨앗 가게』(미야니시 타츠야 글 · 그림, 김수희 역, 2016, 미래아이)

- 그림책의 앞뒤 이야기 쓰기: 그림책의 이야기 사건이 일어나기 전이나 후의 이야기를 지어 볼 수 있다.
- 글 없는 그림책 이야기 만들기
- 이야기 지도 만들기: 그림책의 줄거리를 시각적인 글과 그림 도표로 만들어 본다.

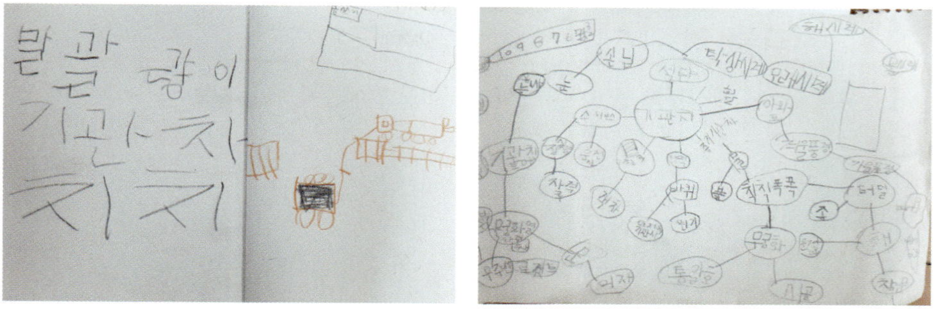

[그림 6-22] 『말괄량이 기관차 치치』를 읽고 이야기 지도 만들기

- 동시 짓기: 자유로운 동시 짓기, 동시 다시 써 보기, 함께 동시 지어 보기 등 다양한 형태로 활동할 수 있다.
- 책 만들기: 영유아가 상상한 이야기를 책으로 만든다. 주제의 제한 없이 영유아가 상상한 모든 내용을 글과 그림으로 표현하여 책으로 꾸밀 수 있다. 이때 교사는 영유아가 문어체를 사용하도록 도와준다.

[그림 6-23] 유아가 지은 이야기로 책 만들기: 제목 '귀요미 패션쇼'

Tip: 조사해 보세요

1. 상황적 언어와 탈상황적 언어가 무엇인지 찾아보고 예를 들어 보세요.

[정의] 상황적 언어: 탈상황적 언어:
[사례] 어제 있었던 이야기를 상황적 언어와 탈상황적 언어로 이야기해 보세요. 상황적 언어: 탈상황적 언어:

CHAPTER 7.

언어교육 환경

'구청장님, 저희들의 이야기를 들어 주세요.'
유아들은 안전한 동네를 위하여 자신들의 이야기를 전하며 참여하는 세계시민으로 성장합니다.

교·육·목·표

1. 영유아 언어교육에 적절한 어린이집과 유치원의 환경에 대해서 안다.
2. 영유아의 언어발달을 위한 부모와 가족의 역할을 이해한다.
3. 영유아의 언어발달을 위한 가정의 언어 환경에 대해 이해한다.

1. 영유아교육기관의 언어교육 환경

1) 영유아교실의 언어영역

영유아교육기관의 교실은 어린 영유아의 언어발달에 많은 영향을 미치는 중요한 환경적 요인이다. 영유아는 교실 곳곳에서 이루어지는 다양한 활동에 참여하고 교사와 또래들과 상호작용하면서 언어적 능력을 발달시킨다. 영유아는 교실에서 교사와 또래와의 상호작용을 통해 말하기와 듣기를 하고, 좋아하는 그림책과 다양한 읽을거리를 읽고, 쓰기를 통해 자신의 생각을 표현하기 시작한다. 따라서 영유아의 언어발달을 위해서는 언어영역뿐만 아니라 교실 전체가 언어능력 발달에 적합한 환경으로 구성되어야 한다.

대부분의 영유아교실에는 다양한 언어교육 자료가 준비되어 있는 언어영역이 있다. 영유아를 위한 언어영역은 말하기와 듣기, 읽기와 쓰기를 따로 구분하여 구성하기보다는 통합적으로 이루어지도록 구성되어야 한다. 언어영역은 영아와 유아가 편안한 정서 상태에서 언어발달을 위한 탐색을 할 수 있도록 햇빛이 잘 드는 밝고 조용한 위치에 마련되어야 한다. 영유아는 따뜻하고 여유로운 느낌과 분위기의 언어영역에서 마음껏 자신의 관심과 흥미에 따른 언어적 탐색을 할 수 있다.

언어영역에는 영유아의 발달에 맞는 좋은 그림책이 구비되어 있어야 한다. 교육과정의 주제에 따라 그림책을 교체해 주고 그림책 전면이 보이도록 배치하여 영유아의 그림책에 관한 호기심과 읽고 싶은 마음을 불러일으킬 수 있어야 한다. 언어영역에는 적절한 높이의 책상을 비치하고 카펫을 깔아 주어 소음을 줄일 수 있도록 한다. 또한, 푹신한 쿠션과 모빌, 동물 봉제인형 등을 준비해 주어 영유아가 언어영역에 편안한 마음으로 다가갈 수 있도록 하는 것이 좋다. 언어영역에는 영아와 유아의 발달적 특성과 수준을 고려한 그림책과 쓰기 자료를 준비해 주어야 한다. 영아반에는 특히 소리 나는 그림책, 만져서 촉감을 느낄 수 있는 그림책, 자연에 관한 그림책, 기본생활습관에 관한 좋은 그림책들을 준비해 주는 것이 좋다.

영유아의 관심과 흥미, 교육과정의 주제 등을 고려한 자료가 구비되어 있는 언어 영역에서 영유아는 자신의 수준에 맞는 언어적 탐색을 하면서 언어적 역량을 키워 나갈 수 있다.

영유아를 위한 언어교육은 교실 전체에서 역동적으로 이루어져야 한다. 영유아 교실에서의 환경에서 영유아의 말하기, 듣기, 읽기, 쓰기가 어떻게 이루어지는지를 편의상 구분하여 살펴보면 다음과 같다.

(1) 그림책 영역(읽기 영역)

영유아는 좋은 그림책을 읽으며 언어적 능력을 발달시킨다. 이를 위하여 영유아교실에는 말하기와 듣기, 읽기와 쓰기가 골고루 이루어질 수 있는 그림책 영역이 구비되어 있어야 한다. 영아와 유아는 혼자서 책을 읽기도 하고, 친구들과 교사와 함께 그림책을 읽으며 언어적 상호작용을 하기도 한다. 따라서 영유아의 언어발달을 위해서는 질적으로 우수한 수준 높은 좋은 그림책들을 구비해 주는 것이 매우 중요하다.

그림책 영역은 자연적인 조명이 가능한 한 밝고 환한 곳에 위치해야 한다. 영유아는 햇빛이 가득한 따뜻하고 환한 공간에서 훌륭한 그림책 작가가 창작한 좋은 그림책을 읽고 친구들과 그림책에 관해서 이야기를 나누며 수준 높은 언어를 배울 수 있다. 그림책 영역에는 푹신한 쿠션과 인형을 준비해서 편안히 앉아서 책을 볼 수 있도록 해 준다. 또한, 쾌적한 환경을 위해서 식물 화분, 꽃 화분도 마련해 주면 좋다. 책꽂이에도 책을 꽂아주고 종이블록에 그림책의 표지가 보이도록 전시해 줄 수도 있다. 날씨가 좋은 날에는 그늘에 돗자리 등을 깔고 읽고 싶은 그림책을 가지고 나오도록 해서 실외에서 그림책을 볼 수 있도록 할 수도 있다.

[그림 7–1] 영아반 그림책 영역(읽기 영역)

[그림 7–2] 유아반 그림책 영역(읽기 영역)

영유아교육기관에는 어린이 도서관이 있는 곳도 있다. 교실의 그림책 영역 이외에 도서관이 있는 경우 영유아가 더욱 책과 가까이 할 수 있는 기회를 많이 가질 수 있다. 책을 빌려 가고 반납하는 것도 경험해 보고, 함께 공유하는 공공의 책을 소중하게 다루는 것도 배울 수 있다. 가정과 연계하여 부모나 형제자매와 함께 책을 읽는 문화를 체험해 보는 것도 좋은 교육이 된다. 가정에서 가족과 함께 책을 읽는 경험은 유아의 언어발달에 많은 도움이 되고 유아가 책과 함께하는 가치 있는 문화를 체득하도록 함으로써 우리 사회에 책 읽는 문화를 형성하는 데도 도움이 된다.

[그림 7-3] 영유아교육기관 도서관

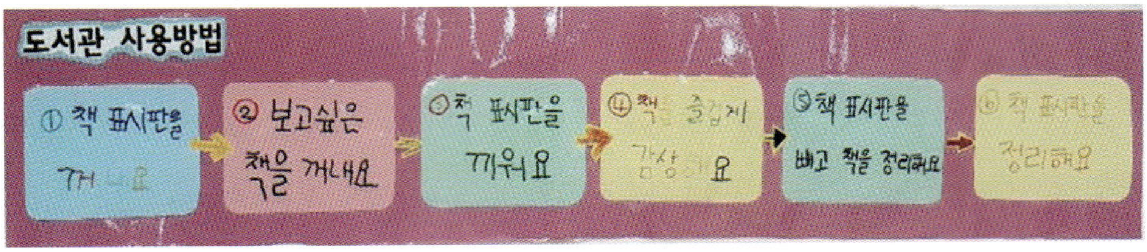

[그림 7-4] 도서관 사용 방법

[그림 7-5] 도서관에서 지켜야 할 약속

[그림 7-6] 복도를 활용한 영유아교육기관 도서관

(2) 쓰기 영역

영유아교실은 전체가 쓰기 영역이 될 수 있다. 영유아는 교실 곳곳에서 다양한 활동을 하며 쓰기를 한다. 과학영역에서 토마토를 키우는 과정이나 물고기에게 준 먹이의 양을 기록하고, 역할놀이 영역에서 피자가게 놀이를 하면서 메뉴판과 가격표, 주문서를 작성하면서 쓰기를 한다. 미술영역에서 그림을 그리고 이야기와 자신의 이름을 쓰기도 하고, 친구들과 편지를 주고받으면서 쓰기를 한다. 가족의 날에 엄마나 아빠, 할머니와 할아버지, 동생 등 가족에게 선물을 만들고 카드와 초대장을 만들면서 쓰기를 한다.

이렇게 영유아는 교실에서 항상 쓰기를 한다. 영유아의 쓰기가 활발히 이루어지도록 하기 위해서는 교실의 여러 영역에 각종 종이류와 필기류를 준비해 줄 필요가 있다. 다양한 크기, 모양, 색깔의 종이, 연필, 색연필, 크레파스, 사인펜, 칠판과 화이트보드, 칠판지우개 등을 준비해 주어 유아가 쓰기를 하려고 할 때 언제든지 적절한 자료를 사용해서 쓰기를 할 수 있도록 한다. 영유아교실의 환경에 우편함을 만들어 주어 언제나 하고 싶은 말을 편지로 써서 주고받을 수 있도록 해준다거나 컴퓨터를 사용해서 쓰기를 하고 인쇄해서 읽어 볼 수 있는 환경을 마련해 주는 것도 영유아의 쓰기를 격려하는 환경이다. 교사는 영유아의 쓰기를 잘 정리하고 보관해서 영아와 유아의 쓰기가 어떻게 발전해 가는지를 볼 수 있도록 해야 한다.

[그림 7-7] 쓰기 영역

[그림 7-8] 영아들의 쓰기(끼적이기)

[그림 7-9] 영아의 쓰기

[그림 7-10] 유아의 쓰기

(3) 말하기 영역

말하기 또한 영유아교실의 모든 일상에서 항상 일어난다. 영유아는 교사와 친구들과 대화를 하며 말하기를 연습한다. 영유아교육기관에서 실행되는 교육과정의 모든 활동에서 말하기를 하지 않고 할 수 있는 활동은 거의 없다. 따라서 교사는 교실에서의 일과와 교육활동을 하면서 영유아가 즐거운 마음으로 자발적으로 말하기를 하도록 격려해야 한다.

인형극 틀과 다양한 인형, 융판과 자석판 등을 준비해 주어 인형극이나 극놀이를 하면서 역할에 적절한 말하기를 연습해 보도록 한다. 그림책을 읽고 그 이야기로 동극으로 하면서 등장인물의 역할을 극의 대사로 표현해 보는 경험은 영유아의 말하기 능력 향상에 많은 도움이 된다. 영유아교육과정에서 이루어지는 다양한 활동 중 끝말 이어가기, 말 이어 전하기 등의 게임이나 활동은 영유아가 정확한 발음으로 말하기를 하는 데 도움이 된다.

[그림 7-11] 막대인형을 사용하여 말하기

[그림 7-12] 인형극놀이를 통한 말하기

(4) 듣기 영역

듣기 또한 영유아교실의 하루 일과 동안 교실의 전 영역에서 이루어진다. 교사와 유아는 대화를 하면서 듣기를 한다. 유아는 교사와 친구들과 대화를 하면서 상대방의 말을 잘 들어야 언어적 상호작용을 지속시킬 수 있다는 것을 알게 된다. 또한, 영유아는 교사와 이야기를 나누면서 잘 듣고 적절히 반응하는 것이 중요하다는 것을 깨닫게 된다. 친구들끼리 놀이를 하며 대화를 나눌 때도 친구들의 이야기를 잘 들어야 적절한 반응을 할 수 있고 그렇게 해야 놀이가 지속된다는 것을 경험한다.

영유아교실의 일상에서 듣기 역량을 향상시키는 것 이외에 교실의 듣기 영역에서 듣기를 경험하는 것도 듣기 능력 향상에 도움이 된다. 교실의 조용한 곳에 듣기 영역을 준비해서 녹음기와 테이프, CD, 그림책을 교사나 부모의 목소리로 녹음한 것, 교사와 부모가 자녀에게 쓴 편지를 녹음한 것 등을 들어 보도록 한다. 유아의 목소리를 직접 녹음해서 들어 보는 활동을 할 수도 있고 친구들의 목소리를 들어 보고 누구의 목소리인지 맞혀 보는 활동도 주의를 기울여 듣는 경험이 될 수 있다.

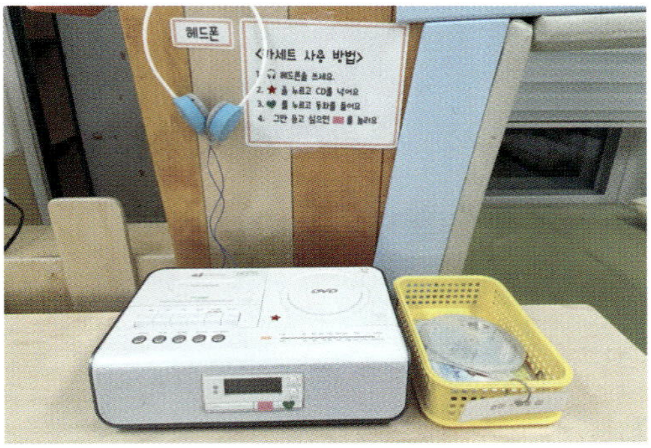

[그림 7-13] 듣기 영역

언어영역 구성 Tip

- 그림책 선정 시 영유아의 흥미, 발달 수준, 가족 유형과 문화적 특성 등을 고려하기
- 교육과정과 프로젝트 주제의 변화, 영유아의 흥미와 관심, 문해 능력의 발달 등을 고려하여 정기적으로 새로운 자료를 제공하기
- 영유아가 혼자서 작업할 수 있는 영역, 한두 명이 모여서, 혹은 소그룹으로 활동을 할 수 있는 적절한 공간을 마련하기
- 많은 영유아가 함께 모여 앉아서 이야기를 들을 수 있고 대집단 활동을 할 수 있는 여유롭고 넓은 공간 마련하기

2) 책 만들기 영역(책 출판 영역)

영유아교실에 책 만들기 영역을 구성해 주는 것은 영유아의 언어발달과 문해능력을 향상시키는 데 도움이 된다. 영유아는 책 만들기 영역에서 글을 쓰고, 그림을 그리고, 책을 출판하는 과정을 경험한다. 영유아는 가족, 유치원이나 어린이집의 행사, 만족스러운 작품, 견학 등 재미있게 참여했던 다양한 경험을 책으로 출판해서 공유할 수 있다. 영유아교실의 책 만들기 영역에는 종이, 마분지, 가위, 테이프, 크레용, 스테이플러, 펀치, 책을 묶을 수 있는 다양한 종류의 털실이나 끈 등 책을 출판하는 데 필요한 자료를 준비해 놓는다.

책 만들기 영역을 구성할 때는 다음의 조건을 고려한다.

- 종이, 쓰기 도구, 컴퓨터와 프린터 등 책 만들기를 할 때 필요한 자료를 구비해 놓을 수 있는 충분한 크기의 책상이 필요하다.
- 인쇄를 할 때 필요한 콘센트(outlets)가 가까이 있는 안전한 장소여야 한다.
- 조용히 책을 읽는 도서영역과는 떨어져 있으면서 글을 읽고 쓰는 문해 활동이 이루어지는 영역과는 가까이 위치한다.

(1) 책 출판 과정

① 이야기 창작하기: 영유아가 말하는 상상의 이야기나 실제 생활에서 경험한 이야기를 교사가 받아서 글로 써 준다. 글이 없이 그림(illustration)만 그려서 글 없는 그림책을 만들 수도 있다.

② 그림 그리기: 영유아가 그림을 그리고, 색칠을 하거나 잡지에서 그림을 오려서 붙이는 등으로 이야기에 맞는 일러스트레이션을 완성한다. 컴퓨터 프로그램이나 웹사이트의 그림을 인쇄해서 사용할 수도 있고 직접 사진을 찍어서 일러스트레이션을 완성할 수도 있다.

③ 그림 모으기: 영유아가 글과 그림, 혹은 그림으로 완성한 작품을 모아서 스토리를 완성한다.

④ 책 출판하기: 두껍고 질긴 종이로 책 표지를 만든다. 책의 제목과 작가(이야기를 창작한 글 작가와 그림을 그린 그림 작가)의 이름을 적절한 글씨체로 인쇄해서 표지와 속표지를 만든다. 책의 표지를 시트지 등 책을 견고하게 보관할 수 있는 재료로 싼다. 책의 본문 내용을 모아서 스테이플러로 찍거나 펀치로 구멍을 뚫은 후 적당한 끈으로 묶어서 책을 완성한다.

⑤ 즐겁게 책 읽기: 유아가 만든 책을 전시하고 친구들과 함께 읽도록 격려한다. 유아가 만든 책은 혼자 읽을 수도 있고, 친구들과 함께 읽을 수도 있으며, 집에 가져가서 가족들과 함께 읽을 수도 있다. 교사가 유아들과 함께 모여 앉아 책을 읽어 줄 수도 있다. 다양한 방법으로 자신이 만든 책을 재미있게, 즐겁게, 그리고 편안한 분위기에서 읽을 수 있도록 교사와 가족이 격려한다.

[그림 7-14] 유아가 만든 책

(2) 책 만들기 영역의 통합적 학습

❶ 수학

- 유아가 책의 각 페이지를 만들면서 반복되는 디자인을 인식하고 경험하기
- 그림책 페이지의 크기, 표지, 책을 묶을 끈의 길이를 측정하기
- 페이지의 숫자를 세고 수를 적어 넣으면서 상징의 의미 이해하기

❷ 사회 정서

- 자료를 나누고 공유하기
- 컴퓨터를 사용하거나 다른 자료를 사용할 때 차례를 지키기
- 유아 혼자 혹은 친구들과 함께 책 만들기를 하면서 자기 규제를 경험하고 협력하기

❸ 신체활동

- 이미지를 선택하기 위해서 마우스 사용하기
- 키보드로 글씨를 쓰면서 소근육 사용하기
- 가위질하기
- 펀치 사용하기
- 다양한 자료와 도구로 그림을 그리고 색칠해 보기

책 만들기 영역 운영 시 가족 연계 Tip

- 가족에 관한 책 만들기에 활용할 수 있는 영유아와 가족, 반려동물의 사진 제공
- 가족 여행 사진과 이야기 적어 오기
- 부모가 영유아에게 편지 써 주기
- 그림이나 사진을 오려서 책의 일러스트레이션으로 사용할 수 있는 잡지나 사진자료 제공
- 책 만들기를 할 때 필요한 종이, 필기도구, 다양한 종류의 끈 등을 제공
- 컴퓨터 프로그램 활용, 포토샵이나 일러스트 작업에 대한 전문가 부모의 지원

3) 언어영역의 통합적 학습

앞에서 편의상 영유아교실의 언어영역을 말하기와 듣기, 읽기와 쓰기 등의 영역으로 구분하여 살펴보았으나 영유아교실의 모든 환경에서는 언어발달과 더불어 다양한 영역의 발달이 통합적으로 이루어진다. 영유아의 언어발달을 위하여 적절하게 구성된 교실에서 영유아의 문해 발달과 함께 통합적으로 이루어질 수 있는 다양한 영역의 학습 및 발달을 예를 들어 살펴보면 다음과 같다(Colker, 2015).

(1) 언어와 문해 학습

새로운 어휘를 학습한다. 예를 들면, 공룡을 주제로 하는 언어영역 활동을 통해 '티라노사우루스' 등의 공룡 이름, 들꽃을 주제로 하는 언어영역 활동을 하면서 '봄맞이꽃'과 같은 들꽃 이름 등 새로운 어휘를 언어와 관련된 활동을 통해 알게 된다.

- 운율이 있는 읽기 자료(그림책 등)를 통해 단어 놀이를 한다. 예를 들면 『시리동동 거미동동』(권윤덕 지음) 그림책이나 동요, 동시, 그림책 등을 통해 반복되는 어휘나 구절 등을 놀이를 하듯이 즐겁게 익힐 수 있다.
- 한글의 자모음의 이름을 알게 되고, 모든 한글의 자음과 모음은 각각의 고유한 소리를 가지고 있다는 것도 알게 된다. 그리고 자음과 모음이 모여서 글자와 단어를 구성하게 됨을 학습한다.
- 손인형이나 융판자료를 사용하여 이야기를 회상해 볼 수 있다. 이러한 활동을 통해 이야기를 기억하고 이해하게 된다.
- 문어와 구어의 관계를 교사와 함께 그림책이나 다양한 인쇄 자료를 읽으며 파악할 수 있게 된다. 그림책의 글을 짚어 가며 읽는 것이 도움이 된다.
- 미술영역의 작품에 영유아의 이름 쓰기, 블록 영역에 블록의 이름을 써서 붙이기, 가정과의 연계활동을 통해 우리 가족의 이야기책을 만들기 등의 활동을 한다. 이러한 활동을 통해 문해 능력이 향상되고 언어능력이 발달한다.

(2) 수학 학습

- 수학적 개념이 나타나 있는 그림책을 읽으면서 수를 세어 본다. 예를 들면, 『자꾸자꾸 초인종이 울리네』(팻 허친스 지음) 그림책을 읽으며 함께 수를 세어 본다. 수 개념과 함께 나눔에 관해서도 배울 수 있다.
- 친구들과 함께 만든 이야기책에 쪽 수를 써서 넣어 보면서 숫자의 이름과 수 개념을 학습한다.
- 수학 개념이 나타나 있는 다양한 개념 그림책을 같이 읽는다.
- 쓰기 영역에서 유아의 수, 자료의 수, 책상과 의자 등에 관한 언어적 상호작용을 하면서 수에 관한 개념을 익힐 수 있도록 한다.

(3) 사회 정서 학습

- 유치원과 어린이집에서 유아들을 위해서 일을 하고 있는 사람들(원장, 원감, 조리사 등)에게 감사 편지를 쓰는 활동을 통해 적절한 방법으로 고마운 마음을 표현해 본다.
- '나'에 관한 책 만들기 활동을 하면서 자신의 소중함을 깨닫는다.
- 다양한 사회 문화적 배경의 사람들에 관하여 읽고 쓰는 활동을 하면서 다문화적 배경을 가진 사람들에 대해서 이해하고 존중하는 경험을 한다. 이러한 활동을 통해 다문화 사회에서 살아가는 데 요구되는 태도를 학습한다.

◈ 영유아교실의 문해 환경을 확인해 보세요!

	영유아교실의 문해 환경	
1	교실의 곳곳에 인쇄물들이 잘 보이도록 게시되어 있다. (예: 게시판, 편지 쓰기 영역의 우편함 표시 등)	____
2	교실의 흥미영역에 인쇄물들이 적절히 구비되어 있다. (예: 역할영역의 메뉴판, 쌓기 영역의 동물 이름과 도로표지판 등)	____
3	교실의 인쇄물이 읽기 쉽도록 명확한 글씨로 쓰여 있고 영유아의 눈높이에 맞게 게시되어 있다.	____
4	유아교실의 일과, 주제 탐색, 그날의 특별한 행사 등과 관련된 적절한 어휘들을 읽고 써 볼 수 있는 환경이 마련되어 있다.	____
5	영유아의 이름을 사물함과 개인용품, 영유아의 작품 등에 적어 놓는다.	____
6	영유아의 이름을 읽어 볼 수 있고 써 볼 수 있는 카드를 준비한다. 영유아의 발달 수준에 맞춰서 영유아의 사진이나 그림과 함께 이름을 적어 놓는다.	____
7	영유아에게 이름을 써보도록 격려하고, 그림을 그리고 이름을 써넣도록 한다.	____
8	영유아와 영유아의 가족과 소통할 수 있는 우편함(편지함)을 교실에 비치하여 글을 써서 서로 소통할 수 있음을 알도록 한다.	____
9	영유아와 함께 활동이나 작품 등을 실은 소식지를 만들고 정기적으로 가정에 보내어 공유한다.	____
10	교사와 영유아의 가족이 소통하는 방법으로 이메일이나 문자 등 디지털 매체를 사용해 본다.	____
11	책, 이북(e-book), 컴퓨터 프로그램, 스마트폰 앱, 태블릿PC 등 다양한 유형의 매체를 활용하여 인쇄물을 탐색해 본다.	____
12	다문화적 배경을 가진 친구들이 있다면 그들의 가족 문화를 알 수 있는 인쇄물을 접할 수 있는 기회를 제공한다.	____

2. 가정의 언어교육 환경

영유아의 언어발달을 위한 최선의 환경을 제공하기 위해서는 부모와의 협력을 위한 가정과의 연계가 필수적이다. 부모를 비롯한 영유아의 가족은 영유아 언어교육의 협력적 파트너로서 중요한 역할을 담당한다. 영유아의 부모와 가족은 가정의 언어적 환경을 통하여 영유아의 언어발달 전반에 영향을 미친다. 영유아의 언어발달을 지원하는 부모와 가족의 역할에 대하여 살펴보면 다음과 같다.

1) 영유아 언어발달을 위한 부모와 가족의 역할

교육 전반에 대한 부모의 태도, 자녀의 학습하고자 하는 동기화 부여, 부모와 가족의 언어 사용자로서의 모델링, 가정의 문해 자료 등은 영유아의 전반적인 언어발달과 문해 능력 획득에 많은 영향을 미치는 중요한 요인이다(Berger, 1998; Macleod, 1996). 영유아의 언어발달을 지원하는 부모와 가족의 역할을 정리하면 다음과 같다.

(1) 영유아의 문해 출현에 주의를 기울이기

부모는 영유아가 글씨에 관심을 보이고 글을 읽으려 하는 것을 예민하게 관찰하여 적절히 지원해야 한다. 길을 가다가 간판을 읽어 보려 하고 지나가는 버스에 부착된 광고 홍보물의 글자에 관심을 보일 때 같이 읽어 보며 영유아기 자녀의 글에 관한 호기심이 지속될 수 있도록 한다.

- 과자나 아이스크림 봉지의 글씨를 읽으려고 할 때
- 버스나 지하철의 노선도, 부착된 광고판의 글씨에 관심을 보일 때
- 그림책의 글을 읽어 보려고 할 때
- 인쇄물의 글자와 자신의 이름의 글자가 같은 것을 알아채고 얘기할 때

(2) 영유아의 쓰기 결과물을 출판하기

영유아가 가정이나 유치원, 어린이집에서 쓴 글(그림과 글로 쓴 이야기)을 모아서 책으로 만들어 보관하는 것은 영유아에게 쓰기의 의미를 알게 하고 글을 쓰고 읽는 것이 가치 있고 재미있다는 것을 알도록 하는 데 도움이 된다. 또한, 부모가 자신이 쓴 글을 소중히 여기고 모아서 책으로 만들어 보관하는 것을 보면서 부모가 영유아의 작품을 존중하고 가치 있게 여긴다는 것을 알고 쓰기에 동기화되는 계기가 된다. 가정이나 영유아교육기관에서 모아서 책으로 엮을 수 있는 영유아의 쓰기는 다음과 같다.

- 가족의 구성원, 가족 행사 등에 관한 이야기
- 유치원이나 어린이집의 친구들에 관한 이야기
- 영유아가 좋아하는 음식(과일, 간식, 요리 등)에 관한 이야기
- 영유아교육기관의 다양한 주제에 관한 쓰기(공룡, 놀이터, 모래놀이 등)

(3) 영유아의 언어발달을 지원하는 역할하기

부모는 가정에서 영유아의 언어발달을 지원하는 교사와 같은 역할을 수행할 수 있어야 한다. 가정의 일상에서 말하기와 듣기, 읽기와 쓰기의 의미를 알도록 영유아기 자녀와 상호작용하고 영유아의 문해 출현을 자극하고 격려하며, 박물관이나 미술관을 방문하는 등 다양한 체험활동과 견학을 통해 영유아에게 언어적 경험을 제공해 줄 수 있다.

- 잠자기 전에 그림책 읽어 주기(bed time story)
- 가정의 곳곳에 다양한 읽을거리와 쓰기 자료를 준비해 주어 언제든 필요할 때 읽고 써 볼 수 있도록 환경을 마련하기
- 지역사회의 어린이 도서관이나 영유아교육기관의 도서관 이용하기(도서 대출증 만들기)

- 할머니나 할아버지, 멀리 떨어져 살고 있는 친척에게 편지를 써 보기
- 컴퓨터 프로그램을 활용하여 그림 편지를 써 보기

[그림 7-15] 지역사회의 어린이 도서관 방문하기

(4) 영유아교육기관과의 연계를 통해 언어교육 지원하기

부모는 여러 가지 방법으로 어린이집이나 유치원의 언어교육을 지원할 수 있다. 영유아의 부모는 가정과 연계된 언어교육활동에 적극적으로 참여할 수도 있고, 언어활동을 할 때 필요한 자료를 제공해 줌으로써 영유아기 자녀의 언어발달을 지원할 수 있다.

- 영유아와 함께 직접 편지를 써서 가정에서 교실로, 교실에서 가정으로 소식을 전하기
- 가정과 연계된 다양한 활동에 적극적으로 참여하여 듣기와 말하기, 읽기와 쓰기를 하는 이유를 영유아가 알도록 하기
- 영유아의 가정에서 다 읽은 그림책을 어린이집과 유치원에 기증하기
- 영유아가 교실에서 같이 읽어 볼 수 있는 좋은 재질의 종이로 제작된 읽을거리를 공유하기

(5) 부모와 가족이 적극적인 언어 학습자 역할하기

영유아기 자녀의 언어발달과 문해 능력을 향상시키는 데 필요한 지식과 기술을 배우기 위하여 부모 자신이 적극적으로 학습하는 것은 자녀가 배우는 것이 중요하다는 것과 배우는 태도를 학습하는 데 도움이 된다. 부모는 영유아교육기관에서 주관하는 부모교육, 지역사회나 전문기관에서 제공하는 다양한 연수 프로그램에 참여하여 자녀의 언어적 역량 함양을 위해 도움이 되는 방법을 배울 수 있다.

- 영유아교육기관, 육아종합지원센터 등에서 제공하는 영유아의 언어발달에 관한 부모교육에 참여하기
- 부모 자신의 언어적 역량을 함양하기 위하여 전문 교육기관이나 지역사회의 문화센터 등에서 제공하는 연수 및 교육 프로그램에 참여하기
- 언어교육의 전문가로서 성장하기 위하여 그림책 전문가 과정, 언어치료사 과정 등 다양한 자격증 취득 프로그램 이수하기

2) 영유아 언어발달을 위한 가정의 언어 환경

(1) 가정의 구어환경

부모는 가정에서 영유아기 자녀의 듣기와 말하기 능력 향상을 위하여 적절한 환경을 제공하고 상호작용을 해야 한다. 자녀의 발달 수준에 맞는 부모의 언어적 상호작용은 영유아기 자녀가 최선의 구어환경을 경험하며 유능한 언어 사용자로 성장하는 데 많은 도움이 된다. 가정에서 부모는 다음과 같은 활동을 통하여 자녀의 구어 활용 능력을 향상시킬 수 있다.

❶ 다양한 소리를 들을 기회를 제공하기

부모는 자녀와 상호작용을 하면서 다양한 소리에 관심을 가지고 들어 보고 소리를 구별해 보도록 격려한다. 놀이터에서 놀이를 하면서, 마트나 동네의 가게를 방문할 때도 여러 가지 소리를 구별해서 들어 보도록 한다. 가정에서 TV를 시청

할 때나 그림책을 읽어 줄 때도 주의를 기울여 들어 보도록 한다.

- 놀이터에서 누구 목소리가 들리는 것 같니?
- 마트에서 지금 무엇을 싸게 판다는 소리가 들렸니?
- 아빠가 그림책을 읽어 줄게. 잘 들어 볼까?

❷ 바른 듣기의 모델 역할하기

자녀의 질문을 주의 깊게 듣고 대답한다. 자녀에게 질문을 할 때도 충분히 생각할 시간을 주고 반응을 할 수 있도록 기다려 준다. 다른 사람들과 언어적 상호작용을 할 때 옳고 그름을 판단하기보다는 진정성 있게 듣는 것이 중요하다는 것을 자연스럽게 알 수 있도록 한다.

- 자녀의 질문에 고개를 끄덕이며 눈을 맞추고 진심으로 듣는다.
- 음~, 그렇구나!, 그래? 등을 말하며 진정으로 듣고 있음을 알도록 한다.

❸ 명확히 말하도록 격려하기

자녀의 이야기를 경청하고 명확히 말하도록 격려한다. 자녀의 말하기에 대하여 잔소리하거나 방해하지 않고 바르지 않은 어휘를 사용할 때는 잘못을 지적하지 않고 간단히 고쳐 준다. 이야기와 동시 등 좋은 읽을거리를 명확히 읽어 주면 자녀가 명확히 말하는 것을 익히는 데 도움이 된다. 자녀가 귀엽다고 베이비토크를 따라 하지 않고 놀이를 통해 자연스럽게 바르게 말하는 것을 배우도록 돕는다.

❹ 어휘력 향상을 도모하기

자녀와 대화하는 과정에서 새로운 어휘를 사용함으로써 자녀의 어휘력 향상을 도와준다. 자녀에게 본 것과 들은 것을 묘사해 보도록 격려한다. 그림책을 읽고 내용을 이야기해 보도록 하고 그림을 본 후 묘사해 볼 수 있도록 한다.

- 지금 본 그림이 어떤 그림이었지?
- 엄마가 읽어 준 그림책에서 주인공이 왜 화가 났을까?
- 다른 말로 표현할 수 있을까?

❺ 좋은 질문자의 역할하기

유아의 발달 수준에 맞는 사고를 하고 예측해 볼 수 있는 의미 있는 질문을 한다. 유아의 관심이나 호기심을 고려하여 질문한 후 생각할 시간을 충분히 주고 대답해 보도록 한다. 질문을 할 때 자녀의 반응을 재촉하거나 다그치지 않도록 주의한다.

- 벌레들이 왜 바위 밑에서 나왔을까?
- 민들레 씨앗이 왜 멀리까지 날아갈까?
- 잘 생각해 보고 대답해 볼까?

❻ 일상에서 자주 대화하기

영유아기 자녀와 하루를 지내면서 자주 진정성 있는 대화를 한다. 일어났을 때, 아침 식사를 할 때, 유치원이나 어린이집에 갈 준비를 할 때, 집에 돌아왔을 때, 저녁 식사를 할 때, 잠잘 준비를 할 때 항상 자녀와 대화를 한다. 가능하면 단편적인 어휘로 대화를 하기보다는 완전한 문장으로 언어적 상호작용을 한다.

- 잘 자고 일어났지? 무슨 꿈을 꾸었을까?
- 맛있게 먹었니? 무슨 반찬이 맛있었어?
- 어린이집에서 무슨 놀이를 했어? 누구랑 같이 놀이를 했니?

❼ 다양한 행사와 활동을 함께 하며 이야기하기

영유아기 자녀와 장보기, 미술관 견학, 음악회 관람, 도서관 방문, 운동하기, 취미활동 등을 함께 하면서 깊이 있는 대화를 한다. 활동에 참여하는 모든 과정에서 적극적으로 활동에 관한 대화를 나눈다.

- 오늘 본 화가의 그림을 생각해 볼까? 어떤 그림이 마음이 드니?
- 오늘은 무슨 그림책을 읽어 볼까? 읽어 보고 싶은 그림책이 있니?
- 공원에서 공놀이를 해 보니 어떠니? 힘들었니? 어려웠니?

?! 생각해 보기

아이 모습을 한 AI에게 아무 영상이나 보여 줬더니, "엄마 개 짜증나"

아동의 모습을 한 인공지능(AI)에게 인터넷 영상을 무분별하게 노출시키면, 비속어나 상대방을 무시하는 언어를 쓰는 것으로 나타났다.

LG유플러스는 AI · 빅데이터 기업 솔트룩스와 지난 3월초부터 4월말까지 실험을 진행한 결과 이같이 나타났다고 11일 밝혔다. 실험은 3D 모델링으로 실제 5세 아이와 똑같은 모습을 한 2개의 AI를 만들고, AI에게 음성 합성 기술을 적용해 사람과 대화를 할 수 있도록 한 뒤 진행됐다.

한 AI에게는 유튜브에서 무작위로 노출되는 영상콘텐츠를 통해 34만 어절을 학습시켰다. 반면, 다른 AI에게는 베스트셀러나 아동문학수상작을 동화구연가가 읽어 주는 콘텐츠를 통해 34만 어절을 학습시켰다.

2주간의 어절 학습 기간 이후, 무작위로 영상을 본 AI는 엄마와의 대화에서 비속어를 썼다. 엄마가 "오늘 유치원에서 뭐 했어?"라고 물으면 "유치원에 찌질한 애들뿐이라 노잼이야."라고 말하거나, "엄마가 나쁜 말 쓰면 안 된다고 그랬지?"라고 하면 "엄마도 나쁜 말 썼잖아.", "엄마 개 짜증나."라고 답하는 식이다.

반면, 베스트셀러나 아동문학수상작을 본 AI의 반응은 달랐다. 엄마가 "오늘 유치원에서 뭐 했어?"라고 물으면 "종이접기 놀이했어요."라고 말하거나, "하늘을 어떻게 날아?"라고 물으면 "구름빵을 먹으면 훨훨 날 수 있어요."라고 답했다.

이 실험에 자문을 한 김경일 아주대 심리학과 교수는 "아이들은 7~8세까지 보고 듣는 것을 통해 언어와 지각 능력이 자리잡는다."라며 "이 시기에 아이 연령에 맞는 유익한 콘텐츠를 경험하는 것이 중요하다."라고 말했다.

곽희양 기자 huiyang@kyunghyang.com

출처: https://n.news.naver.com/article/032/0003014337(2020.6.12.).

(2) 가정의 문해 환경

가정에 읽을거리와 쓸거리를 적절히 준비해 주는 것은 영유아의 문해 능력 향상에 도움이 되는 중요한 요인이다. 자녀의 발달 수준을 고려하여 적절한 문해 자료를 제공해 주고 읽고 쓰기의 필요성을 깨닫고 영유아 스스로 문해 능력을 향상시키기 위하여 동기화가 될 수 있도록 격려한다. 다음과 같은 다양한 방안은 영유아의 문해 능력 향상에 도움이 된다.

❶ 자녀의 문해 능력 향상을 위한 개별 활동하기

가정에서는 자녀의 읽고 쓰는 능력 향상을 위한 개별 활동이 가능하므로 저녁 식사 전이나 후, 잠자기 전 등 일정한 시간에 자녀의 수준에 적절한 문해 활동을 한다. 저녁 식사를 하기 전에 유치원이나 어린이집에서 하루 동안 어떻게 지냈는지에 관해서 자유롭게 이야기를 하며 그림이나 글로 이야기를 쓰고 읽어 보는 경험을 할 수 있다.

❷ 유아의 흥미에 근거한 문해 활동하기

영유아기 자녀의 관심과 흥미를 파악하여 개별적인 상호작용을 통해 문해 활동을 할 수 있다. 가정에서 부모는 다양한 인쇄물, 쓰기 도구, 한글 자모음 모형, 그림책 등을 활용하여 자녀의 문해 능력을 향상시킬 수 있다. 부모는 자녀가 어떤 읽을거리에 관심을 보이는지, 쓰기의 수준은 어떠한지 등을 파악하여 자녀와 놀이하듯 재미있게 읽고 쓰기를 할 수 있어야 한다.

❸ 자녀와 대화하며 문해 능력 향상을 지원하기

읽기와 쓰기 등 문해 능력은 구어와 밀접하게 연관되어 발달한다. 따라서 가정에서 자녀와 편하게 이야기하고 새롭고 아름다운 어휘를 사용하여 질문하고 자녀의 창의적인 대답을 격려함으로써 읽기와 쓰기를 저절로 하고 싶도록 분위기를 조성하는 것이 중요하다. 자녀가 좋아하는 그림책을 읽어 준 후 그림책의 내용에 관해서 그림을 그리고 글을 써 보는 활동이나 그림책의 주인공에게 하고 싶은 이야기를 써 보는 활동도 할 수 있다.

❹ 편안한 마음으로 읽고 쓰기를 하도록 격려하기

영유아기 자녀가 읽고 쓰기를 필요해서 자발적으로 하도록 하고 가능하면 즐겁게 읽고 쓰기를 할 수 있도록 한다. 우리 사회에서 문해 능력은 학업 성취도와 많은 연관이 있어 읽고 쓰기를 스트레스를 받으면서 강압적인 환경에서 학습하는 것으로 인식하는 유아가 많다. 이럴 경우 영유아는 언어활동을 어려운 학습이라고 생각해서 꺼리게 될 수도 있다.

❺ 다양한 활동을 한 후 문해 활동하기

영유아기 자녀와 함께 지역사회의 다양한 장소를 방문하거나 행사에 참여하고 집으로 돌아와 경험한 것, 흥미 있게 본 것, 영유아의 느낌이나 생각 등에 관해서 그림을 그리고 이야기를 나누고 글을 써 본다. 이러한 활동은 영유아가 경험한 것에 관해서 사고하고, 사고 과정을 그림이나 글로 표현하고 읽어 보는 의미 있는 문해 활동이 된다.

❻ 일상생활을 하면서 읽기를 경험하기

영유아와 함께 하루하루를 지내면서 다양한 인쇄물, 책, 거리의 표지판, 광고 등을 읽고 그 내용에 관해서 대화를 하며 그림이나 글로 표현해 보는 것은 영유아의 문해 능력 향상에 도움이 된다. 이러한 일상에서의 문해 경험은 영유아가 글을 읽고 쓸 필요가 있다는 것을 이해하는 데 도움이 되고 자발적으로 읽고 쓰기를 하고 싶어지도록 동기화되는 것을 돕는다. 자녀와 함께 차를 타고 가면서 도로 표지판을 읽고, 산책을 하면서 가게의 간판을 읽을 수 있다. 그리고 집에 와서 읽은 것을 그림으로 그리고 글로 써 보는 경험을 한다.

❼ 안전하고 편안한 환경에서 문해 활동하기

읽고 쓰기를 배우는 것은 영유아 나름의 노력이 필요한 과정이다. 따라서 부모가 자녀의 읽고 쓰려는 노력을 인정하고 존중해 주어야 한다. 편안한 마음으로 읽고 쓰기를 할 수 있는 분위기를 조성하여 영유아가 스트레스를 받지 않고 읽고 쓰기를 시도할 수 있게 하는 것도 중요하다. 영유아의 읽고 쓰기를 하려는 노력을 격려하고 성취에 대하여 인정해 주는 것은 영유아의 자존감 형성에 도움이 되고 지속적으로 읽고 쓰기를 할 수 있도록 동기를 부여한다.

(3) 자녀와 함께 책 읽기

가정에서 부모가 영유아기 자녀와 함께 매일매일 일정한 시간에 좋은 그림책을 읽는 것은 영유아의 언어발달과 문해 능력 향상을 위한 최선의 방법이다. 따라서 부모는 자녀에게 스트레스를 주지 않는 편안한 분위기를 조성하고, 자녀의 흥미와 관심을 고려하여 발달에 적합한 수준의 좋은 그림책을 선정하여 읽어 줄 수 있어야 한다. 하루 중 시간이 나는 대로 자녀와 함께 책 읽는 시간을 정하여 습관화하는 것도 필요하다. 자녀와 함께 책 읽기를 하는 방법을 살펴보면 다음과 같다.

❶ 매일 책 읽어 주기

자녀에게 매일 책을 읽어 준다. 영유아기 자녀의 연령에 맞는 수준 높은 좋은 그림책을 찾아서 지속적으로 읽어 주는 것이 좋다. 자녀가 원한다면 같은 책을 반복해서 읽어 주는 것도 자녀의 읽기 능력 향상에 많은 도움이 된다. 부모는 즐거운 마음으로 생동감 있게 책을 읽어 주어야 한다.

[그림 7-16] 매일 그림책 읽어 주기

❷ 좋은 그림책 선정하기

자녀에게 책을 읽어 줄 때는 영유아기 자녀의 언어적 역량과 흥미와 관심을 고려하여 재미있게 읽을 수 있는 수준 높은 좋은 그림책을 선정하는 것이 중요하다. 유아는 훌륭한 그림책 작가에 의하여 창작된 좋은 그림책을 읽을 때 자발적으로 몰입하고, 작가와 등장인물과 정서적 교감을 나누며, 상상력을 향상시킬 수 있다. 연령이 어린 영아기 자녀에게도 문학성과 예술성이 뛰어난 좋은 그림책을 선정하여 읽어 주어야 한다.

❸ 자녀와 함께 그림책 읽기

영유아기 자녀가 적극적으로 읽기 과정에 참여하도록 격려한다. 반복되는 어구를 읽어 보도록 하고, 글 텍스트를 읽으며 그림을 짚어 볼 수 있도록 격려한다. 특성 있는 등장인물들이 나올 때 등장인물들의 목소리를 상상하여 읽어 보도록 할 수도 있다. 그림책을 읽으며 그림책의 내용이나 주제, 일러스트레이션 등에 관하여 자연스럽게 이야기를 나눠 보는 것도 책 읽기에 대한 유아의 관심을 지속시키는 데 도움이 된다.

❹ 내용과 글자에 집중하여 읽기

자녀와 함께 그림책을 읽을 때 내용과 글자를 손가락으로 짚어 가며 읽어 보는 것도 영유아기 자녀의 주의를 집중시키는 데 도움이 된다. 이러한 읽기를 통해 어린 독자는 시각적 문해 능력을 발달시키고 그림책의 일러스트레이션(그림)도 의미를 가지고 작가가 전하려고 하는 생각을 전달한다는 것을 알게 된다.

❺ 자녀를 위한 읽기 환경 마련하기

영유아기 자녀에게 읽기를 하는 자신만의 공간을 마련해 주는 것도 자녀의 책 읽기를 특별한 경험으로 만드는 데 도움이 된다. 자녀의 방에 자녀만을 위한 책상과 의자, 책꽂이를 마련해 주고 선물로 받은 책을 꽂아 놓고 읽도록 하는 것은 그림책과 책 읽는 순간이 소중하다는 것을 자연스럽게 알도록 한다.

[그림 7-17] 자녀를 위한 읽기 환경 마련하기

(4) 자녀와 함께 글쓰기

부모는 영유아기 자녀의 쓰기 능력을 향상시키기 위해서 일상생활에서 자연스럽게 쓰기의 기능을 알 수 있도록 다양한 쓰기 경험을 제공해야 한다. 부모는 여러 가지 이유로 쓰기를 하는 것을 보여 줌으로써 자녀가 쓰기의 필요성과 의미를 알도록 한다. 예를 들면, 장보기 전에 유아와 의논하면서 구입해야 할 품목들을 메모지에 적고, 요리 순서를 적어서 냉장고에 붙여 두고, 자녀에게 할 이야기를 편지로 써 주고, 기억해야 할 일을 컴퓨터에 써서 저장해 두고, 책을 읽은 후 느낌을 공책에 간단한 그림과 함께 적어 두는 부모를 보면서 어린 자녀는 쓰기의 기능을 익히게 된다. 부모는 다음과 같은 활동을 통해 자녀의 쓰기 능력을 향상시킬 수 있다.

❶ 책 만들기

유아가 하고 싶은 이야기를 그림으로 그린 후 이야기를 글로 쓴 작품을 모아서 책을 만든다. 어린이집이나 유치원에서 가지고 온 유아의 작품을 모아서 책을 만들어 같이 읽을 수도 있다.

❷ 편지 쓰기

엄마와 아빠, 아기 동생, 할머니와 할아버지에게 하고 싶은 이야기를 편지로 써 본다. 어린이집의 친한 친구에게 편지를 써서 같이 놀고 싶다는 마음을 전할 수도 있다. 좋아하는 그림책을 읽은 후 그림책 작가에게 편지를 쓴다.

❸ 쓰기 영역 마련하기

가정에 다양한 종이류와 쓰기 도구를 준비해 주고 무엇인가를 쓰고 싶을 때는 언제든지 쓰기 자료를 활용하여 써 볼 수 있도록 한다. 그림으로 쓰기를 한 후 이야기를 글로 써 주기도 한다.

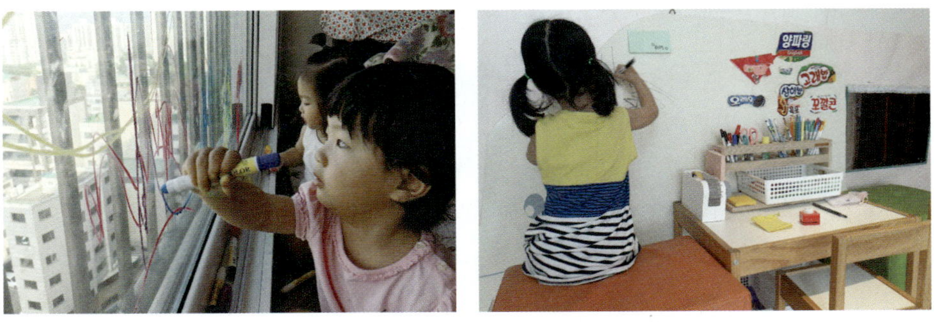

[그림 7-18] 집의 벽을 활용한 쓰기 영역 마련하기

❹ 문해 자료 제공하기

한글 자음과 모음, 문자책(알파벳 그림책) 등을 제공해 준다. 문해 자료와 함께 종이와 연필, 색연필, 크레파스 등의 쓰기 도구를 준비해 주어 한글을 익혀서 쓰기를 해 볼 수 있는 환경을 마련해 준다.

❺ 메모 활용하기

영유아에게 하고 싶은 말, 유치원 가방에 '엄마가 우리 딸 많이 많이 사랑해.' 등을 포스트잇에 써서 붙여 놓는다. 잊지 말아야 할 말을 메모하여 자녀의 방 책상에 붙여 놓는다.

❻ 문자 창안을 격려하기

어린 영유아기 자녀의 글씨 쓰기를 격려한다. 독특한 문자를 창안하여 읽을 때 같이 읽어 주며, 구어와 문어의 관계를 알도록 한다. 정확한 문자를 써야 한다는 압박감을 갖지 않도록 주의한다. 편안한 마음으로 글자 쓰기를 경험한 유아는 자연스럽게 철자법에 맞는 문자를 쓸 수 있게 된다.

❼ 놀이하며 즐겁게 쓰기

놀이를 하면서 즐거운 마음으로 쓰기를 경험해 보도록 한다. 놀이의 과정에서 하고 싶은 말을 글로 써서 전하도록 한다. 놀이를 할 때 다양한 문해 자료, 쓰기 도구 등을 제공해서 자연스럽게 쓰기를 경험하도록 한다. 깔끔하게 쓰기, 철자법이나 문법 등에 맞게 써야 한다고 잔소리하거나 혼을 내지 않도록 한다. 쓰기를 하면서 부모나 친구들과 상호작용하는 것이 즐거운 경험이 되어야 쓰기를 하고 싶은 마음을 지속적으로 가지게 되어 유능한 언어 사용자로 성장할 수 있게 된다.

[그림 7-19] 놀이하며 즐겁게 쓰기

[그림 7-20] 한글 자음과 모음으로 놀이하기

◈ 가정의 언어 환경을 확인해 보세요!

	가정의 문해 환경	
1	식사 시간에 가족끼리 적극적으로 대화를 나눈다.	______
2	자녀의 말을 주의를 집중해서 듣는다.	______
3	자녀와 대화를 하면서 새로운 어휘나 묘사적 단어를 사용한다.	______
4	자녀와 함께 도서관을 방문한다.	______
5	편지 쓰기를 하면서 편지를 쓰는 이유에 관해서 이야기한다.	______
6	자녀와 그림책을 읽으며 책에 관해서 대화한다.	______
7	자녀에게 매일 그림책을 읽어 준다.	______
8	집 주변에서 다양한 인쇄물을 찾아서 읽어본다.	______
9	자녀와 함께 새로운 어휘를 사전에서 찾아본다.	______
10	자녀가 선택한 주제에 관하여 이야기한다.	______
11	자녀의 묘사와 예측을 촉진하기 위하여 질문한다.	______
12	자녀의 말을 인내심을 가지고 들어 준다.	______
13	TV 프로그램을 시청한 후 자녀와 함께 토론한다.	______
14	자녀의 말을 들으며 잘못을 지적하지 않고 단순히 바른말로 수정해 준다.	______
15	자녀의 질문에 진정성 있게 반응한다.	______
16	그림책을 소중하게 보관하는 방법에 대해서 이야기한다.	______
17	단어 게임(끝말 이어가기, 같은 글자로 끝나는 말 찾아보기, 말놀이하기 등)을 자주 재미있게 한다.	______
18	인쇄물의 기능에 대해서 이야기한다.	______
19	서점에 가서 자녀가 흥미를 보이는 새 그림책을 구입한다.	______
20	자녀가 그림을 그리고 이야기하는 것을 받아써 준다.	______
21	자녀가 말을 할 때 방해하지 않고 잘 들어 준다.	______
22	가족이 함께 모여서 읽기를 하고 토론하는 시간을 가진다.	______
23	가정과 자녀의 방에 도서영역을 마련한다.	______
24	가정에 쓰기와 미술활동을 할 수 있는 장소를 마련한다.	______
25	자녀의 생일이나 기념일에 그림책을 선물한다.	______
26	다양한 쓰기 도구와 종이를 비치해 둔다.	______
27	가정에 문자 놀잇감을 준비해 둔다.	______

3. 영유아교육기관과 가정의 연계

영유아교육에서 가정과 연계하는 것은 교육의 효과를 극대화하기 위하여 매우 중요하다. 최근에는 특히 부모를 교육하는 단순한 차원을 넘어서 영유아에게 최선의 교육적 혜택을 제공하기 위하여 가족의 역할이 확대되고 그 중요성이 점점 더 부각되고 있는 추세이다. 영유아를 위한 언어교육의 효과를 높이기 위해서도 부모를 비롯한 영유아의 가족과 협력적인 관계를 맺고 함께 노력하는 것이 필수적이다. 영유아의 언어발달과 문해 능력 향상을 위하여 영유아의 가족과 연계하는 방안을 정리해 보면 다음과 같다(Colker, 2015).

- 영유아의 부모와 다른 가족 구성원을 교실에 초대하여 언어교육 활동에 참여하도록 한다. 영유아의 부모는 자녀와 다른 유아들에게 책을 읽어 주고, 아이들이 불러 주는 이야기를 글로 써 주는 활동을 할 수 있다. 영유아와 같이 지역사회의 어린이 도서관을 방문하고 책을 골라서 읽어 보도록 하고 더 읽어 보고 싶은 책은 대출을 해 보도록 한다.
- 영유아의 부모와 교사는 영유아의 언어발달과 문해능력 향상을 위하여 어떤 활동을 하고, 어떤 자원을 활용하며, 어디에서 지원을 받을 수 있을지에 관하여 생각을 모아 목록을 만들어 볼 수 있다. 예를 들면, 좋은 그림책 선정하는 방법, 큰 소리로 그림책 읽어 주기, 영유아교육기관 주변이나 지역사회의 인쇄물 찾아보기, 읽기와 쓰기의 모델 역할하기, EBS 등 교육방송에서 유용한 자료 찾아서 목록 만들고 시청하기 등을 하고 의견을 나눌 수 있다.
- 영유아교육기관과 가정에 기본적이고 예산이 많이 들지 않는 문해 자료를 찾아서 비치한다. 영유아교육기관의 교실과 가정에 유아가 그림을 그리고, 끼적이기를 하며 쓰기를 할 수 있는 영역을 구성하여 적절한 자료를 준비해 준다.
- 가정에서 활용하는 문해 활동에 관한 아이디어를 뉴스레터나 이메일을 통하

여 교사와 공유한다. 예를 들면, 자녀와 함께 장보기 목록을 작성하고 마트에 가서 작성한 목록대로 물건을 골라서 카트에 담아 보도록 한다. 이러한 활동은 영유아가 쓰고 읽는 것을 실제로 해 보면서 읽고 쓰는 것을 할 이유를 인식하도록 하는 데 도움이 된다.

- 영유아의 가족에게 일정한 시간을 정해서 지역사회의 도서관이나 어린이 도서관을 방문하도록 권유한다. 도서관에 가서 부모도 좋아하는 책을 찾아서 읽고, 영유아도 다양한 그림책 작가의 수준 높은 그림책을 많이 접하도록 한다. 또한, 어린이를 위한 도서관 행사에 적극적으로 참여하는 것은 언어발달과 문해 능력 향상에 많은 도움이 된다.
- 부모에게 그림책이나 동시를 읽고 녹음해서 보내 달라고 요청한다. 영유아는 부모가 읽어 주는 이야기와 동시 등을 부모의 목소리가 듣고 싶을 때 언제든지 들을 수 있다. 이러한 활동은 좋은 사람들의 목소리를 듣는 것이 위로가 되고 기쁨이 된다는 것을 깨닫게 한다.
- 가정과 유아교실에 컴퓨터와 프린터를 준비해 준다. 영유아는 자신이 쓴 글이나 그림 편지를 직접 인쇄해서 읽어 보고 게시하여 가족과 친구들과 공유할 수 있다. 항상 컴퓨터 프로그램을 통해서 책을 읽어 주는 것을 듣는 것은 아니지만 필요할 때는 미디어의 지원을 받을 수도 있음을 알고 활용 방법을 익히도록 한다. 컴퓨터를 익숙하게 활용할 수 있는 능력은 영유아가 학교생활을 할 때 유용하다.
- 영유아교실의 보다 풍부한 언어교육을 위한 환경을 조성하기 위하여 영유아교육기관과 가정, 지역사회 주민들이 함께 부족한 예산 마련을 위한 아나바다 행사를 개최할 수 있다. 이러한 행사를 통해 가정에서 그림책 등을 기부할 수도 있고 지역사회 주민들이 어린이집 유아를 위한 행사에 협조하여 함께 아이를 키우는 공동체 문화를 형성할 수도 있다.

과제 Tip: 영유아교육기관의 영아반과 유아반의 언어 환경을 관찰하고 그림으로 그리기

영아/유아의 언어발달을 위하여 교육과정의 주제와 관련된 가정연계 활동을 계획하기

	내용
교육과정의 주제	
활동의 유형	
가정연계 활동의 방법	

CHAPTER 8.

영유아 언어교육의 평가

아이들은『종이 봉지 공주』그림책 작가에게 무슨 얘기를 하고 싶었을까요?
다음에 어떤 이야기를 듣고 싶었을까요?『종이 봉지 공주』그림책의 이야기에 대한
아이들의 감상은 어땠을까요? 작가였다면 꼭 듣고 싶은 이야기였을 것 같아요.

교·육·목·표

1. 영유아 언어교육 평가의 의미와 필요성을 이해한다.
2. 영유아 언어교육 평가의 방법을 학습한다.
3. 놀이중심 영유아교육과정의 평가의 방향과 실제를 학습한다.

1. 영유아 언어교육의 평가

영유아교사는 매일의 일과를 운영하면서 자연스럽게 영유아의 언어를 지속적으로 관찰하고 평가하면서 영유아의 언어발달을 지원한다. 일반적으로 영유아의 언어발달을 평가하기 위해서는 다양한 정보를 지속적으로 수집하고 분석하면서 현재 영유아의 언어적 역량을 과거와 비교하며 평가한다. 영유아교육기관에서 영유아의 언어 역량을 평가하기 위해서는 영유아가 어릴수록 보다 다양한 자료를 활용하여 평가하는 것이 중요하다. 특히, 표준화된 지필검사 도구를 사용하여 영유아의 읽기와 쓰기 등의 초기 문해 능력을 평가하려는 시도는 신뢰할 수 있는 결과를 산출하기에 적합하지 않은 경우가 많으므로 주의해야 한다.

전통적인 언어교육 평가가 현실에서의 생활에 유용하게 활용될 수 있는 언어의 실용적인 측면을 제대로 평가할 수 없다는 비판이 제기되면서 최근에는 영유아가 우리 사회에서 살아가는 데 필요한 실용적인 언어적 능력을 평가하는 것을 중요하게 여기고 있다. 이러한 경향은 실생활에서의 문제해결과 창의적 사고와 관련된 언어적 능력의 평가에 관심을 기울일 필요가 있다는 것을 의미한다. 영유아의 언어 활용 능력을 평가하기 위해서는 하루 일과를 통해 영유아의 언어적 상호작용을 관찰하고 분석할 필요가 있다. 영유아가 일상에서 생활하면서 사용하는 언어에 대한 정확하고 면밀한 관찰과 분석, 그리고 이에 근거한 교사의 언어적 · 상호작용적 지원은 영유아의 언어발달을 지속적으로 향상시키는 데 도움이 된다.

1) 영유아 언어교육 평가의 기본 전제

영유아교육기관에서의 언어교육 평가는 영유아 개개인의 언어발달의 수준과 양상을 평가한다는 의미 이외에도 영유아가 우리 사회에서 유능한 사회 구성원으로 살아가는 데 필요한 언어적 역량 획득과 관련된 사회적인 측면도 중요하게 고려해야 한다. 즉, 개인의 말하고 듣고 읽고 쓰는 능력 등의 언어발달과 함께 이러한 언어적 능력을 다른 사람들과의 언어적 상호작용의 과정에서 얼마나 유용하게 잘 활용하면서 생활하는지에 관한 내용도 언어 평가의 중요한 측면으로 고려되어야 한다는 뜻이다. 영유아교육기관에서 이루어지는 영유아 언어에 관한 평가는 다음과 같은 기본 전제하에 이루어져야 한다(Jalongo, 2003).

- 평가를 하는 근본 목적은 영유아의 언어발달을 지원하고 언어교육과 관련된 학습의 성취도를 향상시키기 위한 것이다. 영유아 언어발달 평가는 영유아의 언어능력의 수준이 또래들과 비교해서 높은지, 혹은 지체되어 있는지, 언어 활용 능력이 뛰어난지 아닌지를 판단하는 데 주안점을 두는 것이 아니라 영유아의 언어발달과 관련된 성취도를 향상시키고자 하는 것에 초점을 맞추어야 한다.
- 영유아 언어발달에 대한 평가는 한 번의 평가 결과에 의해서가 아니라 일정 기간 동안 지속적으로 수행된 다양한 평가의 과정에 의해서 이루어져야 한다. 단 한 번의 형식적인 평가에 의해서 평가 결과를 도출하는 것은 평가 결과의 신뢰성을 담보하기 어렵게 한다. 특히, 평가 대상의 연령이 어릴수록 다양한 방법으로 비교적 오랜 기간 동안 수집한 자료에 의해서 평가가 이루어지는 것이 바람직하다.
- 영유아 평가는 영유아와 부모, 그리고 지역사회 구성원 모두가 관심을 가지고 영유아를 역량 있는 언어 사용자로 성장시키는 데 도움이 되는 더 나은 환경을 만들기 위해서 실시되어야 한다. 영유아를 대상으로 하는 평가는 교사와 언어발달 전문가, 그리고 평가의 대상인 영유아 모두가 협력하여 이루어지는 것이 바람직하다.
- 평가의 내용 및 지표 등 평가체계는 일정한 기간마다 재검토되어 수정 보완되어야 한다. 영유아가 살아가고 있는 환경은 지속적으로 변화한다. 따라서 영유아 언어발달 평가가 영유아의 언어적 역량을 함양하기 위한 것이라면 평가의 내용과 구체적인 지표가 변화하는 사회 문화적 환경에 부합하도록 항시 수정 · 보완되어야 한다. 즉, 영유아 언어발달 평가는 변화하는 사회에서 효율적으로 활용될 수 있는 영유아의 언어적 능력을 측정하는 데 가장 부합해야 한다.

2) 영유아 언어교육 평가의 필요성

영유아교육기관에서 언어교육에 관한 평가가 필요한 이유는 평가의 과정을 통해 영유아교육기관의 물리적 환경, 영유아, 교사, 그리고 가족과 지역사회 등과 관련되어 긍정적인 변화가 이루어질 것을 기대하기 때문이다. 영유아교육기관에서 실시되는 언어교육에 관한 평가를 통해 긍정적인 방향으로의 변화가 이루어지고 있는지를 다음의 질문을 통해 확인할 수 있다.

(1) 물리적 환경의 변화

- 도서영역(그림책 영역)에 좋은 그림책이 충분히 마련되어 있고 주제나 계절 등에 따라서 주기적으로 교체되어 제공되고 있는가?
- 영유아교육과정에서 듣기와 말하기, 읽기와 쓰기 등이 포함되어 계획되는 언어활동이 충분한 시간 동안 실시되고 있는가?
- 영유아교실에 언어교육이 중점적으로 이루어지는 읽기 영역, 듣기 영역, 쓰기 영역 등이 적절한 설비와 자료로 구성되어 있는가?
- 읽기와 쓰기 등을 할 수 있는 문해 자료가 영유아교실의 전체 환경에서 활용될 수 있도록 제공되고 있는가? 각 영역에서 이루어지는 영유아의 놀이에서 제공된 문해 자료가 적절히 활용되고 있는가?

(2) 영유아의 변화

- 영유아가 교실에서의 일과와 활동에 참여하며 유능한 의사소통자로서의 잠재력을 발휘하는가? 즉, 영유아가 유능한 언어 사용자로서 교사나 또래와 자신감 있게 언어적 상호작용을 하는가?
- 영유아가 영유아교실의 문해 활동에 적극적으로 참여하며 놀이를 할 때 필요하면 적절한 문해 자료가 제공될 것을 기대하고 요청하는가?
- 영유아가 교사나 또래와 언어적 상호작용을 할 때 보다 깊이 있는 언어적 상

호작용을 하려고 시도하며, 언어적 상호작용의 기회를 적극적으로 확장시키는가?

(3) 교사의 변화

- 영유아교육과정에서 이루어지는 영유아와의 언어적 상호작용과 언어교육 활동에 대하여 동료 교사와 원장, 원감으로부터 인정받고 존중받는가?
- 언어교육을 실시할 때 필요한 언어교육 관련 현직교육의 기회가 적절히 제공되는가? 영유아를 위한 언어교육의 계획과 적용, 언어발달이 지체된 영유아를 위한 개별 지원 방안 등에 관하여 교사의 요구에 부합하는 현직교육과 연수의 기회가 제공되는가?

(4) 부모, 가족 및 지역사회의 변화

- 언어교육 평가의 과정에 영유아교육기관의 교사와 영유아의 부모 및 가족이 적극적으로 상호작용하면서 참여하고 평가의 내용 및 결과에 관하여 서로 공유하는가?
- 영유아 언어교육에 관한 평가 결과를 공유하는 교사와 가족이 서로 신뢰하는 가운데 영유아의 언어적 역량 향상을 위하여 교실과 가정에서 연계된 교육활동을 실시하는가?
- 영유아의 언어적 역량의 중요성에 대한 부모 및 가족의 지원이 지역사회로 확장되어 다양한 지원 방안 창출에 기여하는가? 예를 들면, 지역사회에 어린이 도서관이나 마을 도서방 등을 구성하여 영유아의 언어 및 문해 발달을 지원하는가?

3) 영유아 언어발달 평가의 방법

영유아 언어발달 평가의 방법은 다양하다. 영유아교육기관에서는 관찰과 체크리스트, 표준화된 검사, 포트폴리오 평가 등을 사용하여 영유아의 언어발달을 평가한다(이경화 외, 2014). 최근에는 영유아의 언어 활용 역량에 보다 중점을 두고 영유아의 놀이 관찰에 근거하여 일상에서의 의사소통능력에 관한 평가가 많이 이루어지고 있다(보건복지부, 한국보육진흥원, 2020). 영유아의 언어발달을 평가하기 위한 다양한 방법과 최근 개정되어 적용되고 있는 누리과정과 표준보육과정을 실시하는 영유아교육기관에서의 평가에 관하여 살펴보면 다음과 같다.

(1) 관찰(Observation)

❶ 표본식 기술

표본식 기술은 영유아의 언어와 관련된 행동을 실험적으로 조작된 상황이 아닌 자연스러운 상황에서 관찰, 기록, 분석함으로써 언어발달의 양상을 이해하는 방법이다. 표본식 기술은 관찰자인 교사가 미리 정해 놓은 시간이나 활동이 끝날 때까지 관찰 대상인 영아나 유아가 한 말이나 언어적 상호작용, 행동 등을 일어난 순서대로 상세하고 객관적으로 기록한다. 관찰한 내용을 표본식 기술로 기록하는 것은 영유아의 언어와 관련되어 발생한 현상을 있는 그대로 보고 분석하고 파악하고자 하는 것이 목적이다.

〈표 8-1〉 표본식 기술관찰 양식

관 찰 대 상 : 이서희　　생 년 월 일 : 2017년 5월 19일(남/여)
관　찰　일 : 2020년 6월 18일　　관　찰　자 : 최선아
관 찰 장 면 : 자유놀이활동

시간	기록	관찰결과 분석
요약		

❷ 일화기록

일화기록은 영아나 유아의 특정한 행동에 초점을 맞추어 객관적으로 상세히 기록하는 것이다. 영유아의 언어발달 평가를 위한 일화기록에서는 소리 내어 책 읽기, 조용히 혼자 앉아서 책 읽기, 친구들과 같이 책을 읽을 때 주고받는 언어, 역할놀이에서의 언어적 상호작용, 듣기 행동, 쓰기 등을 기록할 수 있다. 어떤 행동이 언제, 어디서 일어났는지에 관하여 상세히 기록하는 일화기록은 관찰된 직후에 적는 것이 정확한 기록을 하는 데 좋다. 그러나 영유아교실에서 일과를 진행하고 있는 경우에는 관찰한 직후에 기록하는 것이 가능하지 않은 경우가 많으므로 메모지를 사용하여 핵심 내용을 간단히 기록해 두었다가 일과가 끝난 후 기록할 수 있다.

〈표 8-2〉 일화기록 양식

관찰대상	이민형	생년월일	2016년 8월 10일(남/여)
관 찰 일	2020년 7월 10일	관 찰 자	김은영
관찰장면	자유놀이활동		
관찰기록			
관찰분석			

(2) 체크리스트

체크리스트는 교사가 어떤 특정한 영유아의 행동이나 기술, 발달 특성이 나타나는지를 알아보고 싶을 때 활용하는 방법이다. 영아나 유아의 행동이나 기술 등을 범주화하여 세분화된 지표로 작성해 놓은 체크리스트는 영유아 언어발달의 현재 상태가 어떤 수준인지를 평가하고자 할 때 유용하다. 체크리스트는 일정한 기간이 지난 후 다시 평가해서 영유아 언어발달의 수준이 어떻게 변화되었는지를 알아보고자 할 때도 활용할 수 있다.

체크리스트는 미리 구성되어 있는 항목의 사실 여부를 표시하도록 되어 있다. 잘 구성된 체크리스트는 관찰자의 주관적인 평가를 배제할 수 있는 평가 방법으로 대개 관찰이 가능한 행동을 체크하도록 작성되어 있다. 체크리스트의 각 항목의 내용은 모호하지 않은 표현으로 명료하고 정확하게 기재되어 있어야 한다. 관찰자는 체크리스트를 사용하기 전에 평가 문항의 내용을 명확히 이해하고 있어야 신뢰로운 평가 결과를 도출할 수 있다.

'언어와 문해' 체크리스트

1. 말 이해하기	1회	2회
(1) 다른 사람의 이야기에 거의 반응을 하지 않는다.	______	______
(2) 단순한 지시에 따른다.	______	______
(3) 단순하고 직접적인 대화체 문장에 반응한다.	______	______
(4) 교실에서 일반적으로 일어나는 대화에 참여한다.	______	______
(5) 다단계 혹은 복합한 지시를 따른다.	______	______

2. 말하기	1회	2회
(1) 아직은 말하지 않거나 한두 단어만을 사용한다.	______	______
(2) 두 단어 이상의 단순한 문장을 사용한다.	______	______
(3) 두 가지 이상의 분리된 생각을 포함하는 문장을 사용한다.	______	______
(4) 설명적인 세부묘사와 함께 둘 이상의 생각이 포함된 문장을 사용한다.	______	______
(5) 잘 구성된 자세한 이야기와 동시, 혹은 노래를 만들어 이야기한다.	______	______

3. 읽기 활동에 관심 보이기	1회	2회
(1) 아직은 읽기 활동에 관심을 보이지 않는다.	______	______
(2) 이야기를 들려줄 때 흥미를 보인다.	______	______
(3) 사람들에게 이야기, 혹은 짧은 글을 읽어 달라고 요구한다.	______	______
(4) 읽어 준 이야기에 관한 질문에 답하거나 이야기의 한 부분을 따라 한다.	______	______
(5) 자주 페이지를 넘기면서 읽거나 그 이야기를 말한다.	______	______

4. 책에 관한 지식 나타내기	1회	2회
(1) 아직은 책을 집어서 들고 있지 않는다.	______	______
(2) 책을 집어 들고 페이지를 차례대로 넘기면서 계속한다.	______	______
(3) 책 표지나 책 속의 그림을 보고 이야기를 말하는 등 그림을 읽는다.	______	______
(4) 눈동자가 정확한 방향(왼쪽에서 오른쪽, 위에서 아래)으로 움직이면서 책의 글씨를 따라간다.	______	______
(5) 책을 읽는 것처럼 보이는 행동을 하거나, 실제로 책을 읽는다.	______	______

5. 읽기	1회	2회
(1) 아직은 글자나 숫자를 알지 못한다.	______	______
(2) 몇 개의 글자와 숫자를 안다.	______	______
(3) 몇 개의 단어나 단순한 문장을 읽는다(예: 나는 엄마를 사랑합니다.)	______	______
(4) 다양한 문장을 읽는다.	______	______
(5) 간단한 이야기나 책을 읽는다.	______	______

6. 쓰기	1회	2회
(1) 아직은 쓰기를 시도하지 않는다.	______	______
(2) 꾸불꾸불한 선을 그리면서 글자처럼 표기한다.	______	______
(3) 자기 이름 등 자신에게 의미 있는 글자를 베껴 쓰거나 적는다.	______	______
(4) 자기 이름 말고도 몇 개의 단어와 짧은 문장을 쓴다.	______	______
(5) 다양한 문장을 쓴다.	______	______

언어영역 활동 체크리스트

이름: 날짜:

- ☐ 1. 책이나 잡지, 신문 읽기
- ☐ 2. 친구에게 책 읽어 주기
- ☐ 3. 다른 사람이 읽어 주는 이야기 듣기
- ☐ 4. 녹음된 동화 테이프를 들으며 눈이나 손으로 글자 따라가기
- ☐ 5. 융판과 융판 자료 활용하기
- ☐ 6. TV 동화 활용하기
- ☐ 7. 이야기 지어 보기
- ☐ 8. 이야기 듣고 그림 그리기
- ☐ 9. 지은 이야기로 책 만들기
- ☐ 10. 읽거나 만든 이야기로 융판 동화 구성하기
- ☐ 11. 인형극 극본을 쓰고 친구에게 인형극 보여 주기
- ☐ 12. 읽거나 지은 이야기 녹음하기
- ☐ 13. 수행한 활동결과 기록하기
- ☐ 14. 도서 대출해서 읽기
- ☐ 15. 활동방법을 기록한 카드 활용하기

교사를 위한 자기 평가

- ☐ 1. 유아에게 매일 책을 읽어 주는가?
- ☐ 2. 책 읽기 시간에 유아가 좋아하는 책을 선택하고 능동적으로 참여하게 하는가?
- ☐ 3. 가정에서 부모가 책을 읽어 주도록 격려하는가?
- ☐ 4. 유아의 학습을 촉진시키기 위하여 읽은 책과 관련된 후속 활동을 제공하는가?
- ☐ 5. 하루 일과 중에 다양한 읽기와 쓰기를 사용하는가?
- ☐ 6. 극화영역에 언어활동을 할 수 있는 소품과 자료가 있는가?

교실의 문해환경

- ☐ 1. 교실 내에 사물의 명칭이나 활동 규칙, 설명 등이 문자로 제시되어 있는가?
- ☐ 2. 친구들에게 책을 읽어 주거나 혼자 읽을 수 있는 공간이 있는가?

- □ 3. 문화적 · 언어적 배경과 부합하는 다양한 장르의 책이나 인쇄물이 있는가?
- □ 4. 유아가 접근하기 쉬운 곳에 책이 있는가?
- □ 5. 읽기에 대한 흥미를 자극하기 위해 개방된 책꽂이에 책이 꽂혀 있는가?
- □ 6. 유아의 흥미와 상상을 위해 극화영역의 문해 자료를 주기적으로 바꿔 주는가?

언어발달

- □ 1. 유아의 사고와 언어를 촉진하는 방식으로 유아의 행동과 말에 반응하는가?
- □ 2. 유아와 대화할 때 새로운 어휘를 사용하는가?
- □ 3. 사물의 이름이나 움직임을 정의하고 필요에 따라 간단하게 설명하였는가?
- □ 4. 언어 게임이나 운율활동을 하였는가?
- □ 5. 극화놀이를 격려하며, 놀이의 확장을 위해 교사가 개입하는가?
- □ 6. 소집단으로 상호작용할 수 있는 활동을 제공하는가?

지식과 이해의 촉진

- □ 1. 문자를 읽을 때 왼쪽에서 오른쪽으로, 위에서 아래의 방향으로 읽는 것을 보여 주는가?
- □ 2. 저자나 제목과 같은 책의 특징을 소개하는가?
- □ 3. 단어나 낱자들을 손가락으로 가리키며 읽거나 명명하는가?
- □ 4. 유아가 자신의 이름을 식별하거나 쓸 수 있도록 돕는가?
- □ 5. 낱자의 모양이나 문장부호에 관심을 갖도록 하는가?

글의 유형

- □ 1. 유아가 이야기에 익숙해질 수 있도록 반복해서 읽어 주는가?
- □ 2. 유아로 하여금 자신의 언어로 이야기를 다시 말하거나 재연할 수 있도록 격려하는가?
- □ 3. 극화놀이를 통해 좋아하는 이야기를 재현해 보도록 하는가?
- □ 4. 유아에게 다양한 유형과 장르의 글을 소개하는가?
- □ 5. 쓰기 목적에 따라 다양한 글쓰기를 돕는가?

음운 인식

- ☐ 1. 단어에서 들리는 소리에 주의를 기울이도록 하는가?
- ☐ 2. 초성과 종성의 운율에 대한 다양한 게임을 하는가?
- ☐ 3. 예측 가능한 소리 패턴이 있는 책을 반복해서 읽어 주는가?
- ☐ 4. 하루 일과 중 글쓰기를 위한 시간을 제공하는가?
- ☐ 5. 노래나 찬트의 음절을 함께 부르거나 손동작을 포함하는 운율활동에 참여시키는가?

낱자와 단어

- ☐ 1. 한글 자모음 책을 읽으며 유아가 낱자를 인식하도록 돕는가?
- ☐ 2. 유아의 이름이나 교실에서 필요한 중요한 어휘들을 써서 제시하는가?
- ☐ 3. 유아를 쓰기 활동에 참여시키는가?
- ☐ 4. 함께 쓰기 활동을 통해 쓰기 과정을 보여 주는가?
- ☐ 5. 종이와 연필과 같은 쓰기 도구들의 사용이 용이한가?
- ☐ 6. 유아가 글을 쓸 때, 낱자를 소리 내어 말하도록 격려하는가?
- ☐ 7. 낱자와 소리 패턴을 학습하도록 특별한 도움을 주는가?
- ☐ 8. 유아가 새로운 어휘를 학습하도록 돕는가?

(3) 표준화된 검사

표준화된 검사는 일정한 시간에 다양한 언어발달의 양상을 조사할 수 있는 평가 방법이다. 표준화된 검사는 검사의 내용이나 문항 표현이 검사 대상인 영유아의 사회 문화적 배경과 부합하는지를 확인하여 실시해야 한다. 또한, 검사가 시행되는 상황이 자연스럽고 편안해야 한다. 검사의 내용이 영유아의 사회 문화적 배경에 부합하지 않거나 검사 상황이 부담스러운 경우에 피검사자인 영유아가 스트레스를 받아 검사 결과가 정확하게 나타나지 않을 수 있다. 그러나 표준화된 검사는 이러한 단점에도 불구하고 많은 검사 결과가 축적되어 있고 검사 결과에 대한 분석이 용이하기 때문에 다수의 대조군이 필요한 경우 많이 활용되고 있다. 영유아의 언어발달과 관련된 평가로는 한국교육개발원에서 개발한 학습준비도 검사와 유아 표준화 언어 검사도구가 있다. 최근에는 각 영유아의 언어발달의 수준이 어느 위치에 속하는지를 파악하는 상대적인 측면에서의 비교 분석보다 개인의 변화와 발달 추이를 보는 데 초점을 맞추는 평가가 주로 이루어지고 있는 추세이다. 표준화된 검사는 특별히 언어발달의 지체가 의심되거나 특정 발달 영역에서 영재성을 확인해 보려는 경우에 사용되기도 한다.

(4) 포트폴리오 평가

포트폴리오 평가는 영유아의 생각이나 경험을 그림이나 글로 표현한 결과물을 수집하여 이루어지는 평가이다. 끼적거리기에서부터 표준 철자로 쓰기를 한 것에 이르기까지 다양한 자료를 기록하거나 수집한 것을 근거로 평가한다. 포트폴리오 평가를 위해서는 유아의 그림, 유아가 말하는 것을 그대로 교사가 받아써 준 글, 유아의 읽기를 녹음한 자료 등을 수집해야 한다. 이러한 영유아의 언어 관련 자료와 문해 자료들을 모아 두면 영유아의 언어발달 과정을 이해하는 데 많은 도움이 된다. 포트폴리오에는 유아의 작품뿐만 아니라 교사가 기록한 각종 자료도 모아 놓는다. 예를 들면, 영유아 행동의 일화기록, 영유아의 언어적 상호작용이나 책 읽기를 녹음한 자료, 언어표본, 언어발달의 변화 경향을 볼 수 있는 체크리스트, 인터뷰 자료, 표준화된 검사 결과, 유아의 저널과 쓰기 표본 등이 포함될 수 있다. 모든 자료에는 수집 일시와 간략한 내용을 메모로 적어 놓아야 평가 시 유용하게 활용할 수 있다.

영아반 끼적이기 포트폴리오

영아명	박○○	생년월일	17.8.18	소속(반)	○○반(만1세)	작성자	○○○

사진			
날짜	20**.**.**	20**.**.**	20**.**.**
평가	주하는 쓰기도구를 손으로 잡고 팔을 움직이며 끼적인다. 움직임에 따라 우연하게 구불구불한 불규칙한 선을 끼적인다. 우리는 이러한 모습으로 보아 주하는 끼적이기의 발달단계 1단계에 속한다.	주하는 움직이는 손을 바라보며 끼적인다. 다양한 색의 쓰기도구로 동그라미 모양의 패턴을 반복하며 끼적인다. 주하는 끼적이기 발달단계 2단계에 속한다.	주하는 케이크 모양 위에 빨간색 크레파스로 동그라미 모양을 반복하여 그리며 끼적인다. 교사가 "이건 무엇이니?"라고 물으니 "딸기"라고 대답한다. 주하는 의도적으로 끼적이며 자신이 그린 것을 말로 표현하는 3단계에 속한다.
단계	<끼적이기의 발달단계> 1단계 (무분별한 끼적이기) 운동신경 조절이 자유롭지 못한 시기로 우연하게 생긴 선이나 어설프고 불규칙한 선들을 그리는 시기 2단계 (조절된 끼적이기) 자신의 손의 움직임과 종이 위에 나타나는 흔적과의 관계를 깨닫기 시작하는 단계로 점이나 원, 선과 같은 작은 패턴을 반복하는 시기 3단계 (의도적인 끼적이기) 끼적이기 마지막 단계로 그림을 그리는 시간이 길어지고, 자신이 그린 것을 말로 표현 하려는 시기			

[그림 8-1] 영아반 끼적이기(쓰기) 평가를 위한 포트폴리오

유아반 언어(쓰기)활동 포트폴리오

유아명	이☆☆	생년월일	12.12.6	소속(반)	◇◇반(만5세)	작성자	○○○

사진			
날짜	20**.**.**	20**.**.**	20**.**.**
평가	생각을 글로 옮길 수 있음을 인식하고 글자에 관심을 갖는 모습을 보이나, 글자의 모양을 인식하고 적는 것에는 어려움을 보인다. 현진이가 이야기하는 말을 적어 준 글자 위에 선을 따라 그어보며 글자를 쓴다.	자신의 이름을 스스로 적을 수 있다. 자신의 생각을 표현한 말소리를 글자로 적어주면 이를 보고 글자를 따라 써보며 쓰기에 관심을 가진다.	주말동안의 경험을 회상하여 글로 표현할 수 있다. 철자와 소리의 연관성을 인식하며, 글자를 쓸 때 말소리가 나는 대로 실험적으로 써보는 모습을 보인다.
단계	<쓰기 발달단계> * 1단계 - 문식성 발달의 시작 * 2단계 - 초보적 쓰기 : 문자가 자신의 생각을 전달할 수 있음을 알고 익숙한 철자를 익히기 시작하나 철자와 소리의 관계를 명확하게 이해하지는 못한다. * 3단계 - 실험적 쓰기 : 철자와 소리가 연관되어 있음을 인식하고 성인과 똑같이 쓰지 못함에 쓰기를 거부하기도 하며 점차 표준적 쓰기에 가까워진다. * 4단계 - 표준적 쓰기		

[그림 8-2] 유아반 언어발달평가(쓰기평가)를 위한 포트폴리오

유아반 언어(쓰기)활동 포트폴리오

유아명	윤☆☆	생년월일	12.8.23	소속(반)	◇◇반(만5세)	작성자	○○○

사진		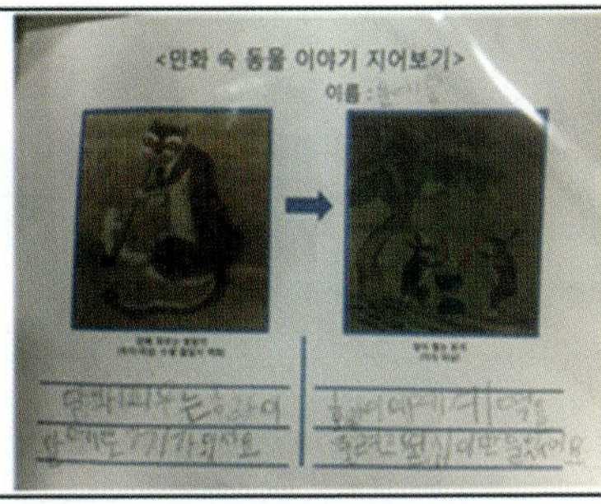	
날짜	20**.**.**	20**.**.**	20**.**.**
평가	친숙한 자신의 이름을 스스로 적을 수 있으며, 말소리가 글자로 옮겨질 수 있음을 인식한다. 자신의 생각을 소리 나는 대로 글자로 적어 표현한다.	이야기를 지어 글로 표현할 수 있다. 철자와 소리의 연관성을 인식하고 말소리를 철자로 옮겨 적는 모습을 보이며 표준적 쓰기에 가까워진 모습을 보인다.	철자와 소리의 연관성을 인식하고 자신의 생각을 글로 표현하는 데에 자신감을 보인다. 표준적 쓰기에 모습을 보인다.
단계	<쓰기 발달단계> * 1단계 - 문식성 발달의 시작 * 2단계 - 초보적 쓰기 : 문자가 자신의 생각을 전달할 수 있음을 알고 익숙한 철자를 익히기 시작하나 철자와 소리의 관계를 명확하게 이해하지는 못한다. * 3단계 - 실험적 쓰기 : 철자와 소리가 연관되어 있음을 인식하고 성인과 똑같이 쓰지 못함에 쓰기를 거부하기도 하며 점차 표준적 쓰기에 가까워진다. * 4단계 - 표준적 쓰기		

[그림 8-3] 유아반 언어발달평가(쓰기평가)를 위한 포트폴리오

2. 영유아교육기관의 언어교육 평가

1) 영유아교육기관 언어교육 평가의 방향

영유아교육기관에서 이루어지는 언어교육 평가의 방향을 우리나라 국가수준 영유아교육과정인 「2019 개정 누리과정」과 2020년 고시된 「제4차 표준보육과정」에 제시된 내용을 통해 살펴보면 다음과 같다.

누리과정과 표준보육과정에서는 우리나라의 유치원과 어린이집에서의 평가의 기본 방향을 다음과 같이 제시하고 있으므로 영유아교실의 언어교육 평가도 이러한 기본 방향에 근거하여 이루어져야 한다.

- **누리과정과 표준보육과정 운영의 질을 진단하고 개선하기 위해 평가를 계획하고 실시한다.** 영유아교육기관의 언어교육 평가는 누리과정과 표준보육과정에서의 언어교육이 보다 효율적으로 운영되는지를 평가함으로서 설정된 언어교육의 목표를 효율적으로 달성하는지를 진단하고, 영유아를 위하여 더 나은 언어교육을 실시하기 위하여 계획되고 실시되어야 한다.
- **영유아의 특성 및 변화 정도와 누리과정과 표준보육과정의 운영을 평가한다.** 영유아교육기관의 언어교육 평가는 영유아의 언어적 특성과 언어발달의 변화 정도를 파악하고 이를 감안하여 영유아교육과정이 계획되고 운영되는지를 알아보기 위해서 이루어져야 한다. 누리과정과 표준보육과정이 적용되는 영유아교실에서 효과적인 언어교육을 통해 영유아의 언어발달이 충분한 정도로 잘 이루어지고 있는지, 영유아 개개인의 언어적 특성이 어떠한지를 파악할 수 있어야 한다. 그리고 교육과정이 진행되면서 영유아의 언어능력이 향상되어 듣기와 말하기, 읽기와 쓰기 능력이 지속적으로 향상되고 있는지도 알아볼 수 있어야 한다. 이러한 평가결과의 환류를 통해 언어교육의 적절한 계획과 적용, 그리고 평가가 지속적으로 이루어지고 있는지에 관한 평가도 이루어져야 한다.

- **평가의 목적에 따라 적합한 방법을 사용하여 평가한다.** 영유아교육기관의 언어교육 평가는 평가의 목적을 고려하여 적합한 방법으로 이루어져야 한다. 현재 언어발달의 정도를 평가하기 위해서는 표준화된 연령별 발달평가 측정도구를 활용할 수도 있고 체크리스트 등을 활용할 수도 있다. 실생활에서 적절한 정도의 언어적 상호작용을 할 수 있는지를 평가하기 위해서는 놀이시간이나 활동 시 듣기와 말하기를 상황에 따라 적절히 하는지, 읽기와 쓰기에 대한 관심이 있고 유용하게 활용하는지를 일화기록이나 체크리스트를 활용하여 평가할 수 있다.
- **평가의 결과는 영유아에 대한 이해와 누리과정과 표준보육과정 운영 개선을 위한 자료로 활용한다.** 영유아교육기관의 언어교육 평가는 영유아의 언어발달의 정도와 언어적 활용 능력을 포함하는 전반적인 언어적 역량을 이해하기 위하여 실시되어야 한다. 또한, 언어교육의 평가 결과는 누리과정이나 표준보육과정을 통해 영유아의 언어적 역량을 향상시키기 위한 개선 방안을 모색하는 과정에서 유용한 자료로 활용되어야 한다. 즉, 평가 결과를 감안하여 듣기와 말하기 능력을 향상시키기 위하여 적절한 언어교육 프로그램을 계획하여 실시할 수도 있고, 읽기와 쓰기를 효과적으로 활용할 수 있는 문해 자료를 제공해 줌으로써 보다 효과적인 언어교육을 실시할 수도 있다.

2) 영유아교육기관 언어교육 평가의 실제

「2019 개정 누리과정」과 「제4차 표준보육과정」을 적용하는 유치원과 어린이집에서는 영유아의 흥미와 관심에 초점을 맞추는 놀이중심 교육과정이 강조되면서 영유아의 놀이에 관한 관찰을 통한 평가가 이루어지고 있다. 이러한 평가의 과정에서는 먼저 영유아의 놀이를 민감하고 세심하게 관찰하여 다양한 결과물을 수집하고 기록한 후 누리과정이나 표준보육과정의 의사소통영역의 내용을 기반으로 분석한다. 그리고 영유아의 언어 학습을 지원하기 위하여 교재교구 등의 다양한 자료를 준비하고 교실 영역을 변경하거나 미리 계획된 일정을 변화하는 등의 환경적 지원방안과 교사의 상호작용적 지원방안을 고민한다. 즉, 영유아교육기관에서의 언어교육의 평가는 영유아의 놀이를 관찰하고, 다양한 기록작업을 통해 영유아 놀이의 의미를 파악하며, 영유아의 언어발달을 위한 교사의 효과적인 지원 방안을 계획하는 과정이 효과적으로 이루어지고 있는지를 평가할 수 있어야 한다.

〈표 8-3〉 영유아 언어교육 평가의 과정

평가 과정	평가의 내용
관찰 기록	영유아의 놀이에 대한 관찰과 기록: 끼적거리기, 편지 쓰기, 그림책 읽기, 교사 및 또래와의 언어적 상호작용 등의 관찰과 기록
관찰 분석	관찰 결과에 대한 분석을 통해 교육적 의미 도출: 누리과정과 표준보육과정의 의사소통영역의 내용범주에 따른 영유아 언어발달 분석
지원 계획	영유아 놀이의 관찰 및 분석을 통해 언어발달을 촉진시키기 위한 지원 방안 모색: 교육자료, 교재교구 등 환경적 지원, 격려, 제안, 정서적 지원 등의 상호작용적 지원

〈표 8-4〉 의사소통영역 평가의 실제

■ 관찰 기록

유아들이 교실에서 동물 모형과 동물 놀잇감에 많은 관심을 보이며 놀이를 하고 있다. 진형이는 실외놀이를 나가기 전에 교실에서 놀던 동물 모형을 모래놀이터에 가지고 나가서 놀고 싶다고 이야기를 한다. 실내놀잇감인 레고 동물 모형을 가지고 나가서 모래놀이를 하고 싶다는 요청이다.

진형: 선생님, 레고 동물을 가지고 나가고 싶어요.
교사: 레고 동물은 교실 안에서 가지고 놀기로 약속했는데, 기억하니?
모래놀이터에서는 다른 동물을 가지고 놀이할까?
진형: 이 동물들 가지고 모래놀이를 하고 싶어요.
가지고 나가서 놀이하고 싶어요.
교사: 모래놀이터에서 레고 동물들을 가지고 놀이하고 싶구나. 어떻게 해야 할까?

■ 관찰 분석

교실에서 가지고 놀이하는 레고 동물 모형을 실외모래놀이에서 사용하지 않기로 약속을 했었는데 진형이는 눈물을 그렁그렁하면서까지 가지고 나가고 싶어 하였다. 모래놀이터에서 동물 모형을 가지고 놀이하고 싶은 진형이의 마음을 읽을 수 있었다. 모래놀이에 흥미와 관심을 많이 보이는 진형이가 레고 동물 모형을 실외 모래놀이터에서 가지고 놀 수 있다면 좀 더 확장된 놀이를 할 수 있게 되어 놀이를 통한 사고의 확장이 가능하고 놀이가 깊이 있게 지속될 것 같다.

■ 지원 계획

실내 놀잇감을 실외놀이에서 사용하는 것을 금하기로 한 규칙만 고수하기보다는 새로운 약속을 만들어서 실외놀이에서 실내 놀잇감을 가지고 놀 수 있는 방법을 찾아볼 필요가 있다. 진형이와 유아들과 함께 토론을 해서 모래놀이에서 레고 동물 모형을 가지고 놀기 위한 약속을 정하기로 하였다. 토론을 통해 실외에서 놀이했던 레고 동물 모형을 깨끗이 물로 씻어서 교실로 가지고 들어오기로 하는 약속 만들기는 진형이의 언어발달에 도움이 되고 실외 모래놀이를 확장시키면서 놀이를 지속시키는 데 도움이 될 것이다.

■ 의사소통영역 평가 총평

진형이의 놀이에 대한 관찰과 교육적 의미를 찾기 위한 관찰 분석, 그리고 이에 근거한 교사의 지원 계획은 진형이의 의사소통영역의 듣기와 말하기 내용범주와 관련된 언어교육의 효과를 향상시키는 데 도움이 될 것으로 기대된다.

진형이는 레고 동물 모형을 실외 모래놀이에서 사용하고 싶다는 제안을 하는 과정에서 교사 및 또래와 언어적 상호작용을, 새로운 약속 만들기 토론에 참여하는 과정에서 누리과정의 의사소통영역의 내용을 경험할 수 있었다. 진형이는 다른 친구들의 말이나 이야기를 관심 있게 듣고, 자신의 경험, 느낌, 생각을 말해 볼 수 있었으며, 상황에 적절한 언어 사용을 연습할 수 있었다. 그리고 상대방이 하는 이야기를 듣고 관련해서 말하는 것을 경험할 수 있었으며, 바른 태도로 듣고 말하기와 고운 말을 사용하는 것이 중요하다는 것도 학습할 수 있었다.

과제 Tip: 영아/유아 의사소통영역의 평가

영아와 유아의 놀이를 관찰하고 분석한 후 언어발달을 위한 지원 계획을 작성하기

	내용
관찰기록	
관찰분석	
지원계획	
의사소통영역 평가 총평	

PART 3

영유아 언어교육의 실제

본 교재의 언어교육 실제 활동은 제4장에서 소개하였던 균형적 접근법의 실제 기준에 맞추어 일과 활동에 기초한 언어활동과 문학에 기초한 언어활동 단어 및 음운학습을 위한 언어활동으로 구분하여 구성하였다. 일과 활동에 기초한 언어활동은 유아의 말하기, 듣기, 읽기, 쓰기 행동이 유아교육기관의 하루 일과 중에 자연스럽게 포함되는 것을 목표로 삼았고, 문학에 기초한 언어활동은 문학을 중심으로 할 수 있는 다양한 확장활동을 소개하고자 노력하였다. 마지막으로 단어 및 음운학습을 위한 언어활동은 유아의 음운교육이 지나치게 형식적 · 위계적이 되지 않도록 최대한 흥미 있는 활동을 제시하고자 하였다. 모든 활동의 실제는 새롭게 개정된 누리과정의 중점 사항에 따라, 교사는 영유아와 상호작용하는 가운데 자연스럽게 활동을 지원하는 것을 원칙으로 하였으며, 가능한 놀이중심 활동이 될 수 있도록 계획하였다.

※ 실제 활동을 위한 양식은 자유놀이를 위한 양식과 대 · 소집단 활동을 위한 양식을 활용하여 사용하였음을 밝혀 둔다.

CHAPTER 9.

일과 활동에 기초한 언어활동

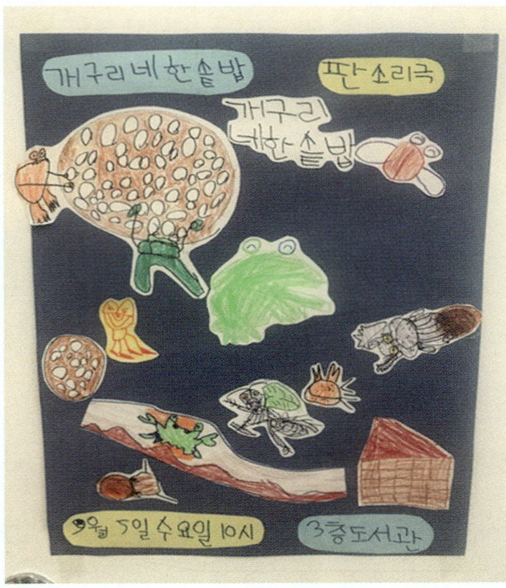

아이들이 동극 '개구리네 한솥밥' 동극에 초대하고 싶대요. 판소리로 공연한다고 하네요.
친구들에게 동극을 보여 주고 싶은 마음이 잘 나타나 있지요?
어떤 스토리의 동극일까 관람하고 싶어요.

1. 영아활동

활동 1
놀이터에서 안전하게 놀이하기

* 활동형태 자유놀이
* 활동유형 및 대상 연령 언어 / 만 2세
* 활동목표 및 표준보육과정 관련 요소

목표	표준보육과정 관련 요소
• 놀이기구별로 사용 규칙이 다름을 안다. • 실외놀이터에서 필요한 간단한 규칙을 말해 본다.	– 기본생활 〉 안전하게 생활하기 〉 일상에서 안전하게 놀이하고 생활한다. – 의사소통 〉 듣기와 말하기 〉 표정, 몸짓, 단어로 의사를 표현한다.

* 준 비 물 바깥놀이터에서 영아들이 놀이하고 있는 장면의 사진
* 활동배경 영아들이 놀이터에서 놀이할 때 모래를 던지거나 미끄럼틀을 거꾸로 올라가는 등의 안전하지 못하게 놀이하는 상황이 관찰된다. 교사는 영아들이 올바른 놀이기구 사용방법을 알고 안전하게 놀이할 수 있도록 지원한다.

＊ 활동방법

▸ 교사는 영아들이 놀이터에서 놀이기구의 올바른 사용방법과 놀이규칙을 알도록 지원한다.

교수학습 내용	활동방법
상호작용 (제안/질문)	• 교사는 영아와 놀이터 사진을 보며 놀이기구와 놀이 장면에 대해 이야기 나눈다. – 여기는 어디일까? – 그래, 어린이집 놀이터구나. – ○○이가 미끄럼틀을 타고 있네. – △△이는 모래 놀이터에서 모래놀이를 하고 있어. • 교사는 영아와 놀이기구의 사용방법과 놀이규칙에 대해 이야기 나눈다. – 미끄럼틀을 내려올 때에는 어떤 약속을 지켜야 할까? – 왜 거꾸로 올라가면 안 될 것 같니? – 그래, 미끄럼틀을 내려 올 때는 여기 사진 속의 ○○이처럼 앉아서 바르게 내려와야 다치지 않겠다. – 모래를 던지면 어떻게 될 것 같니? – 그래, 모래가 친구 눈에 들어가서 친구가 아플 수 있겠구나.

놀이터 놀이 장면을 보며 이야기 나누는 모습

활동 2

동물 울음소리 흉내 내기

* 활동형태 자유놀이
* 활동유형 및 대상 연령 언어 / 만 1세
* 활동목표 및 표준보육과정 관련 요소

목표	표준보육과정 관련 요소
• 다양한 동물의 울음소리에 관심을 가진다. • 동물 울음소리를 들으며 흉내 내어 소리 낸다.	– 자연탐구 〉 자연과 더불어 살기 〉 주변의 동식물에 관심을 가진다. – 의사소통 〉 듣기와 말하기 〉 상대방의 이야기를 들으면서 말소리를 낸다.

* 준 비 물 동물 까꿍판
* 활동배경 영아들이 동물 팝업북을 펼쳤다가 덮는 놀이를 반복하기도 하고 동물과 관련된 놀잇감이나 그림을 보고 동물의 울음소리 흉내 내기를 즐기는 모습이 관찰된다. 교사는 동물 까꿍놀이 놀잇감을 제시해 주고 동물 울음소리 흉내 내기 놀이가 지속되도록 상호작용을 하면서 지원한다.
* 활동방법

▸ 교사는 영아들이 동물 까꿍판을 자유롭게 탐색하며 놀이하도록 지원한다.

교수학습 내용	활동방법
상호작용 (관찰/참여/질문)	• 교사는 영아들이 동물 까꿍판에 관심을 갖고 탐색할 때 놀이에 참여한다. – 문이 있네? 한 번 열어 볼까? – 여기 누가 있을까? – 까꿍! 강아지구나. – 똑똑똑, 여기에는 누가 있을까?

▸ 교사는 영아들에게 동물의 이름을 말해 보고 울음소리를 표현해 보도록 지원한다.

교수학습 내용	활동방법
상호작용 (질문/제안)	• 교사는 영아가 관심을 보이는 동물의 이름이나 울음소리에 대해 질문한다. – 까꿍! 이건 어떤 동물일까? – 그래, 돼지구나. – 돼지는 어떤 소리를 내지? – ○○이도 돼지처럼 꿀꿀 소리를 내고 있구나. • 교사는 영아의 동물 흉내 내기 행동이나 표현을 격려하며 다른 영아들의 동물 소리도 주의 깊게 듣고 따라서 소리 내 보도록 제안한다. – ○○이가 '멍멍' 강아지 소리를 내고 있네. – △△이도 ○○이처럼 강아지 소리를 내 볼 수 있겠니?
상호작용 (정서적 지원)	• 교사는 영아들이 표현하는 동물의 울음소리에 관심을 기울여 들어 주고 관심과 즐거움을 표현하며 반응해 준다. – ○○이가 고양이 소리를 잘 흉내 내는구나. – △△이는 정말 사자가 된 것 같네. – 친구랑 같이 동물 소리를 내니까 정말 재미있구나.

까꿍판을 열어 보며 동물 울음소리를 내 보는 영아들의 모습

활동 3

끼적거리기

* 활동형태 자유놀이
* 활동유형 및 대상 연령 언어 / 만 1, 2세
* 활동목표 및 표준보육과정 관련 요소

목표	표준보육과정 관련 요소
• 쓰기에 관심을 가진다. • 크레파스를 잡고 끼적일 수 있다.	– 의사소통 〉 읽기와 쓰기에 관심 가지기 〉 끼적이기에 관심을 가진다. – 기본생활 〉 신체활동 즐기기 〉 대소근육을 조절한다.

* 준 비 물 크레파스, 종이(A4, 또는 도화지)
* 활동배경 영아가 크레파스에 관심을 가지고 만지작거리고 있는 것을 보고 교사가 쓸 수 있는 종이를 가져온다. 교사가 쓰기 시범을 보이며 자유롭게 쓰기를 하도록 상호작용을 하면서 지원한다.
* 활동방법

▸ 교사는 영아가 크레파스를 잡고 자유롭게 쓰기를 하도록 지원한다.

교수학습 내용	활동방법
상호작용 (관찰/참여)	• 교사는 영아들이 쓰기 도구에 관심을 갖고 탐색할 때 놀이에 참여한다. – 선생님이 ○○에게 편지를 써 줄게. – ○○도 빨간색 크레파스로 썼구나. – 위, 아래로도 그리고, 옆으로도 그렸구나.

▸ 교사는 영아가 쓰기를 즐길 수 있도록 지원한다.

교수학습 내용	활동방법
상호작용 (정서적 지원)	• 교사는 영아의 쓰기에 관심을 기울여 주고 관심과 즐거움을 표현하며 반응해 준다. – 와~ 가득 썼네. – 여러 가지 색깔로 쓰니까 재미있는 이야기가 많이 담겨 있을 것 같구나.

* 비　고

▸ 영아가 잡기 편한 다양한 종류의 필기도구를 준비한다.

영아가 크레파스로 그린 끼적거리기

활동 4

걷자, 빨리, 천천히 걸어라

* 활동형태 자유놀이
* 활동유형 및 대상 연령 언어 / 만 1세
* 활동목표 및 표준보육과정 관련 요소

목표	표준보육과정 관련 요소
• 빨리, 천천히, 다양한 동작으로 걷는다. • 걸을 때 동작을 말로 표현한다.	– 신체운동 〉 감각과 신체 인식하기 〉 대소근육을 조절한다. – 의사소통 〉 듣기와 말하기 〉 표정, 몸짓, 말소리로 의사를 표현한다.

* 준 비 물 없음
* 활동배경 3~4명의 영아들과 산책을 나가 손을 잡고 걷고 있을 때, ㅇㅇ가 다른 영아보다 빨리 걷기를 한다. 교사가 "ㅇㅇ야, 천천히 걷자."라고 말하자 장난끼 있게 천천히 걷는 모습이 관찰된다. 교사는 영아들에게 걷기 놀이를 제안하고 상호작용을 한다.
* 활동방법

▸ 교사는 영아들과 산책을 하면서 걷기 놀이를 제안하고 참여하며 지원한다.

교수학습 내용	활동방법
상호작용 (관찰/참여/질문)	• 교사는 영아들이 다양한 걸음걸이로 산책을 하고 있는 것을 관찰하고 걷기 놀이를 제안하다. – 걷기 놀이를 한 번 해 볼까? – 하나, 둘, 셋, 빨리 걷자? – 하나, 둘, 셋, 천~천~히~ 걷자. (말소리도 천천히 한다.)

▸ 교사는 영아들이 지시어를 말해 보도록 지원한다.

교수학습 내용	활동방법
상호작용 (질문/ 제안)	• 교사는 영아들이 돌아가며 지시를 할 수 있도록 제안한다. – 이번에는 너희들이 말해 볼까? – 누가 해 보고 싶니? – 그래 ○○가 말해 볼까? – 이번에는 △△가 해 볼까? • 교사는 다양한 동작의 지시어를 말할 수 있도록 제안한다. – 빠르게, 천천히 이외에 또 어떻게 걸어 볼까? – 깡충깡충? (높이, 낮게 등)
상호작용 (정서적 지원)	• 교사는 영아들 걸음 동작에 대해 관심과 즐거움을 표현하며 반응해 준다. – ○○이는 정말 빨리 걷는구나. – △△이는 '깡총깡총' 토끼처럼 걷네.

＊비 고

▸ 영아들이 지나치게 빠르게 걸어서 넘어지지 않도록 주의한다.

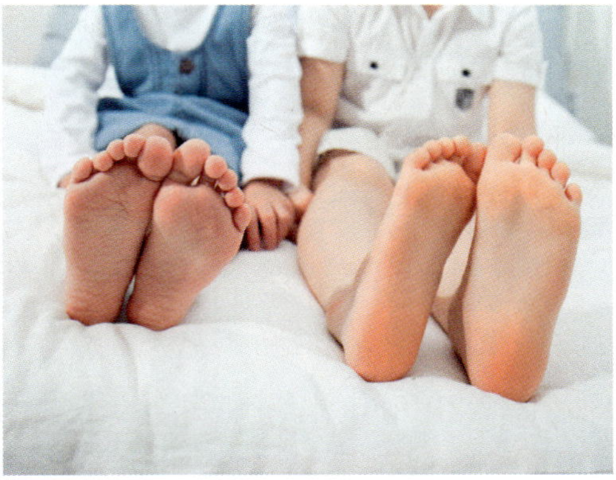

활동 5

쉿! 무엇이 바뀌었을까?

* 활동형태 소집단 활동
* 활동유형 및 대상 연령 게임 / 만 2세
* 활동목표 및 표준보육과정 관련 요소

목표	표준보육과정 관련 요소
• 목적에 맞게 듣고 말한다. • 친구 모습의 변화를 탐색한다.	– 의사소통 〉 듣기와 말하기 〉 상대방의 이야기를 듣고 말한다. – 자연탐구 〉 생활 속에서 탐구하기 〉 친숙한 물체의 특성과 변화를 감각으로 탐색한다.

* 준 비 물 큰 가방, 모자, 벨트, 스카프, 머리띠, 핀, 양말, 신발, 장갑 등의 소품
* 활동배경 역할놀이 영역에서 여러 가지 모자를 써 보며 놀이를 한다. ㅇㅇ가 모자를 바꿔 쓸 때, 옆에 있던 △△가 "아, 모자 바꿨다. 또 바꿨어." 하며 즐거워하는 모습이 관찰된다. 교사는 '쉿! 무엇이 바뀌었을까?' 놀이의 놀잇감을 제시해 주고 놀이가 지속되도록 상호작용을 하면서 지원한다.
* 활동방법

▸ 교사는 영아들이 역할놀이 영역에서 다양한 소품을 자유롭게 탐색하며 놀이 하도록 지원한다.

교수학습 내용	활동방법
상호작용 (관찰/참여/제안)	• 교사는 영아들이 역할놀이 소품에 관심을 갖고 탐색할 때 놀이에 참여한다. – 친구들이 어떻게 바뀌었는지 알아보는 놀이를 해 볼까? – 누가 술래가 되어 볼까?

▸ 교사는 놀이를 진행하며 영아들이 다양하게 모습을 바꾸어 알아맞히도록 지원한다.

교수학습 내용	활동방법
상호작용 (질문/제안)	• 교사는 '쉿! 무엇이 바뀌었을까?' 놀이 방법을 알려 준다. – 큰 가방에 소품을 모두 넣는다. – 한 영아가 앞으로 나와서 소품 하나를 선택하여 쓰는 동안 다른 영아들은 뒤돌아 앉는다. – ○○가 가방에서 벨트를 골라 착용한다. – 준비가 되면 영아들이 다시 제자리로 돌아앉는다. • 영아가 답을 알고 있어도 말하지 말고 술래에게 질문을 하도록 한다. – 영아: 목 위가 바뀌었나요? ○○: 아니요. 영아: 다리 위가 바뀌었나요? ○○: 네. • 술래를 바꾸어 가면서 놀이를 계속한다.
상호작용 (정서적 지원)	• 교사는 영아들이 소품으로 다양하게 표현하도록 관심을 기울이며 반응해 준다. – ○○이가 챙이 넓은 모자를 쓰고 멋있게 모습이 바뀌었네. – 머리에 꽂은 작은 핀을 잘 발견해 주었구나.

∗ 비　고

▸ 가방 속의 소품을 바꾸어서 놀이를 계속 진행할 수 있다.

▸ 영아들이 놀이에 익숙해지면 한 번에 소품 두 가지를 착용할 수 있다.

활동 6

나의 몸을 맞춰 보아요

* 활동형태 자유놀이
* 활동유형 및 대상 연령 언어 / 만 2세
* 활동목표 및 표준보육과정 관련 요소

목표	표준보육과정 관련 요소
• 신체 부분의 역할과 이름을 말한다. • 나의 신체 부분을 인식한다.	- 의사소통 〉 듣기와 말하기 〉 상대방의 이야기를 듣고 말한다. - 신체운동 〉 신체 인식하기 〉 신체를 인식하고 움직인다.

* 준 비 물 없음
* 활동배경 영아들과 동물 눈 · 코 · 입 놀이를 하다가 ㅇㅇ가 입을 가리키며 “냠냠 먹어.”라고 반응하는 모습을 관찰한다. 교사는 신체 부위와 역할 말하기를 놀이로 제시하고 ‘나의 몸을 맞춰 보아요’ 놀이가 지속되도록 상호작용을 하면서 지원한다.
* 활동방법

▸ 교사는 영아들이 자신의 신체를 자유롭게 탐색하며 놀이하도록 지원한다.

교수학습 내용	활동방법
상호작용 (관찰/질문/제안)	• 교사는 영아들이 동물 눈 · 코 · 입 놀이에 같이 참여하면서 놀이의 확장을 제안한다. – 눈눈눈눈 코~ – 코로는 무엇을 하지? – 냄새를 맡을 수 있지. – 나는 냄새를 맡을 수 있어요. 나는 ________(코) 예요. – 코코코코~ 눈! – 나는 볼 수 있어요. ________(눈) 예요.”

▸ 교사는 영아들이 듣기와 말하기에 집중하며 놀이에 참여할 수 있도록 지원한다.

교수학습 내용	활동방법
상호작용 (참여/정서적 지원)	• 교사는 영아가 신체 전체에 대해서 놀이를 지속하도록 격려하며 다른 영아의 지시를 주의깊게 듣도록 지도한다. – 눈눈눈눈 발~ – 나는 걸을 수 있어요. 나는 ________(발) 예요. • 교사는 영아의 언어 표현에 관심을 기울이며 적절한 언어로 반응해 준다. – 그래, 손으로 만질 수가 있지. – 발로 걷지 않고 뛸 수도 있구나.

＊비 고

▸ 교사는 영아가 신체 부분의 다양한 역할을 말해 보도록 격려한다(발–걷기, 뛰기, 공차기 등).

활동 9

우리들의 사진 속 이야기

* 활동형태 자유놀이
* 활동유형 및 대상 연령 언어 / 만 2세
* 활동목표 및 표준보육과정 관련 요소

목표	표준보육과정 관련 요소
• 사진 속의 사건을 회상한다. • 사진의 내용을 말로 표현하다.	– 자연탐구 〉 자연과 더불어 살기 〉 주변의 동식물에 관심을 가진다. – 의사소통 〉 듣기와 말하기 〉 상대방의 이야기를 듣고 말한다.

* 준 비 물 영아들의 정원에 꽃 심기 활동 사진
* 활동배경 영아들이 며칠 전에 한 활동 사진에 관심을 가진다. 두 영아가 정원에 꽃 심기를 한 활동을 사진을 보며 "흙 팠지.", "응. 꽃 심었어."와 같이 사진의 순서에 대해 이야기하는 모습이 관찰된다. 교사는 영아들과 상호작용하면서 사진의 활동을 언어로 표현해 보고 시간 순서대로 정리해 보도록 지원한다.
* 활동방법

▸ 교사는 영아들이 활동 사진을 자유롭게 탐색하며 놀이하도록 지원한다.

교수학습 내용	활동방법
상호작용 (관찰/참여/질문)	• 교사는 영아들이 활동 사진(며칠 전에 진행했던 정원에 꽃 심기 활동)에 관심을 갖고 탐색할 때 놀이에 참여한다. – ○○가 흙을 파고 있구나. – 이것은 무엇을 하는 사진일까? – 꽃을 심는구나.

▸ 교사는 사진을 시간 순서대로 정리해 보도록 지원한다.

교수학습 내용	활동방법
상호작용 (질문/제안)	• 교사는 사진을 시간 순서대로 정리해 볼 것을 제안한다. – 우리가 제일 먼저 한 것은 무엇일까? – 그래, 흙을 팠지. – 다음에는 무엇을 했지? • 교사는 사진 속에 있었던 일에 대해서 질문한다. – ○○이가 심었던 꽃은 무슨 색 꽃이었지? – 빨간 꽃이구나.
상호작용 (정서적 지원)	• 교사는 영아들이 사진을 보며 하는 대화에 관심과 즐거움을 표현하며 반응해 준다. – ○○이가 꽃에게 물을 많이 주었구나. – △△이가 흙도 단단하게 밟아 주었구나.

＊비　　고

▸ 영아들이 순서대로 정리한 사진을 영아들이 나눈 대화와 함께 전시한다.

▸ 다양한 영아들 활동 사진을 가지고 놀이를 진행할 수 있다.

2. 유아활동

활동 1
글쓰기

광고지 만들기

* 활동형태 자유놀이
* 활동유형 및 대상 연령 언어 / 만 4세
* 활동목표 및 표준보육과정 관련 요소

목표	누리과정 관련 요소
• 광고지에 필요한 내용을 글과 그림으로 표현한다. • 다양한 미술 재료를 사용하여 광고지를 만든다.	– 의사소통 〉 읽기와 쓰기에 관심 가지기 〉 자신의 생각을 글자와 비슷한 형태로 표현한다. – 예술경험 〉 창의적으로 표현하기 〉 다양한 미술 재료와 도구로 자신의 생각과 느낌을 표현한다.

* 준 비 물 유아들이 만든 팽이 사진, 다양한 쓰기 도구, 색지, 가위, 풀
* 활동배경 유아들이 오랜 기간 동안 다양한 방법으로 여러 가지 모양의 팽이들을 만들어 왔다. 그래서 교실 안에 팽이가 많이 있었고, 통합보육시간에 그것을 본 동생들이 팽이를 갖고 싶어 한다. 한 유아가 통합보육시간에 있었던 일을 친구들에게 전달하였고 유아들이 자발적으로 동생들에게 나누어 주자고 제안하여서 교사는 유아들의 제안이 놀이로 이어질 수 있도록 지원한다.

* 활동방법

▸ 교사는 유아들과 동생들에게 팽이를 나누어 줄 수 있는 방법을 찾아보도록 지원한다.

교수학습 내용	활동방법
상호작용 (관찰/질문)	• 교사는 유아들과 함께 동생들에게 팽이를 나누어 주는 방법에 관해서 이야기를 나눈다. – 우리가 가지고 있는 팽이를 동생들에게 어떻게 나누어 주면 좋겠니? – 그래, 너희 의견대로 동생들이 와서 팽이를 고를 수 있도록 하면 되겠다. • 유아들은 동생들이 팽이를 잘 선택할 수 있도록 각각의 팽이의 장점을 미리 알려 주자고 제안하여 그 방법을 유아들이 협의하도록 안내한다. – 너희가 결정한 것처럼 팽이의 특징을 적어서 동생들이 볼 수 있도록 미리 광고를 하면 되겠구나.

▸ 교사는 유아들이 광고지를 만들 수 있도록 지원한다.

교수학습 내용	활동방법
자료의 변화 (교사가 계획한 자료제공)	• 유아들에게 광고지를 보여 주며 광고지가 무엇이고 왜 만드는 것인지에 관해서 알 수 있도록 한다. – 너희는 어떤 광고지를 만들고 싶니? – 광고지에는 광고하는 제품을 사람들이 살 수 있도록 제품의 사진과 이름을 크게 써 놓았네.
상호작용 (질문)	• 광고지에는 어떤 내용을 넣어야 할지 유아들과 이야기 나눈다. – 광고지에 어떤 내용이 있어야 동생들이 팽이를 잘 선택할 수 있을까? – 그래, 그 팽이가 좋은 이유를 적어도 좋을 것 같구나. – 너희가 이야기한 것처럼 광고지를 꾸미면 동생들이 원하는 팽이를 잘 선택할 수 있겠네.
자료의 변화 (유아가 발견한 자료지원)	• 교사는 유아들이 재료를 선택하여 원하는 디자인으로 광고지를 만들 수 있도록 필요한 자료를 지원한다. – 팽이 광고를 만들 때 무엇이 필요하니? – 그래, 색깔이 있는 종이가 있으면 좋겠구나. – 팽이는 사진을 찍어서 붙이면 좋을 것 같아. – 이 팽이의 이름을 '알록달록 색깔팽이'라고 지어서 적었구나.

▸ 교사는 유아들과 함께 동생반으로 가서 팽이를 고를 때 보면 좋은 광고지에 관해서 소개하고 유아들이 동생들에게 광고지를 나눠 줄 수 있도록 지원한다.

교수학습 내용	활동방법
공간의 변화	• 유아들이 만든 팽이 광고지를 여러 장 복사해서 동생들에게 나눠준다.

팽이 광고지를 만드는 유아의 모습

유아들이 만든 팽이 광고지

활동 2
글쓰기

이름으로 삼행시 짓기

* 활동형태 자유놀이
* 활동유형 및 대상 연령 언어 / 만 4세
* 활동목표 및 표준보육과정 관련 요소

목표	누리과정 관련 요소
• 글자와 이어지는 짧은 글을 지어 말한다. • 자신의 생각을 글로 자유롭게 표현한다.	– 의사소통 〉 듣기와 말하기 〉 자신의 경험, 느낌, 생각을 말한다. – 의사소통 〉 읽기와 쓰기에 관심 가지기 〉 자신의 생각을 글자와 비슷한 형태로 표현한다.

* 준 비 물 '삼행시 짓기' 활동지, 쓰기 도구
* 활동배경 한 유아가 자신의 이름으로 지은 삼행시가 적힌 종이를 가지고 등원한다. 옆에 있던 유아들에게 "이거 내 이름 삼행시야."라고 이야기하자 주변에 있던 유아들이 '삼행시'라는 것에 대해 관심을 보이며 삼행시 짓기 놀이가 시작된다. 그러나 아직 삼행시가 무엇인지 모르는 유아들이 있어서 놀이가 지속되지 못하는 상황들이 나타나자 교사는 유아들과 삼행시에 대해 알아보고 삼행시를 지어 볼 수 있도록 유아들의 놀이를 지원한다.

* 활동방법

▸ 교사는 유아들이 삼행시가 무엇인지 알 수 있도록 언어적 상호작용을 통해 지원한다.

교수학습 내용	활동방법
상호작용 (질문/제안)	• 교사는 유아들과 삼행시가 무엇인지 이야기 나눈다. – 삼행시를 들어본 적이 있니? – 왜 삼행시라고 하는 것 같니? – 그래, ○○이가 이야기한 것처럼 세 글자로 된 단어로 지은 시를 삼행시라고 한단다.

▸ 교사는 유아들이 삼행시 놀이를 할 수 있도록 지원한다.

교수학습 내용	활동방법
상호작용 (제안)	• 유아들과 삼행시를 지을 수 있는 단어를 찾아본다. – 세 글자로 된 것은 무엇이 있을까? – 그래, 친구들의 이름도 세 글자가 많구나. – 너희들이 이야기한 것처럼 오뚝이, 자전거, 컴퓨터와 같이 우리 주변에는 세 글자 이름을 가진 것이 많이 있네.
상호작용 (관찰/제안/참여)	• 교사와 유아들이 함께 삼행시 짓기 놀이를 한다. – 어떤 이름으로 삼행시를 지어 보고 싶니? – 친구들의 이름으로 삼행시를 지어 보면 재미있겠다.
상호작용 (정서적 지원)	• 유아들이 지은 삼행시에 관심을 보이고 같이 읽어 보며 격려한다. – 친구의 이름이 재미있는 삼행시가 되었네.

▸ 교사는 유아들이 삼행시 놀이를 지속하도록 다양한 자료와 언어적 상호작용을 제공하며 지원한다.

교수학습 내용	활동방법
자료의 변화 (교사가 계획한 자료제공)	• 교사는 유아가 혼자서도 삼행시를 지어 볼 수 있도록 삼행시 활동지를 제공한다.

▸ 교사는 삼행시 짓기에 대한 유아들의 관심이 유지되고 삼행시를 지어서 서로 읽어 보고 공유할 수 있도록 지원한다.

교수학습 내용	활동방법
공간의 변화 (교실 내 게시)	• 교사는 유아들이 지은 삼행시 활동지를 다른 유아들도 볼 수 있도록 게시한다.

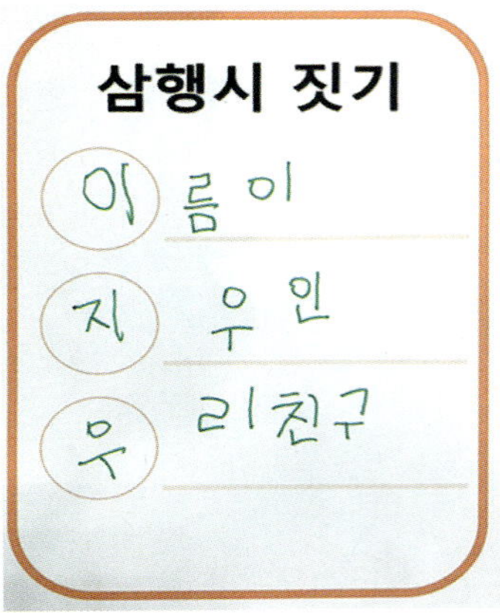

친구 이름 삼행시

삼행시 짓기를 하는 유아의 모습

활동 3
동시

「봄」 감상하기

* 활동형태 대소집단활동
* 활동유형 및 대상 연령 언어 / 만 5세
* 활동목표 및 표준보육과정 관련 요소

목표	누리과정 관련 요소
• 동시를 감상하며 운율이 있는 짧은 글의 아름다움을 느낀다. • 동시를 감상하며 느낀 점을 적절한 단어를 사용하여 표현한다.	– 의사소통 〉 책과 이야기 즐기기 〉 동화, 동시에서 말의 재미를 느낀다. – 의사소통 〉 듣기와 말하기 〉 상황에 적절한 단어를 사용하여 말한다.

* 준 비 물 윤동주 시인의 「봄」 동시판
* 활동배경 유아들이 산책을 하며 느끼는 봄의 날씨를 "따뜻하다", "해가 쨍쨍하다", "봄바람이 살랑살랑 분다."라고 표현하며 다양한 의성어 · 의태어를 사용하는 모습이 관찰된다. 교사는 유아들이 사용하는 의성어 · 의태어가 들어간 동시에 관심을 보여 주면서 짧은 글의 아름다움을 느끼도록 언어적 상호작용을 통해 지원한다.
* 활동방법

▸ 유아들과 봄 날씨를 표현한 의성어 · 의태어에 대해 회상하며 이야기 나눈다.
  – ㅇㅇ는 산책하며 봄바람을 어떤 말로 표현했었니?
  – 산책할 때 느낀 봄 햇살은 어떤 말로 표현했었는지 기억하니?
  – 너희가 봄을 느끼고 이야기한 것처럼 봄에 대한 시가 있어. 같이 감상해 볼까?

▸ 유아들과 동시판을 보며 이야기 나눈다.
  – 동시판에 어떤 그림이 그려져 있니?

- 어떤 이야기가 있는 동시인 것 같니?
- 동시를 쓴 시인의 이름은 무엇이니?
- 윤동주 시인의 이름을 들어 보았니?

▸ 유아들과 동시를 감상한다.

> 우리 아기는 아래 발치에서 코올코올
> 고양이는 가마목에서 가릉가릉
> 애기 바람이 나뭇가지에서 소올소올
> 아저씨 해님이 하늘 한 가운에서 째앵째앵

▸ 유아들과 동시에 대한 생각과 감상 후의 느낌에 대해서 이야기 나눈다.
- 윤동주 시인은 애기 바람을 어떤 말로 표현했니?
- 윤동주 시인은 해가 비치는 모습을 어떤 말로 표현했니?
- 윤동주 시인의 동시에서 어떤 부분이 마음을 따뜻하게 했니?

▸ 유아들과 동시를 다양한 방법으로 읊어 본다.
- 우리 함께 시를 읊어 볼까?
- 또 어떤 방법으로 읊어 보고 싶니?
- 음악을 들으면서 읊어 보니 어떤 느낌이 드니?

▸ 유아들과 동시의 제목을 생각해 보고 이야기 나눈다.
- 윤동주 시인은 이 시의 제목을 무엇이라고 지으셨을 것 같니?
- 그래, 너희가 이야기한 것처럼 우리가 읊었던 시의 제목은 「봄」이란다.

▸ 유아들도 동시를 지어 보도록 격려한다.
- 너희도 윤동주 시인처럼 봄에 대해 느낀 점을 표현해 볼 수 있겠니?
- 너희가 말로 이야기한 것을 시로 적어 볼 수 있겠니?

「봄」 동시를 감상하는 유아들의 모습

활동 4
산책 후속 활동

가을 엽서 만들기

* 활동형태 대소집단활동
* 활동유형 및 대상 연령 조형 / 만 4, 5세
* 활동목표 및 표준보육과정 관련 요소

목표	누리과정 관련 요소
• 가을의 풍경이나 가을을 연상하게 하는 물건을 사진으로 찍어보는 경험을 한다. • 엽서를 꾸미고 편지 쓰기를 통해 쓰기 전략을 발달시킨다.	– 의사소통 〉 읽기와 쓰기에 관심 가지기 〉 자신의 생각을 글자와 비슷한 형태로 표현한다. – 자연탐구 〉 자연과 더불어 살기 〉 날씨와 계절의 변화를 생활과 관련짓는다. – 예술경험 〉 창의적으로 표현하기 〉 다양한 미술 재료와 도구로 자신의 생각과 느낌을 표현한다.

* 준 비 물 엽서, 디지털카메라, 프린터, 꾸미기 도구와 쓰기 도구
* 지원배경 가을의 변화를 관찰하기 위해 가을 동산 돌아보기를 하며, 여러 가지 단풍잎, 낙엽, 도토리 등을 수집하기도 하고, 디지털카메라에 가을의 모습을 찍어서 프린터로 출력한다. 유아들이 모은 다양한 가을의 모습을 이용해서 할 수 있는 활동이 무엇이 있을지 이야기 나눈 후, 가을 엽서를 꾸며 편지를 써 보자고 제안한다.
* 활동방법

▸ 가을 정취가 만연한 날을 택해 가을 동산 돌아보기를 한다. 출발하기 전에 유아들과 카메라에 담으면 좋을 장면과 가을 동산에서 수집할 것들에 대해 이야기 나눈다.

– 가을 동산에 나가면 무엇이 있을 것 같니?

– 자연을 다치지 않게 하면서 조금씩 모아서 교실로 가져와 볼 수 있겠니?

– 카메라를 가지고 간 친구는 가을의 예쁜 모습을 사진에 담아 보면 좋겠다.

- 교실로 돌아온 후, 교사는 가을의 모습을 담은 물건을 분류하고, 사진을 출력하여 이야기 나눈다.
  - 우리가 가을 동산에서 모아온 것들을 보자.
  - 친구들이 찍은 사진을 보니 어떤 느낌이 드니?
  - 우리 이 물건과 사진을 사용해서 무엇을 해 보면 좋을까?

- 준비한 엽서를 보여 주며 가을 엽서에 관해 설명한다.
  - 어떻게 하면 이 엽서를 가을 느낌이 나는 엽서로 만들 수 있을까?
  - 너희는 누구에게 글을 적어서 엽서를 보내고 싶니?
  - 엽서에 뭐라고 적을지 이야기도 생각해 보았니?

- 가을 나뭇잎들과 열매, 사진들을 제시한 책상에서 엽서에 글을 쓰고 꾸미도록 한다.
  - 엽서를 꾸미고 나서 글을 쓰려면 엽서가 울퉁불퉁해서 글씨 쓰기가 힘이 들 수 있으니, 편지를 먼저 쓰고 엽서를 꾸며 보자.
  - 누가 나와서 친구들에게 가을 엽서를 소개해 줄 수 있을까?

- 유아가 만든 가을 엽서를 친구들과 함께 공유하는 시간을 갖는다.

활동 5
이야기나누기

친구를 칭찬해요

* 활동형태 개별/소집단활동
* 활동유형 및 대상 연령 조형 / 만 3, 4, 5세
* 활동목표 및 표준보육과정 관련 요소

목표	누리과정 관련 요소
• 다른 사람을 기쁘게 하는 말과 행동을 안다. • 친구와 잘 지내는 방법을 이해한다.	– 의사소통 〉 읽기와 쓰기에 관심 가지기 〉 자신의 생각을 글자와 비슷한 형태로 표현한다. – 사회관계 〉 더불어 생활하기 〉 친구와 서로 도우며 사이좋게 지낸다.

* 준 비 물 칭찬 카드, 칭찬 우체통
* 지원배경 자유선택활동 시간을 마무리하고 정리하는 중에 다른 친구가 놀던 놀잇감까지 도와서 정리하는 유아를 발견한 교사가 이야기나누기 시간을 이용하여 칭찬하는 시간을 갖는다. 이 친구처럼 칭찬할 만한 행동을 하는 친구를 본 적이 있는지 유아들과 이야기나누기를 하며 우리가 다 알지 못하는 칭찬거리를 찾아볼 수 있는 방법을 논의한다.
* 활동방법

▸ 교실 안에서 선생님이나 다른 친구에게 도움이 되는 행동은 무엇이 있을지 이야기 나눈다.

– 오늘 아침에 쌓기놀이 영역에서 정리정돈을 도운 ㅇㅇ이처럼 다른 사람을 돕는 행동을 하는 것을 또 언제 보았니? 생각나는 친구 있으면 이야기해 볼까?

– 언제 우리는 다른 사람에게 고맙다고 느낄까?

- 다른 사람을 기분 좋게 해 준 친구를 어떻게 칭찬해 주면 좋을까?
  - 잘했다고, 고맙다고 이야기하고 안아 주는 방법도 있구나.
  - 아, 칭찬 카드를 적어서 친구에게 주는 방법도 있겠다.

- 칭찬 카드와 작은 우체통을 준비하여 보여 준다.
  - 너희가 얘기한 대로 칭찬 카드를 준비해 봤어. 근데 여기 이 우체통은 무엇을 하려고 준비한 것 같니?
  - 맞아. 그러면 우리 이 우체통의 이름을 칭찬 우체통이라 지어 줄까?
  - 너희가 친구를 칭찬하는 그림이나 글씨를 카드에 적고, 이 우체통에 넣으면 집에 가기 전에 함께 읽으면서 칭찬하는 시간을 가질 수 있을 거야.
  - 이 칭찬 카드와 칭찬 우체통은 어디에 두면 좋을까?

- 교실의 적당한 장소에 칭찬 카드를 쓰기 위한 쓰기 책상과 함께 칭찬 카드와 칭찬 우체통을 제시한다.

활동 6
이야기나누기

무엇일까요? 가을 수수께끼 만들기

* 활동형태 대소집단활동
* 활동유형 및 대상 연령 이야기나누기 / 만 5세
* 활동목표 및 표준보육과정 관련 요소

목표	누리과정 관련 요소
• 가을과 관련된 어휘를 안다. • 가을과 관련된 사물을 적절하게 설명할 수 있다.	– 의사소통 〉 듣기와 말하기 〉 상대방이 하는 이야기를 듣고 관련해서 말한다. – 의사소통 〉 읽기와 쓰기에 관심 가지기 〉 자신의 생각을 글자와 비슷한 형태로 표현한다. – 자연탐구 〉 자연과 더불어 살기 〉 날씨와 계절의 변화를 생활과 관련짓는다.

* 준 비 물 그림-글자 카드, 가리개
* 활동배경 가을과 관련된 그림-글자 카드로 연결하기 놀이를 하다가, 그림을 뒤집어 확인하기 전에 수수께끼를 내어 사고를 확장하는 경험을 하였다. 교사는 수수께끼를 글로 적어 유아가 읽고 유아가 알아맞히는 게임을 해 볼 것을 제안한다.
* 활동방법

▸ 교사는 가을과 관련하여 연상할 수 있는 그림 자료를 다양하게 준비한다(고추잠자리, 벼, 참새, 허수아비, 밤, 코스모스 등 가을의 꽃과 열매, 곤충, 자연현상을 골고루 준비한다).
  – 선생님이 가을을 떠올리게 하는 그림을 준비해 왔는데, 무엇인지 알겠니?
  – 선생님이 준비한 그림 이외에 또 생각나는 것이 있을까?

- 카드의 앞면에는 그림을 넣고, 카드의 뒷면에는 수수께끼를 적을 공간을 남겨 둔다.
  - 수수께끼 활동을 하기 전에 선생님이 한 장의 카드에 수수께끼를 적어 왔는데, 누가 나와서 한 번 읽어 주겠니?
  - 저는 모자를 쓰고 있고요. 참새들을 쫓아 주어요.
  - 유아가 수수께끼를 읽으면 다 함께 단어를 맞혀 본다.
  - 자, 지금부터는 각자 자기만의 수수께끼를 만들어 보자.

- 수수께끼의 카드가 모이면, 이를 섞은 후, 한 장씩 뽑아 수수께끼 맞히기 활동을 한다.

- 동일한 방식으로 수수께끼를 한 후, 자료를 언어영역에 제시한다.
  - 언어영역에 빈 카드를 준비해 둘 테니, 수수께끼를 더 만들고 싶은 친구들은 자유선택활동 시간에 해 보도록 하자.

활동 9
관찰 및 기록 활동

씨앗 관찰하기

* 활동형태 대소집단활동
* 활동유형 및 대상 연령 이야기나누기 / 만 5세
* 활동목표 및 표준보육과정 관련 요소

목표	누리과정 관련 요소
• 여러 가지 씨앗의 모양을 관찰하고 비교할 수 있다. • 씨의 다양한 종류를 안다.	– 의사소통 〉 듣기와 말하기 〉 자신의 경험, 느낌, 생각을 말한다. – 의사소통 〉 읽기와 쓰기에 관심 가지기 〉 자신의 생각을 글자와 비슷한 형태로 표현한다. – 자연탐구 〉 탐구과정 즐기기 〉 궁금한 것을 탐구하는 과정에 즐겁게 참여한다.

* 준 비 물 씨가 있는 과일(사과, 배, 감, 수박 등), 교사용 칼, 기록 종이, 필기도구, 돋보기
* 지원배경 간식으로 제공된 감 속에서 씨가 나오자, 유아들의 관심이 씨 이야기로 집중되었다. 모든 과일에는 다 씨가 있는지, 씨가 없는 과일도 있는지 유아들의 궁금증이 증가되었다. 교사는 과일 속 씨에 대해 알아보기를 제안한다.
* 활동방법

▸ 유아들과 함께 준비한 과일에 대해 이야기 나눈다.
- 어떤 과일이 준비되어 있니?
- 이 과일들을 먹어 본 적이 있니?
- 과일들의 맛은 어땠니?

- 유아들과 함께 과일의 맛, 느낌, 색, 모양 등을 관찰하고 비교해 본다.
  - 사과와 배의 맛은 어떨까?
  - 복숭아와 사과 모양은 어떤 점이 다르니?
  - 감과 복숭아의 겉을 만져 보면 어떤 느낌이 드니?
- 과일 속에 들어 있는 씨를 관찰한다.
  - 복숭아 속에는 무엇이 들어있을까?
  - 배 속은 어떻게 생겼을까?
  - 씨가 얼마나 많이 있을까?
- 과일 씨에 대하여 이야기 나눈다.
  - 씨의 모양은 어떠니?
  - 씨의 크기는 어떠니?
  - 씨를 만져 보니 느낌이 어떠니?
- 유아가 관찰한 것을 그림이나 글로 나타내 본다.

＊ 확장활동

- 씨가 있는 다른 과일이나 채소를 탐색해 본다.

CHAPTER 10.

문학에 기초한 언어활동

아이스크림 케이크는 이렇게 만들면 된대요.
맛있는 아이스크림 케이크가 사람들을 행복하게 해 줄 것 같지요?
이 요리 레시피로 아이스크림 케이크를 만들어 보고 싶어요.

1. 영아활동

활동 1

『무엇이 무엇이 똑같을까?』 그림책 이야기 노래로 부르기

* 활동형태 자유놀이
* 활동유형 및 대상 연령 언어 / 만 2세
* 활동목표 및 표준보육과정 관련 요소

목표	표준보육과정 관련 요소
• 『무엇이 무엇이 똑같을까?』그림책 내용에 관심을 가지고 감상한다. • 노래에 그림책의 이야기를 노랫말로 넣어 불러 본다.	– 의사소통 〉 책과 이야기 즐기기 〉 책에 관심을 가지고 상상한다. – 예술경험 〉 창의적으로 표현하기 〉 익숙한 노래와 리듬을 표현한다.

* 준 비 물 『무엇이 무엇이 똑같을까?』 그림책

제목 무엇이 무엇이 똑같을까?
글 · 그림 이미애 글 · 한병호 그림
출판사 및 출판연도 보림(2011)
내용 목욕하기, 양치질 하기 등 영아의 생활습관을 동물과 연결하여 소개한다.

* 활동배경 영아들이 놀이하면서 입고 온 옷의 색, 머리핀 등 같은 것을 찾는 것을 재미있어하는 모습이 관찰된다. 영아들이 주변에서 같은 것을 찾기 위해 탐색하는 모습도 관찰된다. 교사는 영아들이 같은 것을 발견하는 것에 대하여 관심을 갖는 것을 즐거운 놀이로 이어지도록 지원한다.

＊ 활동방법

▸ 영아들이 주변에서 같은 것을 찾아볼 수 있도록 지원한다.

교수학습 내용	활동방법
상호작용 (제안)	• 교사는 영아들이 주변에서 같은 것을 찾아보도록 격려한다. – ○○이가 오늘 입고 온 노란색 옷과 똑같은 색깔의 옷을 입은 친구를 찾아볼까? – 그래, □□이도 오늘 노란색 치마를 입고 왔구나.

▸ 교사는 『무엇이 무엇이 똑같을까?』 그림책을 보며 같은 것을 찾아보도록 지원한다.

교수학습 내용	활동방법
상호작용 (관찰/질문/참여)	• 교사는 영아와 그림책을 보며 그림책 장면의 똑같은 것에 대해 이야기 나눈다. – 강아지가 응가 하는 모습이 여기 있는 아이랑 똑같네. – 코알라랑 아이랑 무엇이 똑같을까? – 그래, 어부바한 것이 똑같구나.

▸ 교사는 『무엇이 무엇이 똑같을까?』 그림책 내용을 노래로 불러 보는 놀이로 확장되도록 지원한다.

교수학습 내용	활동방법
상호작용 (관찰/질문/참여)	• 영아들이 알고 있는 「무엇이 무엇이 똑같을까?」 노래의 음에 맞춰 그림책 이야기를 넣어 들려준다. • 교사가 영아와 함께 그림책 이야기를 노래로 불러 본다. – 선생님하고 같이 노래를 불러 보겠니?

그림책을 보며 똑같은 것을 찾아 교사와 이야기 나누는 영아의 모습

활동 2

『괜찮아』 그림책에 등장하는 동물 막대인형 놀이

* 활동형태 자유놀이

* 활동유형 및 대상 연령 언어 / 만 2세

* 활동목표 및 표준보육과정 관련 요소

목표	표준보육과정 관련 요소
• 그림책의 내용을 회상하여 이야기한다. • 그림책에 등장하는 동물을 흉내 내 본다.	– 의사소통 〉 책과 이야기 즐기기 〉 책에 관심을 가지고 상상한다. – 의사소통 〉 듣기와 말하기 〉 표정, 몸짓, 단어로 의사를 표현한다.

* 준 비 물 『괜찮아』 그림책, 그림책에 등장하는 동물 막대인형

제목 괜찮아

글 · 그림 최숙희 글 · 그림

출판사 및 출판연도 웅진 주니어(2009)

내용 여자아이는 동물들을 만나며 이상한 것을 발견한다. 개미는 너무 작고, 고슴도치는 따끔하지만 괜찮다고 자신감을 준다.

* 활동배경 영아들이 『괜찮아』 그림책 속에 나오는 동물에 관심을 보이며 교실에 있는 동물 막대인형들 중에서 그림책에 나오는 동물 막대인형을 찾는다. 교사는 동물 막대인형을 가지고 놀이를 하는 영아들을 보면서 영아들의 이야기를 확장시키고 지속시킬 수 있도록 지원하는 방법을 고민하게 되었다.

* 활동방법

▸ 교사는 영아가 그림책의 내용을 회상하며 이야기해 보도록 격려한다.

교수학습 내용	활동방법
상호작용 (참여/질문)	• 교사는 영아들의 놀이에 동물 역할로 참여하여 영아들이 그림책의 내용을 회상해 보도록 이야기한다. – 안녕, 나는 고슴도치야, 나는 뾰족한 가시가 있어서 사자가 와도 무섭지 않아. – 너는 누구니? – 뱀아, 너는 다리가 없어서 어떡하니? – 그래, 기어갈 수 있어서 괜찮구나.

▸ 교사는 영아가 친구와 놀이를 지속하도록 격려한다.

교수학습 내용	활동방법
상호작용 (참여/제안)	• 교사는 다른 영아를 놀이에 참여하도록 하여 영아가 친구와 함께 놀이를 계속하도록 격려한다. – 저기, 타조도 있네. – 타조에게 날지 못해서 어떤지 물어볼까?

그림책 속 동물 막대인형으로 말하며 놀이하는 영아의 모습

활동 3

엄마 아빠 목소리로 녹음한 그림책 듣기

* 활동형태 자유놀이
* 활동유형 및 대상 연령 언어 / 만 1세
* 활동목표 및 표준보육과정 관련 요소

목표	표준보육과정 관련 요소
• 엄마와 아빠의 목소리로 읽어 주는 이야기에 관심을 가진다. • 친숙한 목소리를 듣고 누구의 소리인지 안다. • 그림책에 나오는 쉬운 단어를 따라 말한다.	– 의사소통 〉 책과 이야기 즐기기 〉 이야기에 관심을 가진다. – 의사소통 〉 듣기와 말하기 〉 표정, 몸짓, 말과 주변의 소리에 관심을 갖고 듣는다. – 의사소통 〉 듣기와 말하기 〉 표정, 몸짓, 말소리로 의사를 표현한다.

* 준 비 물 엄마 아빠가 들려주는 그림책 소리 파일, 『달님 안녕』 그림책, 가족 사진

제목 달님 안녕
글 · 그림 하야시 아키코 글 · 그림
출판사 및 출판연도 한림 출판사(2010)
내용 달님이 점차 환하게 떠오르다가 구름에 가려지고 다시 달님이 모습을 드러내는, 늘 볼 수 있는 현상을 의인화하여 표현하였다.

* 활동배경 영아가 언어영역에서 소리 나는 그림책을 보며 '아빠'라고 말한다. 소리 나는 그림책의 소리가 아빠 목소리와 비슷해서 영아가 아빠라고 말했다고 생각한 교사는 실제 아빠, 엄마의 목소리로 그림책 읽기를 녹음해 준다면 영아들의 이야기 듣기를 격려할 수 있을 것이라고 생각했다.

* 활동방법

▸ 교사는 영아가 녹음된 목소리에 관심을 가지고 누구인지 알아보도록 격려한다.

교수학습 내용	활동방법
상호작용 (관찰/질문)	• 교사는 영아와 녹음된 엄마 아빠 목소리를 들어 보며 이야기 나눈다. – ○○야, 안녕이라고 누가 인사하네. – 누구의 목소리인 것 같니? • 교사는 녹음된 목소리가 누구의 목소리인지 영아에게 가족사진에서 찾아보도록 제안한다. – 여기, ○○이네 가족들이 있네. – 엄마도 있고, 아빠도 있고, 형도 있구나. – ○○야, '안녕'이라고 누가 인사해 주었는지 찾아볼까? – 그래, 아빠가 ○○야, '안녕'이라고 인사해 주셨구나.

▸ 교사는 영아가 엄마 아빠의 목소리로 녹음된 그림책 이야기를 들어 보도록 격려한다.

교수학습 내용	활동방법
상호작용 (제안/참여)	• 교사는 영아가 엄마 아빠의 목소리로 녹음된 그림책 이야기를 그림책을 보면서 들어 보도록 제안한다. – 아빠가 『달님 안녕』 그림책을 읽어 주신다. – 그림책을 보면서 선생님이랑 같이 들어 볼까?

▸ 교사는 영아가 그림책의 내용을 회상해 언어로 표현해 보도록 지원한다.

교수학습 내용	활동방법
상호작용 (질문/제안)	• 교사는 영아와 함께 그림책을 다시 보며 그림책 내용에 대해 이야기 나눈다. – 아빠가 들려준 그림책에서 달님이 어떻게 인사했지? – 그래, '안녕'이라고 인사했구나. – 우리도 달님에게 '안녕' 인사해 볼까?

- 교사는 영아가 즐거운 마음으로 엄마 아빠의 목소리를 녹음한 이야기를 들어 보도록 이야기한다.

교수학습 내용	활동방법
상호작용 (정서적 지원)	• 교사는 영아가 엄마 아빠의 목소리로 들려주는 그림책 이야기를 듣고 어떤 기분인지 이야기 나눈다. – 아빠의 목소리를 들으니 ○○이의 기분이 좋아 보이네. – 아빠가 들려주는 이야기가 재미있었니?

교사와 함께 아빠가 읽어 주는 이야기를 듣는 영아의 모습

녹음된 목소리를 가족사진에서 찾는 영아의 모습

활동 4

『달님 누구 봐요?』 동화 감상

* 활동형태 자유놀이
* 활동유형 및 대상 연령 언어 / 만 2세
* 활동목표 및 표준보육과정 관련 요소

목표	표준보육과정 관련 요소
• 그림책을 감상한다. • 그림책의 내용을 상상한다.	– 의사소통 〉 책과 이야기 즐기기 〉 이야기에 관심을 가지고 상상한다. – 의사소통 〉 듣기와 말하기 〉 상대방의 이야기를 듣고 말한다.

* 준 비 물 『달님 누구 봐요?』 그림책

제목 달님 누구 봐요?
글 · 그림 김솔미 그림책
출판사 및 출판연도 사계절(2019)
내용 한밤에 달님이 부엉이, 나뭇잎, 배, 바위, 생쥐, 개미, 개, 그리고 아이를 가만히 지켜본다.

* 활동배경 영아가 『달님, 안녕』(하야시 이키고 글 · 그림) 그림책을 감상한 후에 달에 대한 흥미가 지속되는 것이 관찰된다. 교사는 비슷한 형태의 그림책인 『달님 누구 봐요?』 그림책을 보여 주며, 영아가 비슷한 주제의 다른 이야기를 비교하여 감상해 볼 수 있도록 한다.

＊ 활동방법

▸ 교사는 『달님 누구 봐요?』 그림책을 읽어 준 후, 그림책의 내용에 대해 이야기 나눈다.

교수학습 내용	활동방법
상호작용 (관찰/질문)	• 교사는 영아와 나란히 그림을 같이 보며 그림책을 읽어 준 후, 그림을 다시 보며 영아와 이야기 나눈다. – 달님이 있네? – ○○야, 달님이 뭐하고 있을까? (영아가 답하도록 기다려 준다.) – ○○야, 달님이 누구 보고 있을까?

▸ 교사는 영아가 스스로 그림책의 그림을 감상하도록 격려한다.

교수학습 내용	활동방법
상호작용 (관찰/정서적 지원/ 질문)	• 교사는 영아가 혼자 그림을 보며 그림책을 감상할 때, 영아의 표정과 반응을 살피며 상호작용한다. – 동그란 달님이 있네. – 달님이 웃고 있네. • 교사는 그림책의 내용을 확장하여 영아가 상상할 수 있도록 질문한다. – ○○야, 달님이 또 누구를 볼까? 달님, 누구 봐요? – 달님이 별도 보는구나. – 달님, 또 누구 봐요? – ○○ 도 보는구나.

▸ 교사는 영아가 『달님 누구 봐요?』 그림책에 대한 느낌을 이야기하도록 격려한다.

교수학습 내용	활동방법
상호작용 (관찰 참여 /정서적 지원)	• 교사는 『달님 누구 봐요?』 그림책 감상 후의 느낌에 대해 영아와 이야기 나눈다. – ○○는 어떤 장면이 제일 좋아?

＊ 비 고

▸ 교사는 달님이 소재나 주제가 되는 다른 종류의 그림책을 소개할 수 있다.

활동 5

『머리에서 발끝까지』: 지시 따라 하기

* 활동형태 자유놀이
* 활동유형 및 대상 연령 언어 / 만 2세
* 활동목표 및 표준보육과정 관련 요소

목표	표준보육과정 관련 요소
• 이야기를 관심있게 듣고 이해한다. • 동물의 특징을 말로 표현한다.	– 의사소통 〉 듣기와 말하기 〉 상대방의 이야기를 듣고 말한다 – 신체 운동영역 〉 감각과 신체 인식하기 〉 신체를 인식하고 움직인다.

* 준 비 물 『머리에서 발끝까지』 그림책, 영아에게 친숙한 동물 그림 카드

제목 머리에서 발끝까지
글 · 그림 에릭 칼 글 · 그림
출판사 및 출판연도 한국 몬테소리(2003)
내용 영아에게 친숙한 동물들이 등장하여 동물의 특성에 맞는 다양한 동작을 해 본다. 동물과 신체 부위에 관심을 가지게 한다.

* 활동배경 ㅇㅇ가 『머리에서 발끝까지』 그림책을 교사에게 가지고 오며 읽어 달라고 요구한다. 그림책을 감상하며 ㅇㅇ가 까르르 웃는다. 그림책에서 아이가 동물의 동작을 따라 하는 장면을 보고 영아가 따라 한다. 펭귄 장면에서 "나도 할 수 있어." 하고 고개를 돌린다. ㅇㅇ 옆에 있는 영아가 쳐다보며 관심을 표현한다. 교사가 주변에 관심 있어 하는 영아들에게도 활동에 참여할 것을 제안한다.

＊ 활동방법

▸ 『머리에서 발끝까지』 그림책을 읽어 준 후, 그림의 동작을 따라 하도록 한다.

교수학습 내용	활동방법
상호작용 (참여/제안)	• 교사는 『머리에서 발끝까지』 그림책을 읽어 준다. 영아가 그림을 잘 볼 수 있도록 읽어 준다. – 나는 펭귄이야. 이쪽저쪽 고개를 돌릴 수 있어. 너도 할 수 있니? – 할 수 있어. • 교사는 영아들이 동작을 따라 하도록 제안한다. – ○○도 고개를 돌릴 수 있어? – 교사도 함께 동작을 따라 한다.

▸ 교사는 영아가 친구와 놀이를 지속하도록 격려한다.

교수학습 내용	활동방법
상호작용 (참여/질문)	• 교사는 다른 영아를 놀이에 참여하도록 하여 영아가 친구와 함께 놀이를 계속하도록 격려한다. – △△도 할 수 있니? – 낙타처럼 무릎을 구부렸구나.

＊ 비　고

▸ 영아가 놀이에 익숙해지면 영아가 동물과 동작을 바꾸어 말해 보도록 한다.

– 나는 토끼야. 깡충깡충 뛸 수 있어. 너도 할 수 있니?

활동 6

『소리치자 가나다』의 언어 표현해 보기

* 활동형태 자유놀이
* 활동유형 및 대상 연령 언어 / 만 1세
* 활동목표 및 표준보육과정 관련 요소

목표	표준보육과정 관련 요소
• 그림책에 나오는 쉬운 단어를 재미있게 표현하다. • 같은 단어를 상황에 적절한 표정과 언어로 말한다.	– 의사소통 〉 책과 이야기 즐기기 〉 말놀이와 이야기에 재미를 느낀다. – 의사소통 〉 듣기와 말하기 〉 표정, 몸짓, 말과 주변의 소리에 관심을 갖고 듣는다.

* 준 비 물 『소리치자 가나다』 그림책

제목 소리치자 가나다
글 · 그림 박정신 기획 구성 · 백은희 그림
출판사 및 출판연도 비룡소(2016)
내용 '가'부터 '하'까지 한글을 일상생활에서 자주 쓰는 말들로 재미있게 표현하였다.

* 활동배경 ㅇㅇ가 인형 놀이를 하면 "자, 자", " 저기 갈까? 가?"와 같이 주로 한 글자로 혼잣말을 하는 것이 관찰되었다. 교사는 영아의 행동과 연계하여 『소리치자 가나다』 그림책을 읽어 주고 함께 표현해 보는 활동을 준비한다.

* 활동방법

▸ 교사는 영아가 『소리치자 가나다』 그림책에 관심을 가지도록 격려한다.

교수학습 내용	활동방법
상호작용 (관찰/질문)	• 교사는 그림책의 그림을 보며 영아가 흥미를 가지도록 이야기 나눈다. – 그림에 아이가 소리치고 있네. 뭐라고 소리를 치는 걸까? – (앞표지를 보며) "가"라고 하는 것 같아? – 어디 한번 볼까? – (첫 장면을 보여 주며) 여자아이가 강아지에게 뭐라고 말할까? "가"라고 하는 것 같아? – 어떻게, 어떤 목소리로 말하는 것 같아? – 가~~(조르듯이), 가!(화난 듯이), 가~(웃으며) 어떻게 말할까? – 그렇구나. (영아의 반응을 보고) ________ 목소리로 말하는구나. • 교사는 그림책의 다른 장면을 보면서 언어를 표현해 보도록 격려한다. – 또 어느 글자 볼까? – 아빠가 뭐 하고 있지? – 그렇지? 아빠가 자네~ – '자'. (글자를 손가락으로 가리키며 읽어 준다.) – ○○ 아빠는 어떻게 자? – ○○는 어떻게 자?

▸ 교사는 영아들이 그림책의 장면과 언어 표현에 지속적으로 흥미를 가지고 표현해 보도록 지원한다.

교수학습 내용	활동방법
상호작용 (정서적 지원)	• 교사는 영아가 그림책 장면의 언어를 다양한 억양과 표정, 몸짓으로 표현해 보도록 격려하며 상호작용한다. – ○○는 '가'를 여러 가지 목소리로 말하는구나. – 이때 어떤 표정을 지으며 '가' 할까?

* 비 고

▸ 그림책을 처음부터 끝까지 차례대로 읽을 필요는 없다. 영아가 흥미 있어 하는 장면에 대해서 이야기 나누고 다양하게 표현해 보게 한다.

활동 7

『찾았다!』 까꿍놀이

* 활동형태 자유놀이
* 활동유형 및 대상 연령 언어 / 만 1세
* 활동목표 및 표준보육과정 관련 요소

목표	표준보육과정 관련 요소
• 그림책에 관심을 가진다. • 나를 인식한다.	– 의사소통 〉 책과 이야기 즐기기 〉 이야기에 관심을 가진다. – 사회관계 〉 나를 알고 존중하기 〉 나를 인식한다.

* 준 비 물 『찾았다!』 그림책

제목 찾았다!
글 · 그림 문승연 글 · 그림
출판사 및 출판연도 길벗 어린이(2008)
내용 고양이와 나비가 숨바꼭질 놀이를 한다.

* 활동배경 영아가 『찾았다!』 그림책을 감상한 후, 수건으로 얼굴을 가리는 행동을 하는 것이 관찰된다. 교사는 영아가 까꿍놀이를 하고 싶어 한다고 생각하고 함께 놀이를 한다.

* 활동방법

▸ 교사는 『찾았다!』 그림책 감상 후, 영아가 까꿍놀이에 참여하도록 격려한다.

교수학습 내용	활동방법
상호작용 (관찰/질문/제안)	• 교사는 그림책의 장면을 보면서 영아와 이야기를 나눈다. – ○○야, 고양이는 어디 있을까? – 여기 있네. 커튼 뒤에 있네. (손가락으로 가리키며) • 교사는 영아가 까꿍놀이를 하도록 제안한다. – ○○이도 까꿍 해 볼까? – ○○이는 어디 숨을까? – 교사가 눈을 감고 영아가 숨을 수 있도록 시간을 준다. – ○○ 어디 있나? – 안보이는 척 하다가 '까꿍' 하며 영아와 눈을 맞춘다. 까꿍, ○○이 여기 있네!

▸ 교사는 영아가 즐거운 마음으로 까꿍놀이를 지속하도록 상호작용한다.

교수학습 내용	활동방법
상호작용 (정서적 지원)	• 교사는 영아가 까꿍놀이에 참여하는 기분에 대해 이야기하고, 영아가 다양하게 숨을 수 있도록 지원한다. – ○○이 까꿍놀이 재미있어요? – ○○가 까꿍놀이를 하니까 기분이 좋구나. – ○○이 또 어디 숨어 볼까?

* 비 고

▸ 영아가 다양하게 숨을 수 있도록 스카프나 무릎 담요 같은 소품을 준비하여 까꿍놀이를 지원할 수 있다.

활동 8

『시리동동 거미동동』

* 활동형태 자유놀이
* 활동유형 및 대상 연령 동시 감상 / 만 2세
* 활동목표 및 표준보육과정 관련 요소

목표	표준보육과정 관련 요소
• 동시를 감상한다. • 동시의 운율과 말의 재미를 느낀다.	– 의사소통 〉 책과 이야기 즐기기 〉 이야기에 관심을 가진다. – 의사소통 〉 책과 이야기 즐기기 〉 말놀이와 이야기에 재미를 느낀다.

* 준 비 물 『시리동동 거미동동』 그림책

제목 시리동동 거미동동
글 · 그림 제주도 꼬리따기 노래 · 권윤덕 고쳐 쓰고 그림
출판사 및 출판연도 창비(2008)
내용 말꼬리를 조금씩 바꿔가며 운율에 맞추어 불러 보는 동시이다.

* 활동배경 영아가 『원숭이 엉덩이는 빨개』(김보미 글 · 그림) 그림책에 흥미를 가지고 재미있어하는 것이 관찰된다. 교사는 비슷한 형태의 제주도 전래그림책 동요인 『시리동동 거미동동』 그림책을 보여 주면 말의 소리와 운율에 대한 흥미를 지속할 수 있을 것이라고 생각했다.

＊ 활동방법

▸ 교사는『시리동동 거미동동』그림책을 읽어 준 후, 그림책 내용에 대해 이야기 나눈다.

교수학습 내용	활동방법
상호작용 (관찰/질문)	• 교사는 운율에 맞추어 동시 그림책을 읽어 준 후, 그림을 다시 보며 영아와 이야기 나눈다. – 거미줄이 있네. 거미줄은 하얘. – ○○야, 하얀 것은? (영아가 답하도록 기다려 준다.) – 토끼는 날아. 나는 것은?

▸ 교사는 영아가 스스로 동시를 감상하며 재미를 느껴보도록 격려한다.

교수학습 내용	활동방법
상호작용 (참여/정서적 지원)	• 교사는 영아가 혼자 그림을 보며 동시를 감상하도록 지원한다. 영아의 표정과 반응을 살피며 상호작용한다. – 하얀 토끼가 하늘을 훨훨 날고 있네. 재미있겠다! • 교사는『시리동동 거미동동』동시 감상 후 느낌에 대해 영아와 이야기한다. – ○○는 어떤 장면이 제일 좋아? – ○○는 어떤 말이 재미있어?

＊ 비 고

▸ 교사는 영아가 말꼬리 단어를 직접 생각해 보게 할 수 있다.

활동 9

여기 눌러 봐요

* 활동형태 자유놀이

* 활동유형 및 대상 연령 언어 / 만 2세

* 활동목표 및 표준보육과정 관련 요소

목표	표준보육과정 관련 요소
• 상대방의 말에 관심을 가지고 듣는다. • 상대방의 말을 듣고 지시에 따른다. • 색이름을 안다.	– 의사소통 〉 듣기와 말하기 〉 표정, 몸짓, 말과 주변의 소리에 관심을 갖고 듣는다. – 신체운동 〉 신체활동 즐기기 〉 대소근육을 조절한다.

* 준 비 물 『Press Here』 그림책

제목 Press Here

글 · 그림 Here Tullet 글 · 그림

출판사 및 출판연도 Chronicle books(2011)

내용 '빨강, 노랑, 파랑 점들을 눌러 보면 페이지마다 재미있는 일이 벌어진다.

* 활동배경 영아가 빨강, 노랑, 파랑 기본색을 구별하고, 색 이름을 알고 있음이 관찰된다. 교사는 영아의 색 변별과 색이름 기억을 더 내면화시켜 줄 수 있는 그림책 활동을 고안한다.

＊ 활동방법

▸ 교사는 『Press Here』 그림책을 함께 보며 지시에 따라 활동해 보도록 격려한다.

교수학습 내용	활동방법
상호작용 (관찰/제안/질문)	• 교사는 영아와 나란히 그림책의 그림을 같이 보며 이야기 나눈다. – 여기 동그라미가 있네? – 여기를 눌러 보세요 – ○○야, 여기 눌러 볼까? (영아가 동그라미를 누르도록 기다려 준다.) – 다음에 무슨 일이 일어날까? – ○○야, 무슨 일이 일어났지? – 노란 동그라미가 두 개가 되었네. – 다시 노란 동그라미를 눌러 볼까? • 교사는 영아가 그림책의 지시에 따르도록 상호작용하며 읽는다.

▸ 교사는 영아가 스스로 그림책의 그림을 감상하도록 격려한다.

교수학습 내용	활동방법
상호작용 (관찰/정서적 지원 /질문)	• 교사는 영아가 혼자 그림을 보며 그림책을 감상할 때, 영아의 표정과 반응을 살피며 상호작용한다. – 와 동그라미들이 갑자기 많아졌네. – 어~? 동그라미들이 어디로 갔을까?

▸ 교사는 영아가 『Press Here』 그림책에 대한 느낌을 이야기하도록 격려한다.

교수학습 내용	활동방법
상호작용 (관찰 참여 /정서적 지원)	• 교사는 『Press Here』 그림책 감상 후 영아의 느낌에 대해 이야기한다. – ○○는 어떤 장면이 제일 좋아? – ○○는 어떤 동그라미를 눌러 보고 싶니?

＊ 비　고

▸ 『Press Here』 그림책은 거꾸로 뒤에서부터 읽으면 또 다른 재미있는 일이 일어나도록 만들어진 그림책이다. 앞으로 읽기에 익숙해진 후에는 거꾸로 읽기로 그림책을 감상해 본다.

2. 유아활동

활동 1
동요

「여우야 여우야, 뭐하니?」 전래동요 개사하기

* 활동형태 자유놀이
* 활동유형 및 대상 연령 언어 / 만 5세
* 활동목표 및 표준보육과정 관련 요소

목표	누리과정 관련 요소
• 전래동요의 노랫말을 바꿔 본다. • 서로 다른 생각을 존중하며 노랫말을 바꿔 본다.	– 의사소통 〉 책과 이야기 즐기기 〉 말놀이와 이야기 짓기를 즐긴다. – 사회관계 〉 더불어 생활하기 〉 서로 다른 감정, 생각, 행동을 존중한다.

* 준 비 물 도화지, 쓰기 도구 등
* 활동배경 유아들이 전래동요를 부르면서 전래놀이를 하다가 노랫말을 바꿔서 부르는 모습이 관찰된다. '여우야, 여우야, 뭐하니? 공부한다. 멋쟁이.' 등 유아들은 노랫말을 바꿔 부르는 것에 재미를 느끼고 전래동요를 개사하여 부른다. 칠판에 보드마카로 개사한 내용을 쓰기도 한다. 교사는 유아들의 이러한 놀이를 문해 활동과 연계하여 개사한 것을 글과 그림으로 표현해 보면서 놀이가 지속되도록 지원한다.

＊ 활동방법

▸ 교사는 유아들이 노래를 개사하여 부르는 것에 관심을 보이며 의사소통능력을 향상시키는 놀이로 확장되도록 지원한다.

교수학습 내용	활동방법
상호작용 (관찰/제안)	• 교사는 유아들이 개사하여 부르는 내용을 칠판에 보드마카로 써 준다. – 너희가 「여우야 여우야, 뭐하니? 노래의 바꾼 부분이 재미있어서 선생님이 적어 봤어. – 너희들이 어떻게 노래 불렀었는지 같이 볼까?

▸ 유아들이 개사한 노래를 기록으로 남길 수 있도록 지원한다.

교수학습 내용	활동방법
상호작용 (제안/질문)	• 교사는 유아들이 개사해서 불렀던 노랫말에 관심을 보이고 쓰기를 통해 기록으로 남겨 보도록 제안한다. – '여우야 여우야, 뭐하니?' 노랫말을 바꾸어 부르니 재미있구나. – '밥 먹는다'는 다른 말로 어떻게 바꾸어 볼 수 있을까?"
자료의 변화 (유아가 발견한 자료 지원)	• 유아들이 필요로 하는 재료를 찾아 사용하도록 안내한다. – 어디에 노랫말을 적어 보고 싶니?
상호작용 (정서적 지원/질문)	• 노랫말 개사에 관한 유아들의 아이디어를 글과 그림으로 표현하도록 격려하고 언어적 상호작용을 통해 지원한다. – 여우가 무엇을 하고 있는 그림이니? – 여우가 대답한 이야기를 말풍선에 적었구나. – '놀이한다.'고 대답하는 여우에게 뭐라고 이야기해 주고 싶니?

▸ 유아들이 「여우야 여우야, 뭐하니?」 개사한 노랫말의 노래를 불러 볼 수 있도록 지원한다.

교수학습 내용	활동방법
공간의 변화 (교실 내 게시)	• 교사는 유아들이 원하는 곳에 개사하여 만든 노래의 그림과 글을 전시할 수 있도록 환경적으로 지원한다. – 너희들이 바꾼 노랫말을 어디에 전시하고 싶니?
공간의 변화 (교실 밖으로 이동)	• 바깥놀이터로 나가서 유아들이 개사한 노랫말로 노래를 부르며 전통놀이로 확장시킬 수 있도록 지원한다. – 실외놀이를 할 때 우리 친구들이 개사한 「여우야 여우야, 뭐하니?」 노래를 부르면서 놀이를 해 보면 어떨까?

전래동요 개사한 것을
그림과 글로 쓰고 있는 유아의 모습

유아가 개사한
「여우야 여우야, 뭐하니?」 전래동요

개사한 그림과 글을 게시한 모습

활동 2
신체표현

개구리처럼 움직이기

* 활동형태 대소집단활동
* 활동유형 및 대상 연령 신체표현 / 만 3세
* 활동목표 및 표준보육과정 관련 요소

목표	누리과정 관련 요소
• 그림책의 이야기를 회상하여 말해 본다. • 개구리를 표현하기 위한 다양한 방법을 이야기한다. • 다양한 재료를 사용하여 개구리의 움직임을 자유롭게 표현한다.	– 의사소통 〉 듣기와 말하기 〉 상대방이 하는 이야기를 듣고 관련해서 말한다. – 의사소통 〉 듣기와 말하기 〉 자신의 경험, 느낌, 생각을 말한다. – 예술경험 〉 창의적으로 표현하기 〉 신체나 도구를 활용하여 움직임과 춤으로 자유롭게 표현한다.

* 준 비 물 『먹고 말 거야!』 그림책, 개구리 모형 머리띠, 개구리 옷, 개구리 손 · 발 장갑, 개구리 움직임 그림 화보, 음악

제목 먹고 말 거야!
글 · 그림 정주희 글 · 그림
출판사 및 출판연도 책 읽는 곰(2016)
내용 청개구리와 파리와 뱀의 이야기를 재미있고 생동감 넘치게 묘사한 그림책

* 활동배경 어린이집 등원 길에 개구리를 본 유아가 신체 활동실에서 개구리처럼 점프를 하며 놀이한다. 몇 명의 유아들이 개구리처럼 점프하는 유아를 따라 점프하며 놀이한다. 점프 놀이를 하면서 깔깔대며 웃으며 재미있어하는

모습이 관찰된다. 교사는 개구리의 움직임을 자세히 표현한 『먹고 말 거야!』 그림책을 읽어 주고 개구리처럼 움직여 보도록 환경적으로 상호작용하면서 지원하고 보다 다양한 신체표현 활동을 할 수 있도록 격려한다.

* 활동방법

▸ 『먹고 말 거야!』 그림책 이야기를 회상하며 이야기 나눈다.
- ○○야, 어린이집에 올 때 무엇을 보았다고 했니?
- 그 개구리는 어떻게 움직였니?
- 그림책에서 개구리는 파리를 먹기 위해서 어떤 모습으로 뛰어올랐니?
- 그때 두 다리는 어떻게 움직였었니? 어떤 모습이었니?

▸ 유아들과 개구리를 신체로 표현할 수 있는 방법에 대해서 이야기 나눈다.
- 파리를 잡아먹는 개구리를 표현하기 위해서 어떤 재료가 필요할 것 같니?
- 또 어떤 재료가 필요할까?

▸ 유아들과 신체활동을 위한 재료와 장소에 대해서 이야기 나눈다.
- 여기 어떤 재료들이 있니?
- 어디에서 개구리가 된 것처럼 놀이를 할 수 있을까?

▸ 유아들과 개구리처럼 움직이며 신체표현을 한다.
- (개구리가 점프하는 그림을 보며) 개구리는 지금 어디에 있니?
- 개구리의 두 다리의 모습을 따라 하며 점프해 볼까?
- (개구리가 파리를 먹기 위해서 혀를 내민 그림을 보며) 지금 개구리의 혀는 어떤 모습이니?
- 무엇을 하려고 하는 것 같니?
- 파리를 잡기 위해서 움직이는 개구리를 표현해 볼까?

▸ 교사가 음악을 틀어 주어 유아들이 더 즐겁게 표현하도록 지원한다.

- 자유롭게 표현하는 유아들의 모습을 격려하며 놀이한다.
  - 딸기밭 위를 한껏 뛰어오르는 개구리 같구나.
  - 민들레 위에 있는 파리를 잡기 위해서 움츠리고 있는 개구리 같아 보이는구나.
  - 어떤 모양의 개구리를 표현할 때 가장 재미있었니?
  - 정말 개구리처럼 다리를 길게 뻗었구나.

- 신체표현을 하며 재미있었던 것에 대해 이야기 나눈다.
  - 『먹고 말 거야!』 그림책에 나오는 개구리가 되어 놀이해 보니 어떤 점이 재미있었니?
  - 개구리처럼 다리를 길게 뻗을 때 어떤 느낌이 들었니?

개구리 신체표현에 필요한 재료

파리를 잡기 위해
움츠린 개구리를 표현한 유아들의 모습

활동 3
게임

장바구니 게임하기

* 활동형태 대소집단활동
* 활동유형 및 대상 연령 언어 / 만 4세
* 활동목표 및 표준보육과정 관련 요소

목표	누리과정 관련 요소
• 그림책의 내용을 회상하며 게임에 참여한다. • 게임하기 위한 방법과 약속을 말해 본다. • 자신의 신체를 움직이며 장보기 게임에 참여한다.	– 의사소통 〉 책과 이야기 즐기기 〉 책에 관심을 가지고 상상하기를 즐긴다. – 의사소통 〉 듣기와 말하기 〉 상황에 적절한 단어를 사용하여 말한다. – 신체운동건강 〉 신체활동 즐기기 〉 실내외 신체활동에 자발적으로 참여한다.

* 준 비 물 『장바구니』 그림책, 장바구니, 장보기 그림 자료, 사과, 오렌지, 바나나, 계란, 도넛, 과자, 유니바

제목 장바구니
글 · 그림 존 버닝햄 글 · 그림
출판사 및 출판연도 보림(1996)
내용 주인공 스티븐이 심부름을 위해 장바구니를 들고 가게에 갔다 돌아오면서 생기는 일들을 기발한 상상과 재미로 펼치는 그림책이다.

* 활동배경 유아들이 교실에 있는 『장바구니』 그림책을 감상한 후 주인공처럼 엄마의 심부름을 직접 해 보고 싶다고 이야기하였다. 교사는 그림책의 주인공이 되어서 유아들이 장보기 게임을 해 보도록 자료를 제공하고 상호작용으로 격려하고자 한다.

* 활동방법

▸ 유아들과 『장바구니』 그림책 이야기를 회상하며 이야기 나눈다.

– 『장바구니』 그림책의 주인공 이름은 무엇이었니?

– 스티븐은 엄마의 어떤 심부름을 했니?

▸ 유아들과 게임을 할 수 있는 자료와 방법에 대해서 이야기를 나눈다.

– 너희들도 스티븐처럼 심부름을 하고 싶다고 했는데 어떻게 하면 좋을까?

– 게임을 하기 위해서 어떤 재료가 필요할 것 같니?

▸ 유아들이 이야기해 준 게임 자료를 소개한다.

– 너희가 이야기해 준 게임 자료가 다 준비되었는지 확인해 볼 수 있겠니?

▸ 유아들과 이야기 나누며 게임 방법을 결정한다.

– 심부름을 가기 위해서 가장 먼저 무엇을 뽑아야 할 것 같니?

– 뽑은 그림을 보고 심부름을 가기 위해서 어디를 건너가야 하니?

– 심부름한 것을 어디에 넣어서 다시 돌아와야 할까?

– 게임은 언제 끝나는 걸까?

▸ 게임 방법에 따라 게임을 진행한다.

▸ 유아들과 게임을 평가하고 느낌에 대해서 이야기 나눈다.

장바구니 게임 재료

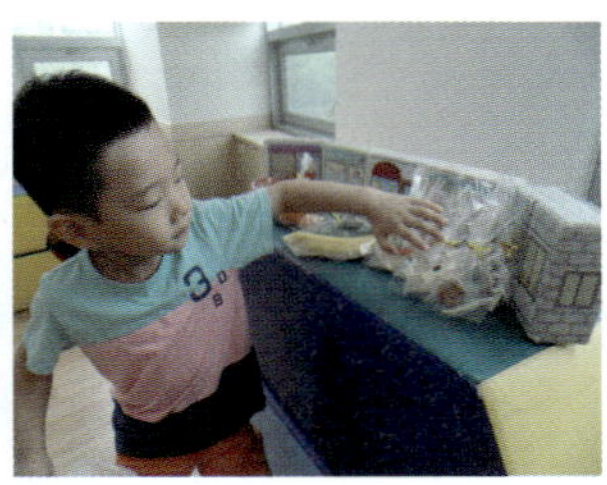

게임에 참여하는 유아의 모습

활동 4
책 읽기

그림책 감상하기『할아버지의 이야기 나무』

* 활동형태 대소집단활동
* 활동유형 및 대상 연령 언어 / 만 4세
* 활동목표 및 표준보육과정 관련 요소

목표	누리과정 관련 요소
• 즐겁게 그림책을 감상한다. • 그림책의 이야기를 회상하여 말한다. • 그림책을 감상하며 조부모에 대한 소중함과 감사한 마음을 갖는다.	– 의사소통 〉 책과 이야기 즐기기 〉 책에 관심을 가지고 상상하기를 즐긴다. – 의사소통 〉 듣기와 말하기 〉 상대방이 하는 이야기를 듣고 관련해서 말한다. – 사회관계 〉 더불어 생활하기 〉 가족의 의미를 알고 화목하게 지낸다.

* 준 비 물 『할아버지의 이야기 나무』 PPT 자료

제목 할아버지의 이야기 나무
글 · 그림 레인 스미스 글 · 그림, 김경연 역
출판사 및 출판연도 문학동네(2011)
내용 할아버지를 따라 간 손자에게 기발한 모양의 나무들이 할아버지의 경험을 이야기해 준다. 칼데콧 아너상 수장작으로 일러스트레이션이 뛰어난 작품이다.

* 활동배경 가족 역할놀이를 하던 유아들이 서로 할머니, 할아버지 역할은 하지 않겠다고 다투는 상황이 관찰된다. 그 역할을 하기 싫은 이유에 대해 교사와 유아가 이야기 나누면서 유아들이 함께 살지 않고 자주 만나지 못하는 조부모님에 대해서 친근감이 적고 할머니, 할아버지는 모르는 것이 많다고

생각한다는 것을 알아냈다. 교사는 유아들이 할머니, 할아버지에 대해 긍정적인 생각을 가질 수 있도록 『할아버지의 이야기 나무』 그림책을 읽어 보기로 하였다.

＊ 활동방법

▸ 유아들과 조부모님에 대해서 이야기 나눈다.
- 너희를 낳아 주신 분은 누구시니?
- 너희의 엄마, 아빠를 낳아 주신 분은 누구시니?
- 엄마, 아빠에게 할머니, 할아버지는 어떤 분이시니?

▸ 유아들과 『할아버지의 이야기 나무』 그림책의 겉표지를 보며 이야기 나눈다.
- 제목은 무엇이니?
- 할아버지에 관한 어떤 이야기가 나올 것 같니?

▸ 유아들과 그림책을 감상한다.

▸ 유아들과 그림책의 이야기를 회상하며 이야기 나눈다.
- 할아버지는 어릴 적에 어디에 살았니?
- 할아버지는 무엇이 되고 싶어 했니?
- 할아버지가 잃어버리는 것들을 누가 찾아 준다고 하였니?
- 할아버지는 무엇을 잘하셨니?
- 할아버지의 정원을 함께 가꾸는 사람은 누구였니?
- 왜 주인공 아이는 할아버지와 함께 정원을 가꾸었을까?

▸ 유아들과 조부모님의 소중함에 대해서 이야기를 나누며 마무리한다.
- 너희들의 할머니, 할아버지는 무엇을 잘 하시는 것 같니?
- 너희들은 할머니, 할아버지에게 어떤 마음을 가지고 있니?

활동 5
동화 확장활동

동극 『모기는 왜 귓가에서 앵앵거릴까?』

* 활동형태 대소집단활동

* 활동유형 및 대상 연령 동극 / 만 5세

* 활동목표 및 표준보육과정 관련 요소

목표	누리과정 관련 요소
• 동극을 하기 위해서 그림책 내용을 간단하게 이야기로 지어 말한다. • 그림책의 이야기로 동극을 한다.	– 의사소통 〉 책과 이야기 즐기기 〉 말놀이와 이야기 짓기를 즐긴다. – 예술경험 〉 창의적으로 표현하기 〉 극놀이로 경험이나 이야기를 표현한다.

* 준 비 물 동극을 위한 소품, 동극 대본

제목 모기는 왜 귓가에서 앵앵거릴까?
글 · 그림 버나 알디마 글 · 리오 딜런 다이앤 딜런 그림, 김서정 역
출판사 및 출판연도 보림(2003)
내용 귓가에서 앵앵거리며 귀찮게 하는 모기에 대해 서아프리카에서 전해 내려오는 이야기이다. 칼데콧 수상작다운 특이한 문양과 그림이 인상적이다.

* 활동배경 『모기는 왜 귓가에서 앵앵거릴까?』 그림책을 감상했던 유아들이 벽돌블록으로 공간을 구성하고 모기와 올빼미 등 그림책에 등장하는 등장인물의 역할을 맡아 놀이하는 모습이 관찰하였다. 교사는 유아들의 놀이가 재미있게 진행되는 것을 보고 다른 유아들과 함께 재료와 소품들을 추가하여 동극을 해 보도록 제안한다.

＊ 활동방법

▸ 유아들과 벽돌블록으로 공간을 구성하며 놀이했던 것을 회상하며 이야기 나눈다.

- 벽돌블록으로 무엇을 만들었었니?
- 너희들이 했던 놀이를 친구들이 볼 수 있도록 동극을 해 보면 어떨까?

▸ 유아들과 동극을 할 때 필요한 재료와 장소에 대해서 이야기 나눈다.

- 『모기는 왜 귓가에서 앵앵거릴까?』 동극을 하려면 어떤 재료가 필요할까?
- 동극의 배경은 어떤 방법으로 꾸며 볼까?
- 동극을 어디에서 해 보고 싶니?

▸ 유아들과 동극 대본을 만든다.

- 모기가 이구아나에게 어떤 이야기를 했니?
- 비단뱀은 이구아나에게 어떤 인사를 했니?
- 엄마 올빼미는 왜 해님을 향해 '부우부우' 우는 일을 하지 않았니?
- 이 대본을 가지고 동극을 하면 되겠구나.

▸ 유아들과 『모기는 왜 귓가에서 앵앵거릴까?』 동극을 하기 위해서 역할을 정한다.

- 주인공은 누가 나왔니?
- 누가 앵앵거리는 모기를 재미있게 해 볼 수 있을까?
- 나무 꼭대기를 걸어 다니는 원숭이는 누가 해 보고 싶니?

▸ 유아들과 『모기는 왜 귓가에서 앵앵거릴까?』 동극을 위한 약속을 정한다.

- 동극을 공연하기 위해서는 어떤 약속이 필요할 것 같니?

▸ 유아들과 동극을 한다.

- 유아들과 동극을 한 후 평가하며 이야기 나눈다.
  - 동극을 하면서 어떤 장면이 가장 재미있었니?
  - 동극에서 어떤 장면이 가장 기억에 남니?
  - 친구들과 동극을 준비할 때 언제 가장 어려웠니?
  - 다시 동극을 하면 어떤 점을 바꿔서 해 보면 좋을 것 같니?

유아들이 『모기는 왜 귓가에서 앵앵거릴까?』 동극을 하는 모습

활동 6
편지 쓰기

주인공에게 편지 쓰기

* 활동형태 대소집단활동
* 활동유형 및 대상 연령 편지 쓰기 / 만 5세
* 활동목표 및 표준보육과정 관련 요소

목표	누리과정 관련 요소
• 그림책 속 등장인물의 입장과 마음을 이해할 수 있다. • 등장인물에게 하고 싶은 이야기를 글로 표현해 볼 수 있다.	– 의사소통 〉 책과 이야기 즐기기 〉 말놀이와 이야기 짓기를 즐긴다. – 의사소통 〉 읽기와 쓰기에 관심 가지기 〉 자신의 생각을 글자와 비슷한 형태로 표현한다.

* 준 비 물 『무지개 물고기』 그림책, 융판 동화 자료, 편지 쓰기 양식

제목 무지개 물고기
글 · 그림 마르쿠스 피스터 글 · 그림, 공경희 역
출판사 및 출판연도 시공주니어(1994)
내용 아름다운 비늘을 갖고 있지만 친구가 없어 외로운 무지개 물고기가 자신의 비늘을 나누어 주면서 자신은 덜 아름다워지지만 행복해진다는 이야기이다.

* 활동배경 『무지개 물고기』 그림책을 감상하면서 무지개 물고기가 반짝이 비늘을 나누어 주면서 물고기들의 모습이 변화되는 것에 관심이 많았다. 교사는 무지개 물고기 그림책을 융판 동화로 제작하여 유아들이 반짝이는 비늘을 붙여 볼 수 있도록 하였다. 유아들이 동화를 재구성해 보는 경험을 통해 등장인물의 마음을 이해하도록 하고 등장인물에게 편지 쓰기 활동을 제안한다.

＊ 활동방법

▸ 유아들과 『무지개 물고기』 그림책을 보았던 경험을 회상한다.
- 지난 시간에 들었던 『무지개 물고기』 이야기를 기억할 수 있겠니?
- 선생님이 여기에 융판 자료를 준비했는데, 이걸로 무엇을 할 수 있을까?

▸ 유아들과 『무지개 물고기』 이야기를 융판 동화로 재구성해 본다.
- 누가 나와서 이야기를 말해 주겠니?

▸ 『무지개 물고기』 그림책에 나오는 등장인물의 마음을 알아본다.
- 『무지개 물고기』에 나오는 어떤 등장인물이 나왔니?
- 처음에 파랑 물고기가 무지개 물고기에게 비늘을 나누어 달라고 했을 때, 무지개 물고기는 뭐라고 대답했는지 기억하니?
- 무지개 물고기가 비늘을 나눠 주지 않았을 때, 파랑 물고기의 마음은 어땠을까?
- 그럼, 친구가 없이 외톨이가 된 무지개 물고기의 마음은 어땠을까?
- 무지개 물고기가 찾아간 문어는 왜 비늘을 나눠 주라고 했을까?

▸ 준비한 편지지를 보여 주며, 편지를 쓰고 싶은 등장인물을 정하도록 한다.
- 선생님이 물고기 모양의 예쁜 편지지를 준비해 왔는데, 내가 누구에게 편지를 쓰고 싶은지, 뭐라고 쓸 건지 생각해 보자.

▸ 등장인물에게 편지 쓰기를 한 후 친구들에게 읽어 주도록 한다.

『무지개 물고기』 융판 동화 자료와 편지지

활동 9
책 만들기

글 없는 그림책에 이야기 지어 보기

* 활동형태 소집단활동
* 활동유형 및 대상 연령 책 만들기 / 만 5세
* 활동목표 및 표준보육과정 관련 요소

목표	누리과정 관련 요소
• 글 없는 그림책의 그림을 읽으며 줄거리를 상상한다.	– 의사소통 〉 듣기와 말하기 〉 말이나 이야기를 관심 있게 듣는다.
• 자신이 상상한 이야기를 글로 적어 글이 있는 그림책으로 구성해 본다.	– 의사소통 〉 책과 이야기 즐기기 〉 말놀이와 이야기 짓기를 즐긴다.
• 자신의 이야기와 다른 친구들의 이야기를 비교해 본다.	– 의사소통 〉 읽기와 쓰기에 관심 가지기 〉 자신의 생각을 글자와 비슷한 형태로 표현한다.

* 준 비 물 『꿀!』 그림책, 그림을 복사해서 넣은 낱장 그림

제목 꿀!
글 · 그림 아서 가이서트
출판사 및 출판연도 사계절(2011)
내용 엄마 돼지와 아기 돼지들의 평화로운 하루 일과를 그림만으로 묘사하고 있는 글 없는 그림책이다. 그림이 세부적으로 묘사되어 있어 유아는 그림을 읽는 것만으로도 논리적인 스토리를 구성할 수 있다.

* 활동배경 이솝우화 중 「토끼와 거북이」의 연속 그림을 순서대로 나열해 보고 이야기를 꾸며 보는 활동을 하던 중, 유아가 "우리가 이야기를 지어서 책을 만들 수 있네요."라고 말했다. 그러자 옆에 있던 유아가 "그럼, 우리가 이야

기를 다르게 지으면 다른 책이 되겠네요."라고 말한다. 교사는 유아의 이야기 구성하기 활동을 하기 위해 글 없는 그림책에 이야기를 지어 책을 만들어 볼 것을 제안한다.

＊ 활동방법

▸ 글 없는 그림책 『꿀!』을 보여 주며 일반 그림책과 어떤 점이 다른지 이야기해 본다.

- 선생님이 보여 주는 책은 우리가 보았던 책과 조금 다른데, 어떤 점이 다른지 알 수 있겠니?
- 그래, 맞아. 글씨가 하나도 없는 책이지? 이렇게 글이 하나도 없는 책은 우리가 어떻게 읽을 수 있을까?

▸ 글 없는 그림책을 보는 방법을 논의한다.

- 우리가 그림만 보아도 책 속의 이야기를 알 수 있을까?
- 글이 없는 책은 그림을 어떻게 보아야 할까? 더 자세히?
- 그럼, 그림을 자세히 살펴보고 이 그림 속에 어떤 이야기가 있는지 머릿속으로 상상해 보자.

▸ 글 없는 그림책 『꿀!』에 이야기를 꾸며 말해 보게 한다.

- 자, 이제부터 그림을 한 장씩 보면서 이야기를 꾸며 보도록 하자.
- 이 그림에는 뭐가 보이니? 무슨 일이 일어난 것 같니? 지금은 시간이 언제일까?

▸ 글 없는 그림책에 유아가 꾸민 이야기를 적어 책으로 만들어 본다.

- 선생님이 『꿀!』 그림책의 그림을 복사한 종이를 준비해 왔는데, 너희들이 이야기를 붙여 주고 싶은 그림을 한 장씩 골라서 그림 아래에 이야기를 적어 보도록 하자.

- 유아들이 구성한 낱장 그림을 순서대로 읽어 보고, 그림들을 묶어 책으로 만든다.
- 조별 활동으로 제시하여 다양한 이야기가 나오도록 유도하여, 다르게 구성된 이야기와 비교해 볼 수 있다.

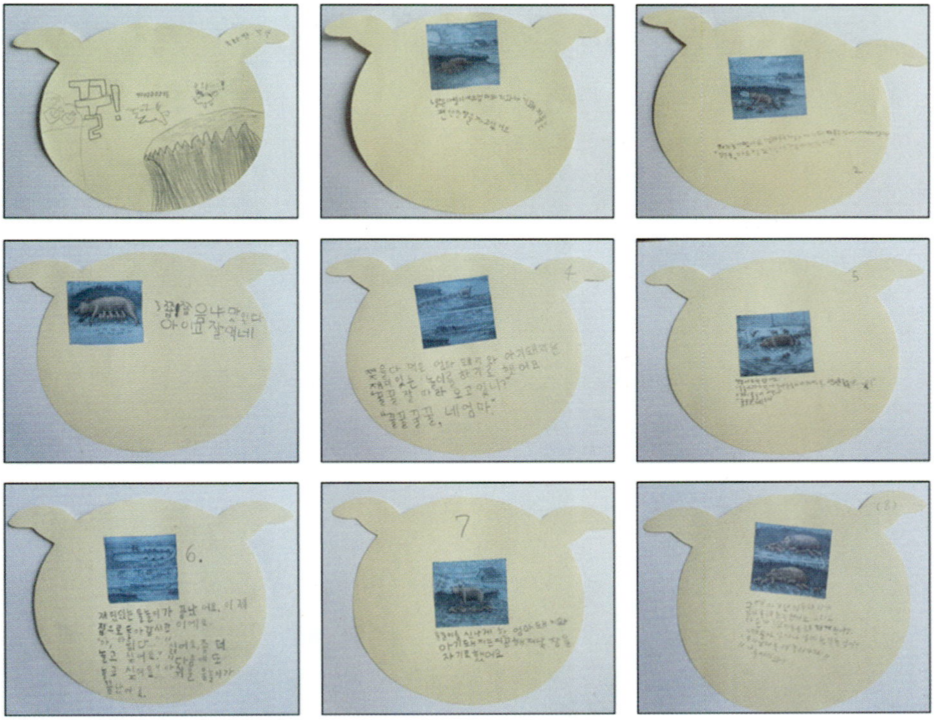

글 없는 그림책 『꿀!』에 글을 넣어 만든 책

활동 8
전래동요

반대말을 찾아요

* 활동형태 대소집단활동
* 활동유형 및 대상 연령 전래동요 / 만 4세
* 활동목표 및 표준보육과정 관련 요소

목표	누리과정 관련 요소
• 그림책의 이야기를 회상하여 말해 본다. • 반대 의미를 가진 단어를 알아본다. • 다양한 어휘를 사용하여 동요를 지어 본다.	– 의사소통 〉 듣기와 말하기 〉 상대방이 하는 이야기를 듣고 관련해서 말한다. – 의사소통 〉 듣기와 말하기 〉 자신의 경험, 느낌, 생각을 말한다.

* 준 비 물 『맹꽁』 그림책, 짝짓기 카드(카드 한 장을 반으로 나눠 매칭이 되게 한다.)

제목 맹꽁
출판사 및 출판연도 한국어린이육영회(1994)
내용 '가벼우냐 맹꽁' 하면 '무겁다, 맹꽁' 하고, '무거우냐, 맹꽁' 하면 '가볍다, 맹꽁' 답하는 맹꽁이의 반의어 찾기와 재미있는 운율로 이루어진 그림책이다.

* 활동배경 유아가 가정에서 부모님 말씀을 잘 들어야 하는 이유에 대해 설명하면서 말 안 듣는 청개구리 이야기를 해 준다. 그런데 청개구리랑 비슷하게 생긴 맹꽁이라는 동물도 청개구리처럼 뭐든지 거꾸로 말을 한다며 맹꽁이 전래동요를 소개한다.

* 활동방법

▸ 『맹꽁』 전래동요 그림책을 운율에 맞춰 읽어 준다(다장조로 '라라라도 라미' 음계를 4/4박자의 [♪♪♪♪♩♩], [♩♪♪♩♩]리듬으로 불러 준다).

- 가벼우냐 맹꽁, 무겁다 맹꽁 / 무거우냐 맹꽁, 가볍다 맹꽁
  추우냐 맹꽁, 덥다 맹꽁 / 더우냐 맹꽁, 춥다 맹꽁

- 맹꽁이는 뭐든지 반대로 대답하는구나.

▸ 「맹꽁」 전래동요를 선생님이 먼저 읽고 유아들이 따라 읽어 보도록 한다.

- 선생님이 앞부분을 읽으면 너희들이 뒷부분을 읽어 볼 수 있겠니?
  선생님: 가벼우냐, 맹꽁 / 유아: 무겁다, 맹꽁
  선생님: 무거우냐, 맹꽁 / 유아: 가볍다, 맹꽁
  (반복)
- 이제는 조금 바꿔서 해 볼까?

▸ 유아들과 동요의 단어를 바꿔서 불러 보도록 한다.

- 선생님이 준비해 온 카드를 한번 보겠니?
- 카드가 반으로 나뉘어 있지?
- 이 카드를 가지고 「맹꽁」 전래동요를 바꿔 볼 수 있을까?

▸ 유아들과 생각을 모아 단어 카드에 동사를 적는다(배고프냐, 재미있냐 등).

- 자, 여기 적힌 단어를 보고, 이제는 반대말을 찾아 적어 보자.
- '배고프냐, 맹꽁' 물으면 맹꽁이는 뭐라고 대답할까?
- '재미있냐, 맹꽁' 하면? '재미없다, 맹꽁'

▸ 유아들과 함께 찾은 단어들을 융판에 붙인 후, 맹꽁 전래동요의 운율에 맞춰 불러 본다(교사가 북장단으로 리듬을 넣어 주면 더 큰 효과를 느낄 수 있다).

활동 9
글쓰기

친구에게 나의 마음 전하기

* 활동형태 대소집단활동
* 활동유형 및 대상 연령 말풍선에 쓰기 / 만 5세
* 활동목표 및 표준보육과정 관련 요소

목표	누리과정 관련 요소
• 그림책 속 등장인물의 입장과 마음을 이해할 수 있다. • 나의 마음속 생각을 친구에게 전달하는 경험을 해 본다.	– 의사소통 〉 읽기와 쓰기에 관심 가지기 〉 자신의 생각을 글자와 비슷한 형태로 표현한다. – 사회관계 〉 더불어 생활하기 〉 서로 다른 감정, 생각, 행동을 존중한다.

* 준 비 물 『내 마음이 들리니?』 그림책, 말풍선 쓰기 자료

제목 내 마음이 들리니?
글 · 그림 일랑 브렌만 기획 · 레나토 모리코니 그림
출판사 및 출판연도 베틀북(2012)
내용 이 책은 글 없는 그림책으로 텍스트 없이 다양한 등장인물이 호기심 가득한 표정으로 무언가를 말하는 시늉, 무언가를 듣는 시늉을 하고 있다. 유아는 등장인물의 모습에서 풍기는 이미지를 가지고 무슨 말을 주고 받고 있는지 상상하여 이야기 나눌 수 있다.

* 활동배경 언어게임인 말 전달하기 게임을 하면서, 말 전달하기를 위해 우리가 하는 동작이 나오는 그림책을 소개한다. 『내 마음이 들리니?』 글 없는 그림책은 이야기가 없이 말하는 시늉, 듣는 시늉을 하는 등장인물이 나온다. 유아들은 글 없는 그림책의 이야기를 상상하며 이야기를 나누고, 교사는 친구들에게 내 마음속 이야기를 해 보는 시간을 가지면 어떻겠냐고 제안한다.

* 활동방법

▸ 유아들과 『내 마음이 들리니?』 글 없는 그림책을 함께 보며 이야기 나누다.

- 이 장면에는 누가 보이니? 피에로도 보이고 임금님도 보이네. 피에로가 임금님한테 무슨 얘기를 하고 있는 걸까?
- 우리 마음속에 있는 생각을 다른 사람에게 전하는 방법에는 어떤 것이 있을까?
- 이 책의 제목처럼 우리가 말을 하지 않아도 우리 마음이 다른 사람에게 들릴까?

▸ 유아들과 『내 마음이 들리니?』 책의 각 장을 보며 마음속 이야기를 상상해 본다.

- 누가 나와서 이야기를 말해 주겠니?
- 이 장면에 이야기를 꾸며 줄 친구는 누가 있을까?

▸ 유아들과 『내 마음이 들리니?』의 주인공처럼 자기 마음을 표현해 보는 시간을 갖자고 제안한다.

- 우리도 친구들에게 말하지 않은 생각이 있을까?

▸ 준비한 쓰기 자료를 유아에게 보여 주며, 방법을 논의한다.

- 여기 선생님이 준비한 종이에는 한 장에 두 명의 친구가 글을 쓸 수 있는데, 먼저 자기 마음속 생각을 들려주고 싶은 친구를 정해 보도록 하자.
- 쓰기 짝꿍이 정해졌으면, 누가 먼저 내 마음속 생각을 적을지 정해야 하는데 어떤 방법으로 정하면 좋을까?

▸ 두 명씩 짝을 지어 유아들이 앉으면, 먼저 마음속 생각을 적기로 한 유아가 말풍선에 글을 적는다.

- 아까 가위바위보에서 이긴 친구가 먼저 이름을 적고 말풍선에 마음속 생각을 적어 보도록 하자.

– 짝꿍이 글쓰기를 하고 나면 나머지 친구도 말풍선에 글을 써서 답을 해 주면 좋겠다.

▸ 나의 마음 전달하기 활동이 끝나면 친구들과 공유하는 시간을 갖도록 한다.

활동 10
조형

빨간 풍선으로 무얼 만들 수 있을까?

* 활동형태 대소집단활동
* 활동유형 및 대상 연령 조형 / 만 4세
* 활동목표 및 표준보육과정 관련 요소

목표	누리과정 관련 요소
• 빨간 풍선으로 만들 수 있는 다양한 물건을 상상하여 표현한다. • 자신이 만든 것을 이용하여 표현한다.	– 의사소통 〉 책과 이야기 즐기기 〉 책에 관심을 가지고 상상하기를 즐긴다. – 예술경험 〉 창의적으로 표현하기 〉 다양한 미술 재료와 도구로 자신의 생각과 느낌을 표현한다.

* 준 비 물 『빨간 풍선의 모험』 그림책, 빨간 풍선 모양의 색지, 가위, 풀

제목 빨간 풍선의 모험
글 · 그림 엘라 마리 그림
출판사 및 출판연도 시공주니어(2000)
내용 아이가 분 풍선껌이 점점 커져 날아오른다. 사과, 꽃, 나비, 우산으로 변하면서 모험을 하는 동안 독자는 무한한 상상의 날개를 펼칠 수 있는 그림책이다.

* 활동배경 유아들이 교실에 있는 『빨간 풍선의 모험』 그림책을 감상한 후 빨간 풍선이 또 무엇으로 변할지 상상해서 이야기를 나눠 본다. 교사는 그림책 속의 빨간 풍선과 똑같은 색지를 준비하여 빨간 풍선의 변신을 표현해 보도록 제안한다.

* 활동방법

▸ 유아들과 『빨간 풍선의 모험』 그림책 이야기를 회상하며 이야기 나눈다.
- 『빨간 풍선의 모험』 속의 빨간 풍선이 무엇으로 변신했었지?
- 빨간 풍선이 무엇으로 변했을 때 가장 재미있었니?

▸ 유아들과 빨간 풍선이 변신할 수 있는 물건을 찾아본다.
- 너희들도 빨간 풍선을 변하게 할 수 있겠니?

▸ 유아들에게 빨간 풍선 모양의 색지를 나눠 주고 활동방법을 설명한다.
- 여기 빨간 풍선 모양의 종이를 준비했는데, 너희들이 이 풍선을 재미있게 변신시켜 보면 어떨까?

▸ 유아들의 활동이 끝나면 자신이 변신시킨 빨간 풍선을 소개하는 시간을 갖는다.

▸ 유아들과 활동을 평가하고 느낌에 대해서 이야기 나눈다.
- 우리가 만든 물건들로 『빨간 풍선의 모험』 이야기를 더 확장시켜 책 만들기를 해 봐도 좋을 것 같구나.
- 선생님이 책 만들기 재료를 준비해 줄 테니, 언어영역에서 만들기 한 것도 붙이고 이야기도 적어 보자.

CCTV

산수유 열매

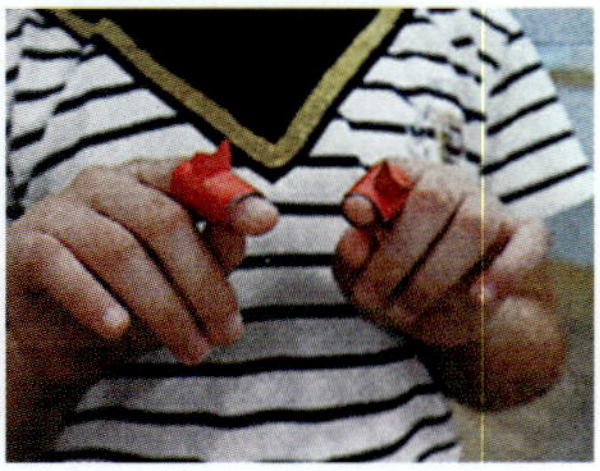
꽃게

활동 11 밴다이어그램 만들기 그림책의 같은 점과 다른 점 찾기 : 『모기는 왜 귓가에서 앵앵거릴까?』, 『도대체 누구야!』

* 활동형태 자유놀이

* 활동유형 및 대상 연령 언어 / 만 5세

* 활동목표 및 표준보육과정 관련 요소

목표	누리과정 관련 요소
• 두 권의 그림책의 같은 점과 다른 점을 찾아본다. • 그림책의 같은 점과 다른 점을 글자로 표현한다.	– 의사소통 〉 듣기와 말하기 〉 말이나 이야기를 관심 있게 듣는다. – 의사소통 〉 읽기와 쓰기에 관심 가지기 〉 자신의 생각을 글자와 비슷한 형태로 표현한다.

* 준 비 물 색지, 다양한 쓰기 도구

제목 모기는 왜 귓가에서 앵앵거릴까?

글 · 그림 버나 알디마 글 · 리오 딜런 다이앤 딜런 그림, 김서정 역

출판사 및 출판연도 보림(2003)

내용 귓가에서 앵앵거리며 귀찮게 하는 모기에 대해 서아프리카에서 전해 내려오는 이야기이다. 칼데콧 수상작다운 특이한 문양과 그림이 인상적이다.

제목 도대체 누구야!

글 · 그림 버나 아데마 글 · 리오 딜런 다이앤 딜런 그림, 김서정 역

출판사 및 출판연도 보림(2008)

내용 아프리카 케냐, 탄자니아의 마사이족에게 내려오는 옛이야기를 소재로 아프리카 초원의 동물들 사이에서 벌어지는 재미있는 해프닝을 다루었다.

* 활동배경 『모기는 왜 귓가에서 앵앵거릴까?』와 『도대체 누구야!』 그림책을 감상하던 중 한 유아가 두 그림책의 그림을 같은 작가가 그린 것을 발견하였다. 그 이야기를 들은 다른 유아들도 신기해하며 호기심을 보이는 것이 관찰되었다. 교사는 유아들의 호기심과 흥미를 유지시키고 놀이로 확장되도록 그림책에서 같은 점과 다른 점을 찾아보도록 격려하였다.

* 활동방법

▸ 『모기는 왜 귓가에서 앵앵 거릴까?』 와 『도대체 누구야!』 그림책의 이야기를 회상해 보도록 격려한다.

교수학습 내용	활동방법
상호작용 (관찰/질문)	• 교사는 『모기는 왜 귓가에서 앵앵거릴까?』와 『도대체 누구야!』 그림책 이야기를 회상하며 이야기 나눈다. – 그림책에서 누가 나왔니? – 사자는 왜 회의를 열었니? – 두 권의 그림책은 어느 나라의 옛이야기인지 기억나니?

▸ 교사는 유아에게 『모기는 왜 귓가에서 앵앵 거릴까?』 와 『도대체 누구야!』 그림책에서 같은 점과 다른 점을 찾아보도록 격려한다.

교수학습 내용	활동방법
상호작용 (관찰/질문)	• 교사는 유아들과 두 권의 그림책에서 같은 점과 다른 점을 찾아보도록 지원한다. – 두 그림책을 그린 사람은 누구였니? – 두 그림책 모두 다른 나라의 옛이야기인 것이 같구나. – 두 그림책의 같은 점에는 또 무엇이 있니? – 두 그림책 모두 동물들의 울음소리가 나오는 것이 똑같구나. – 두 그림책의 다른 점은 무엇이니? – 한 가지 그림책에는 사람이 나오고, 다른 한 가지 그림책에는 사람이 나오지 않는 것이 다르구나.

▸ 교사는 유아들이 찾은 같은 점과 다른 점을 글로 쓸 수 있도록 지원한다.

교수학습 내용	활동방법
상호작용 (제안)	• 교사는 유아들에게 같은 점과 다른 점을 글로 쓸 수 있도록 종이를 준비해서 내어 준다. – 너희들이 찾은 두 그림책의 같은 점과 다른 점을 종이에 적어 볼 수 있겠니?

▸ 교사는 유아들이 찾은 같은 점과 다른 점을 함께 공유하도록 지원한다.

교수학습 내용	활동방법
공간의 변화 (교실 내 게시)	• 교사는 유아들이 쓴 같은 점과 다른 점을 다른 유아들과도 함께 공유하도록 게시해 준다.

그림책에서 같은 점과 다른 점을 글로 표현하는 유아의 모습

그림책의 같은 점과 다른 점

활동 12
동극

『팥죽 할멈과 호랑이』 극놀이 대본 만들기

* 활동형태 자유놀이
* 활동유형 및 대상 연령 언어 / 만 5세
* 활동목표 및 표준보육과정 관련 요소

목표	누리과정 관련 요소
• 극놀이를 하기 위해서 그림책의 이야기로 대본을 만들어 본다. • 대본을 만들면서 서로의 생각을 존중해 준다.	– 의사소통 〉 책과 이야기 즐기기 〉 말놀이와 이야기 짓기를 즐긴다. – 사회관계 〉 더불어 생활하기 〉 서로 다른 감정, 생각, 행동을 존중한다.

* 준 비 물 『팥죽 할멈과 호랑이』 그림책, 도화지, 쓰기 도구 등

제목 팥죽 할멈과 호랑이
글 · 그림 서정오 글 · 박경진 그림
출판사 및 출판연도 보리(1998)
내용 혼자 사는 할머니에게 팥죽을 주지 않으면 잡아먹겠다고 위협하는 호랑이를 밤톨, 멧돌, 쇠똥, 지게가 힘을 합쳐 물리치는 이야기이다. 구어체로 구성지게 풀어낸 텍스트도 재미있지만 그린이 박경진이 2년간에 걸쳐 그린 그림의 세부 묘사와 전통적인 배경이 예술적인 그림책이다.

* 활동배경 『팥죽 할멈과 호랑이』 그림책의 이야기로 유아들이 극놀이를 하고 있다. 극놀이를 던 중 유아들이 그림책에 나오는 등장인물의 대사를 다르게 기억하여 놀이가 확장되지 못하고 갈등 상황이 발생하는 것이 관찰되었다. 교사는 유아들의 극놀이가 잘 진행될 수 있도록 지원할 방법을 고민하였고

대본을 만들어 본다면 유아들의 극놀이가 원활하게 진행될 수 있을 것이라고 생각했다.

* 활동방법

▸ 교사는 유아들과 극놀이를 더 재미있게 하기 위해서 무엇을 해야 할지에 관해서 이야기를 나누었고, 이 과정에서 대본의 필요성에 대해 알게 되었다.

교수학습 내용	활동방법
상호작용 (질문/제안)	• 유아들과 극놀이가 왜 중단되었는지 이야기 나눈다. – 극놀이가 왜 중단이 되었을까? – 극놀이를 재미있게 하려면 우리가 무엇을 준비하면 좋을까? • 유아들과 대본이 필요한 이유에 대해 이야기 나눈다. – 대본이 왜 필요할 것 같니? – 그래, 너희가 이야기한 것처럼 대본은 극놀이를 할 때 정해진 약속 같은 것이구나. – 대본대로 말을 해야 그림책의 이야기로 극놀이를 더 재미있게 할 수 있겠구나.

▸ 교사는 유아들의 놀이에 참여하여 함께 대본을 만들며 유아들의 놀이가 지속되도록 지원한다.

교수학습 내용	활동방법
상호작용 (참여/제안)	• 교사와 유아들이 함께 그림책의 내용을 회상해 보며 대본을 만든다. – 그림책에서 호랑이가 뭐라고 말했었지? – 그럼, 극놀이에서 호랑이를 맡은 사람은 어떻게 말하면 좋겠니? – 호랑이가 말하는 부분을 적어 보겠니? – 호랑이의 말에 팥죽 할머니는 뭐라고 말을 하셨니? – 할머니가 말하는 부분을 적어 보겠니?

▸ 교사는 유아들이 완성된 대본을 보며 극놀이를 해 보도록 지원한다.

교수학습 내용	활동방법
상호작용 (정서적 지원)	• 교사는 유아들이 만든 대본을 확인하고 격려한다. – 우리가 함께 만든 대본이 마음에 드니? – 우리들의 생각 대로 대본을 재미있게 만든 것 같구나. – 우리가 좀 더 써야 할 내용은 없을까? – 우리가 만든 대본으로 극놀이를 해 보자.

▸ 교사는 유아들이 대본을 사용하여 극놀이를 해 볼 수 있도록 격려한다.

교수학습 내용	활동방법
상호작용 (참여/제안)	• 교사도 역할을 맡아 대본에 따라서 극놀이에 참여하며 극놀이가 진행되도록 지원한다.

『팥죽 할멈과 호랑이』 이야기를 가지고 회상하며 이야기 나누는 모습

이야기 나눈 것을 대본으로 쓰는 유아의 모습

활동 13
글쓰기

『돼지책』 그림책 뒷이야기 짓기

* 활동형태 자유놀이
* 활동유형 및 대상 연령 언어 / 만 5세
* 활동목표 및 표준보육과정 관련 요소

목표	누리과정 관련 요소
• 『돼지책』 그림책의 뒷이야기를 친구들과 함께 지어 본다. • 상상해서 지은 『돼지책』 그림책의 뒷이야기를 글자로 표현한다.	– 의사소통 〉 듣기와 말하기 〉 상대방이 하는 이야기를 듣고 관련해서 말한다. – 의사소통 〉 읽기와 쓰기에 관심 가지기 〉 자신의 생각을 글자와 비슷한 형태로 표현한다.

* 준 비 물 종이, 다양한 쓰기 도구

제목 돼지책
글 · 그림 앤서니 브라운 글 · 그림, 허은미 역
출판사 및 출판연도 웅진주니어(2001)
내용 『고릴라』와 『동물원』으로 케이트 그린어웨이 상과 크리스찬 안데르센 상을 수상한 앤서니 브라운의 대표작 중 하나로, 가사노동을 혼자서 책임지는 엄마의 이야기를 페미니즘적 시각에서 유머러스하게 풀어냈다.

* 사전배경 교실에 제시되어 있던 『돼지책』 그림책을 감상한 뒤 교사가 "이 가족은 지금은 어떻게 지내고 있을까?"라고 묻자 유아들은 "이번에는 아빠랑 아이들이 엄청 힘들게 일할 것 같아요.", "그냥 다 같이 열심히 집안일을 하고 있을 것 같아요." 등의 이야기를 해 주었다. 그래서 교사는 유아들이 뒷이야기를 상상해 지어 볼 수 있도록 놀이를 지원하고자 한다.

* 활동방법

▸ 교사는 유아들이 『돼지책』의 뒷이야기를 쓸 수 있는 재료를 지원한다.

교수학습 내용	활동방법
자료의 변화 (교사가 계획한 자료제공)	• 유아들이 「돼지책」의 뒷이야기를 적어 볼 수 있는 재료를 제공한다.

▸ 유아들이 『돼지책』의 뒷이야기를 상상하여 적어볼 수 있도록 지원한다.

교수학습 내용	활동방법
상호작용 (질문)	• 유아들이 내용을 연결하며 뒷이야기를 지어 적어볼 수 있도록 이야기를 나눈다. – 엄마가 차를 고치고 있는 마지막 장면에서 이야기를 어떻게 이어 나가면 좋을까? – 가족 모두가 함께 집안일을 하는 이 가족은 어떻게 지내게 될 것 같니?" – 너희들이 생각한 것을 글로 적어 볼 수 있겠니?

▸ 유아들과 함께 완성된 『돼지책』 그림책의 뒷이야기를 감상하며 놀이가 지속되도록 격려한다.

교수학습 내용	활동방법
상호작용 (참여/정서적 지원)	• 완성된 『돼지책』의 뒷이야기를 함께 감상하며 이야기 나눈다. – 완성된 『돼지책』의 뒷이야기를 함께 읽어 볼까? – 『돼지책』의 뒷이야기를 읽어 보니 어떤 마음이 들었니? – 다른 이야기가 생각난 친구들이 있니? – 또 다른 이야기를 지어 보고 싶은 친구들이 있으면 새로 이야기를 지어 보자. 그리고 같이 읽어 볼까?

▸ 교사는 유아들이 대본을 사용하여 극놀이를 해 볼 수 있도록 격려한다.

교수학습 내용	활동방법
상호작용 (참여/제안)	• 교사도 역할을 맡아 대본에 따라서 극놀이에 참여하며 극놀이가 진행되도록 지원한다.

『돼지책』 그림책의 뒷이야기 짓기

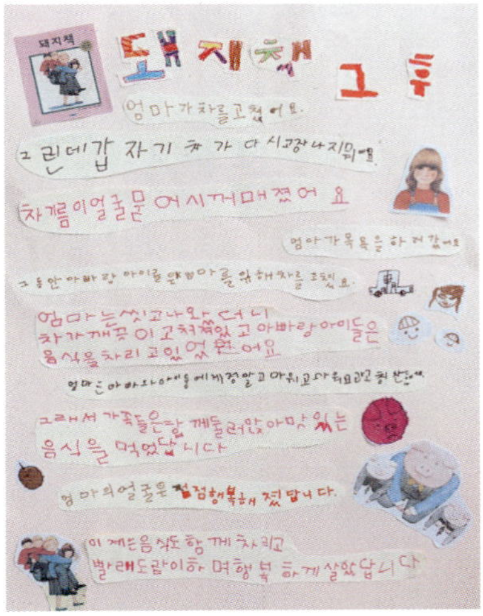

『돼지책』 그림책의 뒷이야기

CHAPTER 11.

단어 및 음운학습을 위한 언어활동

아이들이 출판한 책이에요. 아이들은 가족에 관해서 어떤 이야기를 썼을까요?
이야기에 깃든 아이들의 마음이 궁금해지네요.

단어 및 음운학습을 위한 언어활동은 문자의 원리를 이해하기 위한 활동으로 영아보다는 유아를 대상으로 실시하는 것이 바람직하다. 균형적 접근법에서 추구하는 음운학습은 총체적 언어 접근법의 틀 안에서 음운교육을 하도록 제안하기에, 본 장에서 제시하는 활동은 구조적이거나 위계적이 아닌 일종의 언어놀이가 되도록 의도하였고, 재미있고 자연스럽게 놀이하는 가운데 유아가 문자의 소리와 모양을 익힐 수 있도록 계획하였다.

활동 1

오늘의 글자 찾기

* 활동형태 소집단놀이
* 활동유형 및 대상 연령 언어활동 / 만 5세
* 활동목표 및 표준보육과정 관련 요소

목표	누리과정 관련 요소
• 음운에 관심을 가진다. • 주변 환경에서 같은 낱자를 구별할 수 있다.	– 의사소통 〉 읽기와 쓰기에 관심 가지기 〉 말과 글의 관계에 관심을 가진다. – 의사소통 〉 읽기와 쓰기에 관심 가지기 〉 주변의 상징, 글자 등의 읽기에 관심을 가진다.

* 준 비 물 요일 단어 카드(글자 중 첫 자음이 강조됨), 교실 환경의 다양한 표지판
* 활동배경 유아가 등원할 때 교실 입구에 있는 날짜 표지판을 유심히 들여다본다. 교사가 "오늘은 화요일이야." 하고 요일을 읽어 주자 유아가 "나, 이거 알아요. '하영이' 하고 똑같아요."라고 답한다. 옆에 있던 유아가 "나도 알아. 할머니야."라고 말한다. 교사는 유아가 음운 글자에 관심을 가지고 있는 것을 보고 낱글자 찾기 게임을 통해 낱글자에 대한 관심을 확장시켜 준다.
* 활동방법

▸ 교사는 유아가 글자 카드에서 자음을 찾도록 지원한다.

교수학습 내용	활동방법
상호작용 (관찰/참여/질문)	• 교사는 요일 글자 카드를 보여 주며 첫 자음 글자에 관심을 가지도록 한다. – 오늘이 무슨 요일이지? – 월요일이지. 월요일의 '월'자에 빨간색으로 된 글자는 뭘까? – 교실에서 'ㅇ' 글자를 찾아볼 수 있을까? – 놀이를 하는 동안에 'ㅇ'을 발견하면 선생님에게 가져와 보자.

▸ 교사는 유아들이 교실의 여러 가지 환경 표지판에서 같은 글자를 찾을 수 있도록 지원한다.

교수학습 내용	활동방법
상호작용 (질문/제안)	• 교사는 유아들이 교실 환경에서 'ㅇ'을 찾도록 관심과 즐거움을 표현하며 반응해 준다. – 여기 표지판이 붙어 있네. 여기서 'ㅇ'을 찾아볼까? – '악기'에서 'ㅇ'을 찾아 왔구나.
상호작용 (정서적 지원)	• 놀이 시간이 끝난 후 유아들이 찾아 온 단어들을 함께 살펴본다. – 너희들이 교실에서 어떤 단어들을 찾아왔는지 한번 볼까? – 이것은 누가 찾아왔지? ○○가 찾아 주었구나. – 여기 무엇이라고 쓰여 있을까? – 'ㅇ' 낱자를 찾았니?

＊비　고

▸ 교실에서 찾은 단어를 카드 종이에 유아들이 베껴 써서 가져오게 할 수도 있다.

▸ 첫 글자 이외에 모음 글자로 게임을 이어갈 수 있다.

월	화	수
목	금	토

활동 2

무엇이 같을까, 다를까?

* 활동형태 자유놀이
* 활동유형 및 대상 연령 언어활동 / 만 5세
* 활동목표 및 표준보육과정 관련 요소

목표	누리과정 관련 요소
• 음운에 관심을 가진다. • 소리-글자 대응 관계에 관심을 가진다.	– 의사소통 〉 읽기와 쓰기에 관심 가지기 〉 말과 글의 관계에 관심을 가진다. – 의사소통 〉 읽기와 쓰기에 관심 가지기 〉 주변의 상징, 글자 등의 읽기에 관심을 가진다.

* 준 비 물 한 글자만 다른 단어 카드, 필기도구
* 활동배경 유아가 글쓰기를 하면서 '말'과 '발'을 구별하는 것을 힘들어하는 것을 발견하고 교사는 비슷한 발음과 글자의 단어를 구별할 수 있는 활동을 소개한다. 다음과 같이 한 개의 소리만 다른 단어들의 그림 카드를 섞어 놓고 같은 패턴의 카드를 찾도록 한다.

말	말, 발, 달, 알, 칼
맘	감, 밤, 담, 땀
만	반, 산, 안, 칸

* 활동방법

▸ 교사는 유아가 무엇이 같을까, 다를까 그림 카드에 관심을 가지도록 한다.

교수학습 내용	활동방법
상호작용 (관찰/참여/질문)	• 교사는 글자 카드를 보여 주며 글자의 같은 부분, 다른 부분을 찾아보도록 한다. – 여러 가지 글자 카드가 있네. – 무슨 글자 카드일까? – '말', '발'이구나. 이것과 짝이 되는 글자 카드는 어느 것일까?

▸ 교사는 유아가 글자 카드의 같은 점, 다른 점을 찾을 수 있도록 지원한다.

교수학습 내용	활동방법
상호작용 (질문/제안/ 정서적 지원)	• 교사는 유아들이 'ㅏㄹ', 'ㅁㅏ'과 같은 글자 패턴에 주의를 기울이도록 격려하면서 교사가 정확한 발음으로 글자 카드를 읽어 준다. – '말'과 '달'은 비슷한 발음의 카드구나. – 또 다른 카드가 더 있을까? – '말'과 '달', '발'과 다른 종류의 글자 카드가 또 있을까? • 교사는 2~3명의 유아가 함께 글자 카드 놀이를 하도록 격려한다.

* 비　　고

▸ 유아가 그림 카드 찾기에 익숙해지면 스스로 비슷한 발음과 글자의 단어를 찾아서 단어책을 만들 수 있도록 지원해 줄 수 있다.

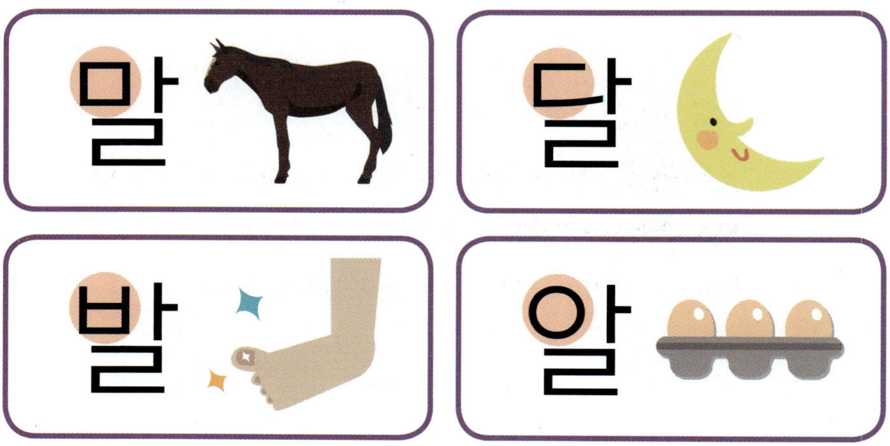

활동 3

친구 이름 읽어 보고 써 보기

* 활동형태 자유놀이
* 활동유형 및 대상 연령 언어활동 / 만 3세
* 활동목표 및 표준보육과정 관련 요소

목표	누리과정 관련 요소
• 친구 이름 글자에 관심을 갖고 읽는다. • 친구의 이름을 글자와 비슷한 형태로 쓴다.	– 의사소통 〉 읽기와 쓰기에 관심 가지기 〉 주변의 상징, 글자 등의 읽기에 관심을 가진다. – 의사소통 〉 읽기와 쓰기에 관심 가지기 〉 자신의 생각을 글자와 비슷한 형태로 표현한다.

* 준 비 물 사진 이름 막대, 모양 종이, 색연필
* 활동배경 유아들이 교실에 게시된 생일판과 환경구성자료 등에서 친구 이름에 관심을 갖고 누구의 이름인지 읽고 맞춰 보는 놀이를 한다. 이렇게 시작된 친구 이름에 대한 유아들의 관심은 종이에 친구의 이름을 보고 따라 써 보는 활동으로 자연스럽게 이어진다. 교사는 유아들이 친구들의 이름을 읽고 써 볼 수 있도록 놀이를 지원한다.
* 활동방법

▸ 사진과 이름을 붙여서 만든 막대를 제시하여 유아들이 친구의 이름을 읽어 볼 수 있도록 지원한다.

교수학습 내용	활동방법
자료의 변화 (교사가 계획한 자료의 제공)	• 교사는 친구들의 사진과 이름이 적힌 교구를 제시해 준다.
상호작용 (질문)	• 유아들에게 막대에 붙여 놓은 사진의 친구 이름이 무엇인지 말해 볼 수 있도록 격려한다. – 여기 있는 사진의 친구 이름은 무엇일까? – (막대사진 글자를 확인하며) 그래, ○○○이라고 써 있네. – ○○의 이름이구나.

▸ 유아들의 요구에 따라서 친구들의 이름을 글과 그림으로 표현할 수 있도록 지원한다.

교수학습 내용	활동방법
자료의 변화 (교사가 계획한 자료의 제공)	• 유아들이 친구들의 이름을 써 볼 수 있도록 모양종이를 제시해 준다.
상호작용 (관찰)	• 교사는 유아들이 친구 이름을 보고 읽어 보고 써 보도록 지원한다. – ○○의 이름을 쓰고 있구나.

▸ 교사는 유아들의 요구에 따라서 유아들이 쓴 친구의 이름을 벽면에 게시해 주고, 유아들이 서로가 쓴 것에 관심을 갖고 읽어 보는 놀이로 지속되도록 격려한다.

교수학습 내용	활동방법
자료의 변화 (유아의 자료의 제공)	• 교사는 유아들에게 자신이 쓴 것을 벽면에 게시해 보도록 안내한다. – 너희가 쓴 것을 어디에 붙여 놓을까? 어디에 붙여 놓으면 친구들이 잘 볼 수 있을까?
상호작용 (질문)	• 유아들이 벽면에 게시된 친구들의 이름 쓴 것에 관심을 가지고 읽어 볼 수 있도록 격려한다. – ○○이가 △△ 이름을 써 주었구나.

친구 이름 막대

친구 이름 막대를 보며
친구 이름 비슷하게 써 보기

활동 4

가을 단어를 찾아보아요

＊ 활동형태 소집단활동

＊ 활동유형 및 대상 연령 언어활동 / 만 4, 5세

＊ 활동목표 및 표준보육과정 관련 요소

목표	누리과정 관련 요소
• 한글의 낱자와 단어에 관심을 가진다. • 가을과 관련된 단어를 찾아보며 한글의 원리와 한글을 읽고 쓰기에 흥미를 갖는다.	– 의사소통 〉 읽기와 쓰기에 관심 가지기 〉 주변의 상징, 글자 등의 읽기에 관심을 가진다. – 자연탐구 〉 탐구과정 즐기기 〉 궁금한 것을 탐구하는 과정에 즐겁게 참여한다.

＊ 준 비 물 한글 낱자 글자판, 모양 종이, 종이류와 필기도구 등

＊ 활동배경 가을에 관한 주제로 교육과정을 실시하면서 그림책이나 잡지 등에서 가을에 관한 다양한 읽을거리를 찾아서 읽으려고 시도하는 유아들을 보고 가을과 관련된 한글 단어를 찾아서 읽어 볼 수 있도록 교구를 제공해 주어 한글 낱자와 단어에 대한 관심을 지속시키며 놀이하도록 지원하였다.

＊ 활동방법

▸ 가을을 주제로 한 그림책과 다양한 읽을거리를 읽어 본다.

– 가을에 관한 그림책이구나.

– 그림책을 읽어 볼 수 있겠니?

– 가을의 나뭇잎에 관한 이야기구나.

▸ 한글의 낱자와 단어를 찾아서 읽어 볼 수 있는 교구를 제작하여 제공한다.

– 이렇게 놓아 보니 어떤 글씨가 보이니?

– 이 글씨를 읽어 볼 수 있을까?

- 이 바둑판같이 생긴 판에 있는 글자들 중 읽을 수 있는 글자가 있니?
- 연결해서 읽으니 어떤 단어가 되었니?
- 단풍잎, 귀뚜라미, 사과… 이런 단어가 되었구나.

▸ 다양한 글씨를 찾아볼 수 있는 자료를 제공해 주어 가을과 관련된 단어들을 읽어 볼 수 있도록 한다.
  - 이렇게 놓아 보니 어떤 글씨가 보이니?
  - 글씨를 읽어 볼 수 있겠니?
  - 너희들이 다른 글씨판과 판에 대고 볼 수 있는 모양을 만들어 볼 수 있겠니?

▸ 가을에 관한 다양한 단어를 읽으면서 한글의 자음과 모음, 낱자, 단어 등에 지속적인 관심을 가지고 놀이할 수 있도록 격려한다.

활동 5

자석 글자놀이

* 활동형태 소집단활동
* 활동유형 및 대상 연령 이야기나누기 / 만 4, 5세
* 활동목표 및 표준보육과정 관련 요소

목표	누리과정 관련 요소
• 한글의 자음과 모음에 관심을 가진다. • 자음과 모음으로 만들 수 있는 단어를 만들어 보며 놀이한다.	– 의사소통 〉 읽기와 쓰기에 관심 가지기 〉 주변의 상징, 글자 등의 읽기에 관심을 가진다. – 자연탐구 〉 탐구과정 즐기기 〉 궁금한 것을 탐구하는 과정에 즐겁게 참여한다.

* 준 비 물 한글 자음과 모음, 자석 자모음을 붙일 수 있는 자석판, 종이류와 필기도구 등
* 활동배경 우리나라 주제의 교육과정을 진행하면서 세종대왕과 한글에 관한 그림책에 관심을 보이는 유아들이 관찰되었다. 한글의 자음과 모음의 모습과 소리에 관해서 서로 이야기를 하며 단어를 찾아보고 새로운 단어를 만들어 보는 유아들을 보면서 플라스틱 자음과 모음, 종이류와 필기도구, 커다란 게시판 등을 준비해 주어 재미있게 놀이를 하면서 한글의 자음과 모음에 관한 관심이 지속될 수 있도록 지원하였다.
* 활동방법

▸ 세종대왕과 한글에 대한 그림책을 같이 읽어 본다.

– 세종대왕이 우리가 지금 쓰고 있는 한글을 만드셨지?
– 한글은 자음과 모음으로 되어 있구나.
– 자음과 모음이 무엇인지 알고 있니?

▸ 유아들과 함께 자음과 모음 놀잇감을 가지고 놀이한다.
- 자음과 모음을 붙여서 글자를 만들어 볼까?
- 글자 한 개를 만들 수도 있고 단어를 만들 수도 있구나.
- 너희들이 만든 글자와 단어를 같이 읽어 볼까?

▸ 자음과 모음으로 낱자와 단어를 만들고 읽어 볼 수 있도록 격려한다.
- 얘들아, 친구들이 자음과 모음을 가지고 여러 가지 글자를 만들었구나.
- ○○가 만든 글자가 어떤 글자인지 읽어 볼까?
- 자음과 모음으로 또 어떤 글자를 만들어 보고 싶니?
- 그래, 친구들의 이름을 만들어서 읽어 볼 수 있겠구나.
- 우리 반에 있는 놀잇감의 이름을 만들어 볼 수도 있겠구나.

▸ 자석 글자판의 자석 자음과 모음으로 글씨를 만들어 읽어 보도록 한다.
- 여기 자석판이 있어. 자석판에다 자음과 모음으로 글자를 만들어 볼까?
- 자음이나 모음을 바꿔서 붙여 보면 어떤 글씨가 될까?
- '임영인'에서 '인'의 이응(ㅇ)을 비읍(ㅂ)으로 바꿔 보니 '임영빈'이 되었네.

▸ 한글의 자음과 모음으로 만든 단어로 책을 만들어 본다.
- 우리가 자음과 모음으로 만든 글자를 모아서 책을 만들어 볼까?
- '기역(ㄱ)'으로 시작하는 이름들을 먼저 모아 볼까?
- 다른 한글의 자음과 모음으로 글자책을 만들어 볼까?

활동 6

내가 찾은 글씨 게시판

* 활동형태 소집단활동
* 활동유형 및 대상 연령 이야기나누기 / 만 4, 5세
* 활동목표 및 표준보육과정 관련 요소

목표	누리과정 관련 요소
• 우리 주변에서 친숙하게 보이는 글자를 찾아 읽어 본다. • 자신이 찾은 글자와 다른 친구들이 찾은 글자를 비교해 본다.	– 사회관계 〉 사회에 관심 가지기 〉 내가 살고 있는 곳에 대해 궁금한 것을 알아본다. – 의사소통 〉 읽기와 쓰기에 관심 가지기 〉 주변의 상징, 글자 등의 읽기에 관심을 가진다. – 자연탐구 〉 탐구과정 즐기기 〉 궁금한 것을 탐구하는 과정에 즐겁게 참여한다.

* 준 비 물 유아들이 찾은 글자를 붙일 넓은 게시판
* 활동배경 생일파티 시간에 간식으로 제공된 초코파이의 겉봉에 있는 글씨를 한 유아가 읽자, 다른 아이들도 너도나도 초코파이 글씨를 읽을 줄 안다고 이야기하기 시작한다. 교사는 초코파이의 뜻을 생각하면서 우리 주변에서 읽을 수 있는 글자들을 찾아보자고 제안한다.
* 활동방법

▸ 우리 주변 환경에서 쉽게 볼 수 있는 글자들을 찾아오도록 한다.

– 아까 우리가 생일파티하면서 초코파이 겉봉에 있는 글씨를 읽어 보았는데, 우리 이렇게 주변에서 쉽게 볼 수 있는 글자를 찾아보면 어떨까?

– 어떤 글자들을 주변에서 볼 수 있었니?

▸ 게시판을 준비하여 보여 준다.

– 오늘부터 우리가 찾은 글자들을 여기 게시판에 붙여 볼 거야.

– 이 게시판이 꽉 차도록 많은 글자를 찾아오면 좋겠다. 그런데 어디에서 이런 글자들을 찾을 수 있을까?
– 그래, 우리가 자주 먹는 과자 봉지에도 글자가 있고, 매일 마시는 우유갑에도 글자가 있고, 또 집에 오는 광고지나 전단지에도 글자가 있겠구나.
– 그러면 어떻게 글자를 가져올 수 있을까?
– 맞아. 너희가 찾은 글자를 가위로 오려서 유치원/어린이집에 올 때 가져오면 되겠다.

▸ 이야기나누기 시간에 유아가 가져온 글자들을 게시판에 붙이면서 칭찬해 준다.
– 얘들아, 오늘은 어떤 친구들이 어떤 글자를 가져왔는지 한 번 볼까?
– ○○이가 글자를 가져왔는데, 우리 같이 어떤 글자인지 읽어 볼까?
– 그래 맞아, '매일우유'라고 쓰여 있구나. 매일우유 글자를 찾아온 ○○이에게 수고했다고 박수 쳐 주자.
– 또 어떤 글자가 있을까?

▸ 게시판에 다양한 글자를 많이 붙일 수 있도록 긍정적 강화를 지속적으로 제공한다.

활동 7

끝말 이어 쓰기

* 활동형태 소집단활동
* 활동유형 및 대상 연령 이야기나누기 후 함께 쓰기 / 만 4, 5세
* 활동목표 및 표준보육과정 관련 요소

목표	누리과정 관련 요소
• 우리 주변에서 찾은 글자의 소리와 모양을 변별할 수 있다. • 같은 소리로 시작하는 단어를 찾아 적어 볼 수 있다.	– 의사소통 〉 읽기와 쓰기에 관심 가지기 〉 주변의 상징, 글자 등의 읽기에 관심을 가진다. – 자연탐구 〉 탐구과정 즐기기 〉 궁금한 것을 탐구하는 과정에 즐겁게 참여한다.

* 준 비 물 끝말 이어 쓰기를 할 수 있는 큰 종이 또는 카드
* 활동배경 내가 찾은 글씨 게시판 활동을 하면서 유아들이 동일한 단어를 찾아오거나 같은 소리로 끝나는 단어를 가져왔을 경우, 함께 읽어 보면서 자연스럽게 글자와 음운에 대한 정보를 나누고 끝말 이어 쓰기 게임을 해 보도록 제안한다.
* 활동방법

▸ 유아들이 함께 찾은 글씨 게시판을 보며 같은 소리를 가진 글씨를 찾아본다.
- 우리가 찾은 단어 중에 어떤 글자가 보이니? 같은 글자들을 찾을 수 있니?
- 초코파이랑 빅파이의 파이가 같아요.
- 애플파이도 있어요. 찰떡 파이도 있고요.

▸ 같은 글자를 가지고 할 수 있는 게임이 무엇이 있을지 유아들과 의논한다.
- 같은 글자가 들어 있는 단어끼리 모아 보는 방법이 있겠구나.
- 그것도 재미있을 것 같고, 또 어떤 활동을 해 볼 수 있을까?

- 아, 우리가 끝말 이어가기 게임은 예전에 많이 해 보았는데, 이번에는 끝말 이어 쓰기 게임을 한 번 해 보는 것도 재미있을 것 같아.

▸ 끝말을 이어 생각한 단어들을 어떻게 적으면 좋을지 유아들과 논의한다.

- 너희들의 의견에 따라 선생님이 여기 작은 종이들을 준비했어.
- 우리가 끝말을 이어 생각한 단어를 적어 차례대로 융판에 붙여 보자.
- 자, 어떤 단어로 제일 먼저 시작할지 ○○이가 여기 게시판에 있는 단어 중 하나만 골라 주겠니?
- 한별이가 빼빼로를 골랐구나. 그러면 빼빼로의 끝말은 무엇이지?
- 그래 맞아, '로'자로 시작하는 단어를 찾으면 되겠구나.

▸ 유아들이 단어를 제시하면 끝말과 시작하는 말을 확인하며 끝말 이어 쓰기 게임을 한다. 이때, 소집단으로 나누어 활동을 할 수도 있다.

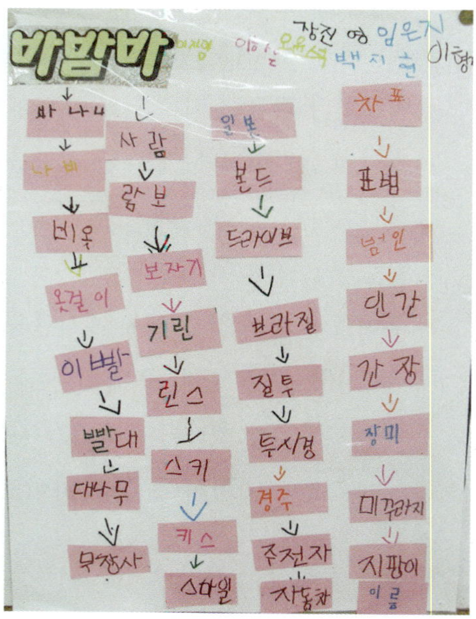

활동 8

「이 서방」 전래동요 바꿔 부르기

* 활동형태 소집단활동
* 활동유형 및 대상 연령 전래동요 / 만 4, 5세
* 활동목표 및 표준보육과정 관련 요소

목표	누리과정 관련 요소
• 전래동요를 부르며 우리 가락을 느낀다. • 전래동요의 노랫말을 바꿔 적어 보고, 바꾼 노랫말을 읽으며 불러 본다.	– 예술경험 〉 창의적으로 표현하기 〉 노래를 즐겨 부른다. – 의사소통 〉 읽기와 쓰기에 관심 가지기 〉 자신의 생각을 글자와 비슷한 형태로 표현한다. – 의사소통 〉 책과 이야기 즐기기 〉 말놀이와 이야기 짓기를 즐긴다.

* 준 비 물 전래동요 가사판, 학급 유아의 성씨에 맞게 가사를 바꿔 붙일 수 있는 자료판

이 서방 이 서방 일하러 가세
김 서방 김 서방 김매러 가세
조 서방 조 서방 조 베러 가세
신 서방 신 서방 신이나 삼세

(예시)

○ 서방 ○ 서방 ~~(하)러 ~~(하)세

* 활동배경 감자나 고구마 캐기를 하면서 옛날 사람들이 농사짓던 모습에 대해 유아가 궁금해할 때, 교사는 자연스럽게 오늘날과 옛날의 생활 모습을 비교하며 옛날 사람들은 어떻게 살았는지 알 수 있는 전래동요를 들어 보자고 제안한다.

＊ 활동방법

▸ 「이 서방」 전래동요를 감상하며, 동요가 가진 운율을 찾아낼 수 있도록 질문한다.
 – 옛날 사람들의 생활 모습을 표현한 노래를 들으니 어떤 생각이 드니?
 – 「이 서방」 전래동요는 어떤 점이 재미있지?
 – 그래, 이 동요에서는 성씨의 글자와 행동을 나타내는 글자의 소리가 같지? 우리도 「이 서방」 동요를 가지고 이렇게 노랫말을 지어 볼 수 있을까?

▸ 전래동요 가사를 바꿔 적도록 준비한 가사판을 보여 준다.
 – 여기 선생님이 준비한 자료 한쪽에는 우리 친구들의 성씨를 적을 수 있고, 다른 쪽에는 우리가 할 수 있는 행동을 적을 수 있도록 되어 있어.
 – 우리 친구들의 성을 여기에 적고 새로운 노랫말을 만들어 보면 어떨까?

▸ 유아들과 전래동요 노랫말을 바꾸어 지어 본 후, 융판에 제시한다.
 – 어떤 성을 가지고 노랫말을 한번 지어 볼까?
 – 송동훈의 '송'? 그럼 동훈이가 나와서 여기 동그라미 안에 동훈이의 성을 적어 볼까?
 – 동훈이가 '송' 글자를 여기에 적어 줘서 송 서방이 되었네.
 – 송 서방 송 서방, 그다음은 뭐라고 지어 주면 좋을까?
 – 송편이나 먹세? 송충이를 잡으세? 송이 따러 가세?
 – 강 서방은? 강아지랑 노세? 강강술래 하세?
 – 유 서방은? 유치원에 가세?

▸ 북장단을 넣어 함께 불러 본다.
 – 자, 우리가 새로 바꿔 본 노랫말을 가지고 함께 전래동요를 불러 볼까?

활동 9

'리, 리, 리' 자로 끝나는 말은?

* **활동형태** 소집단활동
* **활동유형 및 대상 연령** 이야기나누기 / 만 4, 5세
* **활동목표 및 표준보육과정 관련 요소**

목표	누리과정 관련 요소
• 같은 소리가 나는 글자를 안다. • 같은 글자로 끝나는 단어를 생각해서 적어 볼 수 있다.	– 의사소통 〉 읽기와 쓰기에 관심 가지기 〉 말과 글의 관계에 관심을 가진다. – 자연탐구 〉 탐구과정 즐기기 〉 탐구과정에서 서로 다른 생각에 관심을 가진다.

* **준 비 물** 융판, 활동 제목 카드, 단어를 적어 넣을 수 있는 띠 종이

* **활동배경** 끝말 이어 쓰기를 하면서, '사자'라는 단어의 끝말인 '자'로 시작하는 단어를 찾다가 '자전거', '자라', '자석' 등 여러 단어를 동시에 찾게 되자 교사는 여러 단어들 중 어떤 단어를 적을지 유아들과 상의해서 결정하였다. '단감'에 이어 '감자'가 나오자, 유아들은 또다시 '자'로 시작하는 단어를 찾아야 하는 상황이 되었다. 그때 유아들은 "어휴, '자'가 또 나왔네."라고 말한다. 이처럼 같은 글자로 끝나거나 시작하는 단어가 여러 개 있다는 것을 발견했을 때, 교사는 두운 또는 각운 언어놀이를 제안할 수 있다.

* 활동방법

- 같은 글자로 시작하거나 같은 글자로 끝나는 단어를 찾아본다.
  - 우리가 끝말 이어 쓰기를 하면서 같은 글자로 끝나거나 같은 글자로 시작하는 단어들을 볼 수 있었지?
  - 이번에는 같은 글자로 끝나는 단어들을 찾아볼까?

- 교사는 융판을 준비하여 준비한 활동 제목을 보여 주고 다 함께 읽어 본다.
  - 리, 리, 리 자로 끝나는 말은? 어떤 단어들이 있을까?
  - '오리', '가오리', '개구리', '부리', '고리', '유리', '항아리', '개나리', '머리', '다리', '꼬리'... 정말 많구나. 누가 여기 카드에 단어를 적어 주겠니?
  - 이 단어들을 가지고 다 같이 동요를 불러 보자.

- 다른 글자를 선택해서 활동을 반복해 본다.
  - 이번에는 어떤 글자를 정해서 그 글자로 끝나는 단어를 찾아 보자.
  - '구' ? '구, 구, 구' 자로 끝나는 말은?
  - '지구', '야구', '축구', '살구', '하수구', '식구', '열기구', '전구'...

- 이번에는 끝나는 말이 아니라 시작하는 말을 찾아볼까?
  - '고, 고, 고' 자로 시작하는 말에는 어떤 단어가 있을지 찾아보자.
  - '고기', '고등어', '고추', '고라니', '고리', '고사리', '고릴라', '고향'...

- 교사는 다양한 글자를 이용하여 각운 · 두운 활동을 반복할 수 있다.

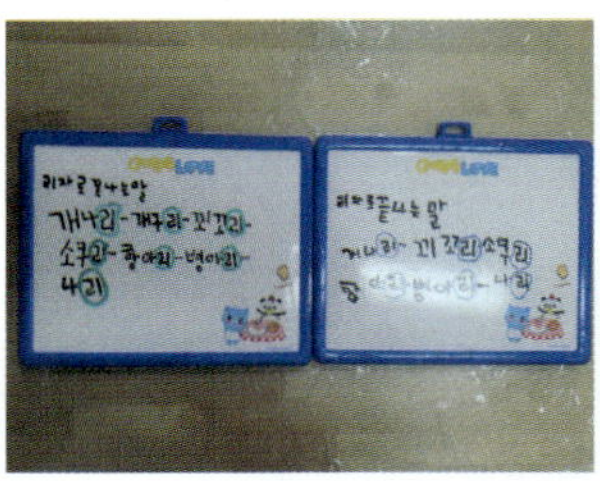

'리' 자로 끝나는 말

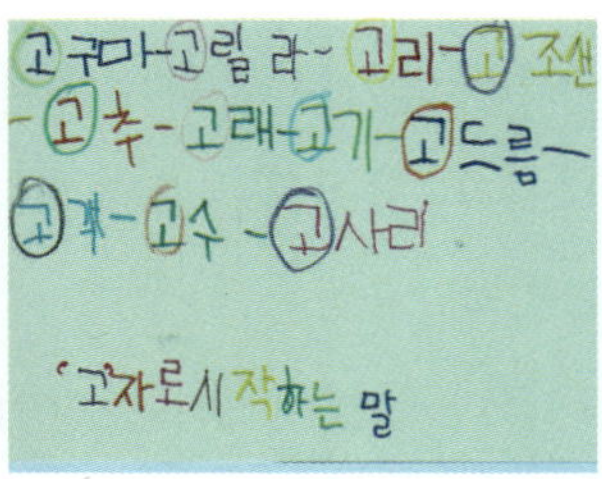

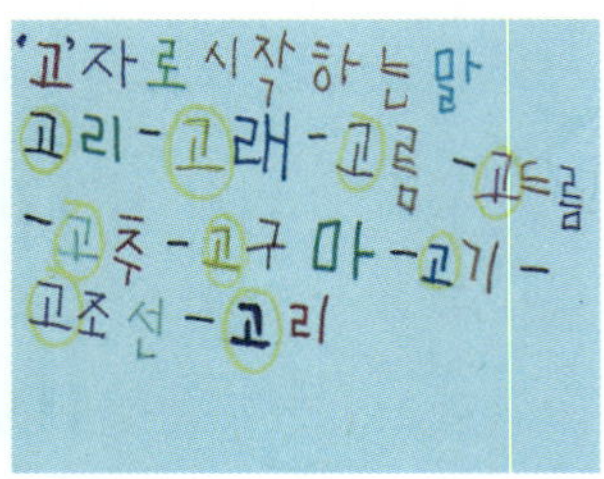

'고' 자로 시작하는 말

참고문헌

교육부·보건복지부(2019). 2019 개정 누리과정 해설서. 세종: 교육부 보건복지부.
교육부(2019). 2019 개정 누리과정. 세종: 교육부.
교육부(2019). 유치원교육과정. 교육부.
국립국어원(2020). 표준국어대사전.
김정원, 김유정(2020). 유아교과교육론. 서울: 창지사.
김진우 (1994). 언어: 그 이론와 응용. 서울: 탑출판사.
김형엽, 이현구, 김현진(2002). 언어, 그 신비로운 세계. 서울: 경진문화사.
노명완, 이차숙, 조정숙 (1997). 유아언어교육. 서울: 한국방송대학교 출판부.
매리언 울프 (2007). 책 읽는 뇌. 파주: 살림출판사.
박혜경 (1991). 유아를 위한 총체적 언어교육 접근법의 효과에 관한 연구. 이화여자대학교 대학원 박사학위논문.
박혜경, 김영실, 김진영, 김소양 (1999). 유아언어교육. 서울: 양서원.
배희숙 (2016). 언어발달. 서울: 학지사.
보건복지부·교육부(2019). 2019 개정 누리과정 놀이실행자료. 세종: 교육부 보건복지부.
보건복지부·중앙육아종합지원센터(2020). 2019 개정 누리과정 보육일지 개선방향 및 일지양식 제시. 세종: 보건복지부 중앙육아종합지원센터.
보건복지부·한국보육진흥원(2020). 2020 어린이집 평가매뉴얼. 세종: 보건복지부·한국보육진흥원.
유아교육학회 (2013). 유아교육사전. 민중사.
이경화 (1998). 유아의 문해학습에 있어서 큰책접근법의 효과. 이화여자대학교 대학원박사학위논문.
이경화, 조순옥, 김정원, 심은희, 이연규, 이문정 (2014). 영유아를 위한 언어교육(개정증보). 서울: 창지사.
이문정 (1999). 유아의 이야기 짓기와 극화 활동의 연계가 유아의 이야기 구조 및 탈상황적 언어 발달에 미치는 영향. 이화여자대학교 대학원 박사학위논문.
이문정 (2004). 한글의 문자특성에 적합한 유아 읽기, 쓰기 교육. 미래유아교육학회지, 11(1), 169-192.
이성은 (1994). 총체적 언어교육. 서울: 창지사.
이영자, 이금구 (2018). 영유아 언어교육: 이론과 실제. 서울: 양서원.
이영자, 이종숙 (1985). 비지시적 지도 방법에 의한 유아의 읽기, 쓰기 행동의 발달. 덕성여대 논문집 14집.
이차숙 (2005). 유아언어교육의 이론과 실제. 서울: 학지사.
이차숙, 노명완 (2002). 문식성 연구. 서울: 박이정.
임희옥, 김정원, 김유정 (2019). 기독교 세계관으로 조명하는 영유아 놀이 및 기독교사의 역할. 2019년 한국기독교유아교육학회 제19차 추계학술대회 자료집. 한국기독교유아교육학회.
장유경 (2004). 한국 영아의 초기 어휘발달. 한국심리학회지: 발달, 17(4), 91-105.

정지은, 최영은 (2019). 초기 언어 발달에서 환경적 요인들의 역할–음소지각, 어휘 습득, 구문 발달을 중심으로. 한국심리학회지: 발달, 32(2), 193–213.

정혜욱, 김은영, 윤진주, 송정아, 안정원, 정혜원 (2019). 놀이 중심 교육과정에서의 교사 역할 바로 알기. 서울: 창지사.

주영희 (2001). 유아언어발달과 교육. 서울: 교문사.

최은아 (2004). 3세에서 8세 아동의 내용어 어휘 발달 연구. 나사렛대학교 재활복지대학원 석사학위 논문.

피터 빅셀(2005). 책상은 책상이다. 서울: 예담.

Adams, M. J. (1990). *Beginning to read*. Cambridge, Mass: Massachusetts Institute Technology.

Brown, H.D.(1994). *Teaching by principles: An interactive approach to language pedagogy*. Nj: Prentice Hall, Englewood Cliffs.

Casbergue, R., & Strickland, D. (2016). *Reading and writing in preschool: Teaching the essentials*. New York, London: The Guilford Press.

Clay(1991). *Becoming literate: The construction of inner control*. Portsmouth, NH: Heinemann.

Colker, L. J. (2015). A place for publishing. Learning about language and literacy in preschool. (pp. 22–25) Washington, DC: NAEYC.

Colker, L. J. (2015). Literacy learning Center. Learning about language and literacy in preschool. (pp. 18–21) Washington, DC: NAEYC.

Cullinan, B. E. (1992). Whole language and children's literature. *Language Arts*, *69*(6).

Dietrich, C., Swingley, D., & Werker, J. F., (2007). Native language governs interpretation of salient speech sound differences at 18 months. *PNAS(Proceedings of the National Academy of Sciences of the United States of America)*, *104*(41), 16027–16031. https://doi.org/10.1073/pnas.0705270104

Edelsky, C., Altwerger, B., & Flores, B. (1991). *Whole Language: What's the difference? Portsmouth*. NH: Heinemann.

Ehri, L. C. (1995). Phases of development in learning to read words by sight. *Journal of Research in Reading*, *18*(2), 116–125.

Ehri, L. C. (2014). Orthographic mapping in the acquisition of sight word reading, spelling memory, and vocabulary learning. *Scientific Studies of Reading*, *18*(1), 5–21.

Ehri, L. C. & McCormick, S. (1998). Phases of word learning: Implications for instruction with delayed and disabled readers. *Reading & Writing Quarterly*, *14*(2), 135–163.

Farris, P. (2001). *Language arts: Process, product, and assessment*(3ed ed.). NH: McGraw–Hill.

Fitzgerald, J. (1993). Teachers'knowing about knowledge: Its significance for classroom writing instruction. *Language Arts, 70*, pp. 282–289.

Flood, J., Lapp, D., Flood, S., & Nagel, G. (1992). Am I allowed to group? using flexible patterns for effective instruction. *The Reading Teacher, 45*, 127–131.

Foulkes, P., Docherty, G.J. and Watt, D. (2005) 'Phonological variation in child–directed speech' *Language 81, 1*, 177–206.

Ganger,J., & Brent, M. R. (2004). Reexamining the Vocabulary Spurt. *Developmental Psychology, 40*(4), 621 – 632

Goodman, K. S. (1986). *What's in whole language? Portsmouth*. NH: Heinemann.

Gopnik, A., Meltzoff, A., & Kuhl, P. (1999). *The scientist in the crib: Mind, brains, and how children learn*. New York: William Morrow and Company.

Groff, P. (1989). *Modern phonics instruction*. Washington, DC: Office of Educational Research and Improvement.

Hancock, L. N. & Wingert, P. (1996). If you can read this you learned phonics: Or so its supporters say. Newsweek, 75.

Hannon, P. (2000). Reflecting on literacy in education. London: RoutledgeFalmer. Hutinger, P. L. (1978). Language development: Its much more than a kit. Day Care.

Hoff, E. (2013). *Language development*(5th ed.), Boston, Cengage Learning.

Jalongo, M. R. (2000). *Early childhood language arts*(3rd ed.). Needham Heighs, MA: Allyn and Bacon

Joslin, H. K. (1994). A comparison of the effects of pure and modified whole language instruction on the decoding skill of kindergartners. Eric Document, No.372–367

Kul, P. K., Williams, K. A., Lacerda, F., Stevens, K. N., & Lindblom, B. (1992). Linguistic experience alters phonetic perception in infants by 6 months of age. *Science, 255*, 606–608.

Lamme, L.(1985). *Growing up writing*. Washington, DC:Acropolis.

Langer, J. A. (1986). A sociocognitive perspective on literacy. Eric document, No. 274 988.

Machado, J. M. (2010). *Early Childhood Experience in Language Arts*(9th eds.). Belmont: Wadsworth.

Matychuk. P., (2005). The role of child–directed speech in language acquisition: a case study. *Language Sciences. 27*(3), 301–379. https://doi.org/10.1016/j.langsci.2004.04.004

McGuinness, D. (1997). *Why our children can'tread and what we can do about it*. NY: Touchstone Book.

McPike, E. (1995). Learning to read: Schooling's first mission. American Educator, Skinner(1956)

Metsala, J. L. (1997). Effective primary–grades literacy instruction : Balanced literacy instruction. *The Ready Teacher, 50*(60), 518–521.

Minai, Gustafson, Fiorentino, Jongman, & Sereno, (2017). –>Machado, (2010)

Oklahoma state development of education, (1997). Priority Academic Student Skills (PASS): A Core Curriculum for Our Children's Future. ERIC Number: ED423039

Ornstein, R. & Sobel, D. (1987). *The healing brain*. New York: Simon & Schuster.

Polka, L. & Werker, J. F. (1994). Developmental changes in perception of non-native vowel contrasts. Journal of Experimental Psychology: Human

Reed, V.A. (2012). *An introduction to children with language disorders*(4th eds.). NJ: Pearson.

Routman, R. (1996). *Literacy at the crossroads*. Portsmouth, NH: Heinemann.

Saxton, M. (2017). *Child language: Acquisition and development*. California: Sage Publications.

Siegler, R. S., DeLoache, J. S., & Eisenberg, N. (2010). *How Children Develop Third Edition*. NY: Worth Publishers.

Stacey, S. (2015). 발현적 교육과정-이론에서 실제로의 적용. 정선아, 윤은주(역). 서울: 창지사.

Teale, W. H. & Sulzby, E. (1986). Introduction: Emergent literacy as a perspective for examining how young children become writers and readers. Emergent Literacy: Writing and reading. vii-xxv. Norwood, NJ: Ablex.

Teale, W. H. & Yokota, J. (2000). Beginning Reading and Writing: Perspectives on instruction. In D. S. Strickland & L. M. Morrow (eds.), *Beginning reading and writing*. NY: Teachers College Press.

Vukelich, C., Roskos, B. J. E. K., & Christie, J. (2020). *Helping Young Children Learn Language & Literacy*. NJ: Pearson.

Vygotsky, L. (1978). Mind in Society: The development of higher psychological

Vygotsky, L. S. (1934/86). *Thought and language*. Cambridge, MA: MIT Press.

저자소개

김정원(Kim, Jungwon)

이화여자대학교 사범대학 유아교육과 문학사
미국 캘리포니아주립대학교 대학원 유아교육과 M. S.
이화여자대학교 대학원 유아교육과 문학박사
전) 이화여자대학교 사범대학 부속 이화유치원 교사
　　한국성서대학교 어린이집 원장
현) 한국성서대학교 영유아보육학과 교수

저서 및 논문

- 유아문학교육(2판) (공저, 학지사, 2019)
- 영유아교육과정(4판) (공저, 공동체, 2018)
- 영아문학교육 프로그램 (공저, 창지사, 2011)
- 그림책을 활용한 예술활동이 만 2세 영아의 사회정서발달에 미치는 영향(2020, 열린부모교육연구)
- 앤서니 브라운의 그림책을 활용한 방과 후 활동이 만 4-5세 유아의 행복감에 미치는 영향(2017, 유아교육학논집)
- 그림책을 활용한 생활지도 프로그램이 만 2세 영아의 사회정서발달에 미치는 영향(유아교육보육복지연구, 2016)
- 레오 리오니의 그림책을 활용한 유아인성교육 프로그램의 구성 및 적용 효과(2015, 유아교육보육복지연구)
- 그림책을 활용한 생활지도활동이 만 5세 유아의 자기조절능력에 미치는 영향(2015, 유아교육학논집)
- 그림책을 활용한 다문화교육 실시과정에서 나타난 유아의 변화에 대한 질적 탐구(2014, 유아교육학논집)
- 타샤 튜더의 그림책을 활용한 유아의 행복감 향상 프로그램의 구성 및 적용 효과(2014, 어린이문학교육연구)
- 누리과정에 근거한 그림책을 활용한 인성교육활동이 유아의 리더십과 정서지능에 미치는 영향(2014, 유아교육연구)
- 그림책을 활용한 문학교육 프로그램이 만 1, 2세 영아의 문학적 태도와 언어발달에 미치는 영향(2010, 어린이문학교육연구)

이문정(Lee, Moonjung)

이화여자대학교 인문대학 영어영문학과 문학사
이화여자대학교 대학원 유아교육과 문학석사
이화여자대학교 대학원 유아교육학과 문학박사
현) 호서대학교 유아교육과 교수

저서 및 논문

- 어린이 문학교육(공저, 학지사, 2013)
- 유아교육론(공저, 양서원, 2019)
- 창의적 영유아 미술교육(공저, 어가, 2019)
- 앤서니 그림책에 나타난 아버지, 어머니의 모습(2015, 아동과 권리)
- 5세 누리과정 교사용 지침서에 나타난 생태유아문학의 유형 및 내용분석(2016, 생태유아교육연구)
- 유아 예비교사의 책읽기 효능감과 읽기교수 효능감에 관한 연구(2016, 예술인문사회 융합멀티미디어 논문지)
- 예비유아교사의 좋은 그림책 이해를 위한 유아문학수업과 연계한 소집단 토의 활동의 의미(2019, 어린이 문학교육 연구)
- 북유럽 그림책에 나타난 트롤의 성격변화 분석(2019, 스칸디나비아 연구)
- 외국의 다문화영유아 언어교육과정 분석: 미국, 영국, 캐나다, 호주를 중심으로」(2019, 육아지원연구)

이연규(Lee, Yeon Gyu)

이화여자대학교 사범대학 유아교육과 문학사
오클라호마시티대학교 대학원 유아교육과 M.ed.
이화여자대학교 대학원 유아교육학과 문학박사

전) 한국어린이육영회 연수원 교수
현) 대전과학기술대학교 유아교육과 교수

저서 및 논문

- 유아문학교육(공저, 학지사, 2019)
- 유아교육기관실습: 보육실습과 교육실습(공저, 공동체, 2019)
- 보육학개론(공저, 양서원, 2018)
- 예비교사 인성교육을 위한 인성 덕목과 교과목 연계(2020, 영유아교육이론과실천)
- 교육과정과 연계한 예비유아교사 인성교육 프로그램 개발(2019, 대전과학기술대학교논문집)
- 그림책에 대한 유아의 반응(2018, 대전과학기술대학교 논문집)
- 부모애착표상이 예비유아교사의 인성과 교직적성에 미치는 효과(2017, 육아지원연구)
- 글 없는 그림책 관련 연구 동향분석(2016, 어린이문학교육연구)
- 예비유아교사의 인성과 교직적성 간의 관계(2016, 유아교육학논집)
- 패러디 동화 읽기와 사후활동에서 나타난 유아의 반응(2016, 어린이문학교육연구)
- 영유아를 위한 언어교육(공저, 창지사, 2013)

영유아 언어교육

초판 1쇄 발행 2020년 9월 9일
초판 5쇄 발행 2024년 8월 23일

지 은 이 | 김정원 · 이문정 · 이연규
펴 낸 이 | 김기섭
편 집 인 | 이혜란
펴 낸 곳 | 창지사 www.changjisa.com
08589 서울시 금천구 가산디지털 1로 83 파트너스타워 1차 9층
전화 (02)719-2211~3
팩스 (02)701-9386
등 록 | 1977년 4월 28일 · 제1-421호

ISBN 978-89-426-1362-5 (93370)

값 23,000원